我
思
<COGITO>

Emmanuel

Lévinas

列维纳斯传

La vie et la trace

（法）所罗门·马尔卡 著　　公维敏 译
Salomon Malka

GUANGXI NORMAL UNIVERSITY PRESS
广西师范大学出版社
· 桂林 ·

列维纳斯传
LIEWEINASI ZHUAN

策　　划：吴晓妮@我思工作室
责任编辑：叶　子
装帧设计：何　萌
内文制作：王璐怡

著作权合同登记号桂图登字：20-2021-249 号

图书在版编目（CIP）数据

列维纳斯传 / (法) 所罗门·马尔卡著 ；公维敏译.
-- 桂林：广西师范大学出版社，2022.1
　（墨涅摩绪）
　书名原文：Emmanuel Lévinas, La vie et la trace
　ISBN 978-7-5598-4285-5

　Ⅰ．①列… Ⅱ．①所… ②公… Ⅲ．①列维纳斯
(Lévinas, Emmanuel 1905-1995)－传记 Ⅳ．①B565.59

中国版本图书馆 CIP 数据核字（2021）第 190168 号

广西师范大学出版社出版发行
（广西桂林市五里店路 9 号　邮政编码：541004）
网址：http://www.bbtpress.com
出版人：黄轩庄
全国新华书店经销
山东临沂新华印刷物流集团有限责任公司印刷
（临沂高新技术产业开发区新华路　邮政编码：276017）
开本：850 mm × 1168 mm　1/32
印张：11　　　　　　字数：240 千
2022 年 1 月第 1 版　　2022 年 1 月第 1 次印刷
定价：76.00 元

如发现印装质量问题，影响阅读，请与出版社发行部门联系调换。

献给所有周六课程的同伴，或远或近。

并不是人死了，而是世界走到了他们的尽头。

———叶甫根尼·叶夫图申科

CONTENTS

目　录

001　离　去

004　引　言

008　开　端

第一部　地点

013　一　考纳斯

033　二　斯特拉斯堡

049　喂？

051　三　弗莱堡

071　四　巴黎

084　五　被俘

105　痕　迹

106　六　在东方以色列师范学校的那些年

128　七　拉希课程

147　八　《塔木德》课程

163　一次会面

第二部　面孔

169　一　摆渡者与流星

185　二　坏天才

198　三　副本和反面

214　可以说

216　四　远与近

230　五　档案管理员与先驱们

248　六　贵族与主教

262　微　光

264　七　仪式与世界

277　八　蒙田和拉博埃西

286　九　果戈理的《鼻子》

307　十　承认

322　十一　列维纳斯在耶路撒冷

336　赎罪日

338　致　谢

341　参考文献

离 去

那是在庞坦公墓，一个冬日的早晨，天色阴沉，蒙蒙细雨伴着微风。一群人彼此问候，各自分成稀疏的小群体，仿佛相距甚远。

其中一小群人是犹太教堂的信徒，来自他的第一个社群，是和他一起在所有安息日祈祷过的人组成的小圈子。这些人对作为哲学家[1]的列维纳斯了解甚少，或只是有所耳闻，却已经持续数年进入他的生活，追随他的课程，直到他身体衰弱的日子。他们在他附近生活，并且也看到过他家人的生活。他们来悼念一个熟悉的身影：一位坐在学校[2]的凳子上，以"耶希尔·哈勒维之子伊曼纽尔"的名义，向他们讲授《妥拉》[3]的邻居，犹太教堂的特殊成员；那里没有拉比，而他占有特殊的位置，同时是导师、地标和向导。所有人都围绕着他，尽管他总是低调出现。最近一段时间，他不再负责学校的工作——学校里的事情曾经都指望着他。但是周六的早晨，在

1　本书作者在行文中往往直接以"哲学家"指称列维纳斯。编注。
2　指东方以色列师范学校，见下页注。编注。
3　《妥拉》（*Tora*），又译"托拉"，意义广泛，可以指《圣经·旧约》中的前五部，即《摩西五经》，也可以指从《创世记》开始，一直到《旧约》结尾的所有内容，有时也包括拉比的注释。译者注。

结束弥撒之后，他总是继续教授传统的拉希[1]课程。

这是一个任何人都能在其中重获新生的社群。不同于其他，这个社群把他和那些古老而深厚的东西联系在一起。这些侧影他每个都熟悉，在他们周围，他感到自在。第一个和最直接的社群，他的亲朋好友，即便是这个环境都没有让他的情感溢于言表——他永远都不过分热情，不会放下自己的含蓄，总是想控制自己的姿势和言语，让自己充分自持。

紧随其后的一群人是昔日东方以色列师范学校[2]的学生，由如今已变成男人和女人的曾经的男孩和女孩组成，这些人年龄和职业各异，其中大多数人仍与他保持着联系。他曾是他们的校长，他们的教授，简单来说，是他们的老师。他记得每个人，曾应邀参加这个人或那个人的婚礼。他认得出每张面孔，记得每个名字，每个故事。所有认识他的人都到场了，为了最后一次追随那个让他们成为自己所是的人。

最后过来的，是由这样一群人组成的圈子：有朋友，大学同事，弟子，昔日在普瓦捷（Poitiers）、南特（Nanterre）、索邦的学生，还有犹太教士，犹太机构的代表，经常是匿名状态的读者——这些读者来向这位作者致敬，他用一本书改变了他们的生存状态。

这天早上，雅克·德里达用平直的语调发表葬礼致辞，因为有风，说话声几乎听不到；家庭成员米迦勒（Michaël）、

1　拉希，指拉比所罗门·伊扎克（Shlomo Yitzchaki），常缩写为Rachi，是中世纪的法国拉比，他撰写了对《塔木德》的全面评注。他的注释作为《塔木德》的一部分得以流传。译者注。
2　东方以色列师范学校（l'École Normale Israélite Orientale），1865 年在巴黎成立，隶属于犹太大学联盟，一所面向犹太学生的学校，试图在法国知识分子和犹太知识分子之间架起桥梁。列维纳斯曾长期担任该校的校长。译者注。

西蒙娜（Simone）[1]，坐在遗体前面；首席拉比古特曼[2]主持，并回忆道：

> 七十位同志组成了靠近汉诺威的巴特法灵博斯特尔树林的突击队，在那里有一个犹太战俘营，编号恰好是1492。1492年是犹太人在西班牙被驱逐的年份。我的父亲在他身旁五年了，我们怎么能认不出他呢？这个站在"死者与活人之间"的人，他在灾难后的思想迫使我们重新思考人类的觉醒、失眠、责任等问题。

在冬日的灰暗中，官员、大学校长，政治或文化领袖的缺席，显得格外突兀。然而，在宣布他离世的消息时，《解放报》在头版刊登了他的肖像，法国电视二台在"二十小时"栏目里发布了这一消息，《纽约时报》也刊登了一篇长长的讣告。

一位哲学家于1995年12月25日在巴黎去世，那天基督徒在庆祝圣诞节，犹太人刚过完光明节[3]。

自此以后，追溯伊曼纽尔·列维纳斯一生踪迹的使命便开启了。

---

1 米迦勒和西蒙娜是列维纳斯的儿女。编注。
2 热内·古特曼（René Gutman，1950— ），曾担任斯特拉斯堡首席拉比三十年。译者注。
3 光明节（Hanouka），犹太教重要节日，又称哈努卡节、修殿节、献殿节、烛光节、马加比节等，用以纪念犹太人从叙利亚人手中夺回耶路撒冷。译者注。

引 言

距《困难的自由》（*Difficile Liberté*）、《总体与无限》（*Totalité et Infini*）、《别于存在》（*Autrement qu'être*）等列维纳斯的代表作发表已经超过二十年了，然而，我还没有下定决心再次写一写他。我很早就认识这个人了，在 17 岁，我还在东方以色列师范学校当学生的时候。这位小个子校长精力充沛，在走廊里走来走去，就像一只充满活力的球，给我们留下了深刻印象。他对年轻女孩发了火，因为这些女孩的头发阻塞了寄宿学校的水池。那些被叫到的人急急忙忙地跑到五楼去领受他一顿训斥。如果我们没做礼拜，他会勃然大怒。周五晚上，被他选中的人受邀到他家吃晚饭，他以美食家的手法给鸡剔骨，或者谈论勒内特尔家的甜点。他的步态总是那样，步幅又小又急促，有些蹒跚。他在每句话的结尾都加上"难道不是么"。每天午餐后，他胳膊下都会夹着一份《世界报》。他深情地仰望他一生的朋友亨利·内森[1]博士的清瘦身影，他们像两个同谋一样，在彼此的耳边窃窃私语。当我们扎堆在当地咖啡馆聊天，或者规矩地在连成一片的房子中走来走去时，我们能感到他的目光就在身后。他的

哲学使我们沉浸其中，但又没有真正意识到这一点；他似乎并没有注意到我们年轻时所关心的问题，也没有注意到我们的渴望。他的首次登场，在第一堂讲柏拉图的课上，他将哲学定义为"天真的科学"。他不断重复的一句话令我难忘："你必须玩这个游戏！"他最初对我有点反感——大家给我起了个绰号，您去问问为什么学校里有一个"萨特隆"（Sartron）就知道了——直到此刻我才知道，那时按照他的看法，我引用了太多萨特。对于我来说，就像对其他人一样，这一切似乎都很遥远。我们对他所知甚少，他留给我们的总体印象，是一个过于严厉的学校校长。除此之外，他在忙着写一些没有人看的书。

我们大多数是寄宿生，有的来自摩洛哥，有的来自利比亚，还有人来自伊朗。好学、严肃、缺乏教养。我们深知如何祷告，也知道如何阅读拉希的注释。《圣经》的宇宙是我们所熟悉的，没有人可以再教我们什么了。

他能带给我们什么？当时很难察觉。无论如何，那时没有人注意到这种影响，至少我们没有谈论过。

几年后，《困难的自由》以令人震惊的形式摆脱了民间传统的影响，揭示了这样一种思想，使得我们的"旧东西"（vieilles choses）得到了认真对待，这让人想起了马丁·海德格尔、保罗·克洛岱尔、西蒙娜·薇依……在我们最熟悉的文本中，我们能看到他们。在这个话语、这个清晰的写作风格所处的高度面前，我们怎么来表达激动呢？正是在这种清晰风格的内部，我们沉迷于重读、强调、追溯。

列维纳斯在论及胡塞尔的时候说："我们不能把接收到的信息和作为必要的对话者的面孔（visage）分开。"我们几乎也不大能把书和它们吸引住读者的地方分开，不能把环境和文本分开。

在巴黎第九区的居伊-帕汀街的一间学生宿舍内，当我坐在书桌前，第一次打开这本《困难的自由》时，我第一次感到了一种头晕目眩的震撼。我拿起铅笔做注释，在那些华丽的辞藻中逐行画线。这些页面涉及犹太民族的方方面面，包括他们的崇高和痛苦，他们的日常生活和礼拜仪式，他们的适应力和深度。突然，犹太生活变成一种存在的范式。突然，它有了新的含义。突然，原初再次出现。

我曾经远离那位脾气暴躁的校长，我们经常嘲笑他带有斯拉夫口音的法语。现在我却发现了一位伟大的思想家。他们真的是同一个人吗？对此，我有时深感怀疑。

又是几年过去了，第二个震撼来了——《总体与无限》。在记忆中，它与最美丽的阅读场所之一相连，那就是离蒙彼利埃不远的海边。怎么能够把《总体与无限》和一片沙滩联系在一起呢？休假前，我在奥德翁广场的一间哲学书店里买了这本由马蒂努斯·奈霍夫（Martinus Nijhoff）出版社发行的、有着天蓝色封面的大部头著作。它的文风让人迷惑，对我来说，它也很贵。所以我打算花费整个夏天，全神贯注地读它。我并不总能理解书里的内容，任凭自己被语言的海浪卷走。但到了最后，相同的句子会组成同一个浪花反复出现，所有的一切都会勾连，并自我清晰起来。

因此，我们必须要考虑到他的生活，考虑到他留下的痕迹。哲学生活是由什么构成的？哲学家的生活是什么样的？我想知道得更多。在我发现他作品的二十年后，在我认识这个人三十年后，我想要重新审视列维纳斯。

为了避免挪用与曲解的双重危险，我决定少看作品本身，而多看档案、他人的证词、他与亲戚的会面、他去过的地方，以及对课程的记忆，所有这些保留着关于他的记忆以及他的言谈的东西。

但是，我也想知道死者会变成什么样。就像加布里埃尔·马塞尔[1]在《人类尊严及其存在的基础》（*La Dignité humaine et ses assises existentielles*）中所展现的那个散步的意象一样，在他七八岁的时候，他就考虑那些死者将去哪里。我们乐意认为，死亡将生命转化为命运。死亡剥去了所有的矫饰，它是一种净化，恢复了一切存在的真理。它甚至是对真理的一种考验。死者留下的是深刻的联系，即使是死亡也不会使它消失。

与此同时，每个人一直以来都知道，死亡是一种遗弃。

没有任何传记是完整的。它始终是个人的，也就是说，它是服从于作者的解释的。死者逃离了我们。他总是可以被作者任意支配。他属于所有人也不属于任何人。什么都不能确保一部作品永垂不朽。作品总是被一次次重新解读，而重点在于，保持书籍的开放能力。

1　加布里埃尔·马塞尔（Gabriel Marcel，1889—1973），法国思想家、剧作家、戏剧评论家、音乐家。译者注。

开 端

米开朗琪罗街。我自问应该带花还是巧克力。但我最终还是空着双手过去了，而且有点胆怯。我想知道我们是否要谈论哲学，以及我是否有资格来到这里。

他和他的妻子正在他们公寓的门前等着我。他穿着一身皱巴巴的西装，衣服前面永远有个白色的小口袋。她，则有点驼背。

我们围坐在桌子旁，一张光秃秃的桌子上装饰着一块绣花小桌布，哲学家的妻子会时不时地拉它一下。

他很友善，殷切地问着有关我的情况。您在做什么？您过得怎么样？您仍然对哲学感兴趣吗？

他的妻子赞美我的声音，她在赎罪日的弥撒中听我唱过一次歌。"你是音乐家吗？"我回答道："不是，那对我来说是极大的遗憾。"她说："这很像我的丈夫，但是他从没有欣赏的耳朵，他从不听音乐。"她转向他，叹了口气道："你怎么对音乐不敏感到这样的地步？""是的，"他带着一种认罪的语气坦白道，"除了我儿子的音乐！"

我鼓励他们谈论自己的童年，他们显然很高兴。他们告诉我他们如何在考纳斯认识彼此，他们如何毗邻而居。他用铅笔在纸上画了条街道，笔触很粗。他妻子的脸光彩照人，她说道："是的，就是在这里，就像这张图画的那样。你是如何精确记得的？"他憨笑了一下。

"您不是来自一个革命家庭吗？"

"完全不是！"她说。

"那您家呢？"我问道，把头转向哲学家。

"一切都让人困惑，您知道的，我只是在我的精神生活中才开始关注它。"他回答。然后，为了和这一切拉开一些距离，他补充道："或许将来这会让一个对我的人生发生兴趣的傻气历史学家感兴趣。"

他们一起长大，然后各奔东西，又在巴黎重聚。这是偶然吗？"怎么会是偶然呢？我们紧紧相连。"

我觉得他有些疲倦，他想休息。我应该离开了。这是我们久别之后的第一次见面。

第一部

地 点

Lieux

一 考纳斯

当一个人准备成为伊曼纽尔·列维纳斯时，难道还有比位于立陶宛境内的考纳斯（Kaunas）更好的出生地吗？这个城市位于尼曼河和涅里斯河的交界处，属于旧维利亚地区。此区地处拉脱维亚和俄罗斯的边境，前往西方与东方的两条道路在此交汇。考纳斯与维尔纽斯这座曾被称为"东耶路撒冷"的城市遥相呼应。

这座城市将无法逃脱 20 世纪的巨大动荡。在 1989 年柏林墙倒塌之后，才获得自由。

今天的自由大道，是一条充满阳光的人行道。大道的一侧种满了树木，在另一侧则有几座露天咖啡馆，几家冰激凌店。在路的尽头，是圣米歇尔总领天使教堂，它的周围绿树成荫。

寻找列维纳斯原初的踪迹，构建出一个消失了的世界。

住 宅

战前，列维纳斯的父亲曾经营一家文具店。这家店的门牌号为 5 号，但在苏联时代，门牌号变了。这个改变没有什么逻辑，是随机的。因此不可能再找到商店的位置。据说，这个商店位于一幢两层小楼，小楼坐落于一处建筑群中，这处建筑群在战前曾毗邻著名的康拉德咖啡馆（le café Conrad）。年长者记得，在 20 年代，乐队几乎每天下午都要在那个咖啡馆演奏。顾客们跳华尔兹和探戈，有时还跳查尔斯顿舞。后来，这里变成了艺术家和知识分子的聚会场所。如今，咖啡馆仍在，但它变更了业主，名字也改成了郁金香咖啡馆。它就像考纳斯的其余部分一样，也被美国化了。

在左侧，我们可以看到一家售卖女装的小铺子。它可能取代了耶希尔·列维纳斯（Yehiel Lévinas）的文具店。

列维纳斯一家并未住在那里，尽管这将是伊曼纽尔在法国入籍时注明的家庭住址。这家人住在更远的地方，在尼曼河畔的卡莱吉莫（Kalejimo）街，门牌号为 1 号。这条窄而短的街道得名于毗邻它的监狱，而列维纳斯未来的妻子（最初是他的邻居），在日后将不无惊讶地回想起小时候听到过的路人和狱中政治犯之间的对话。今天，监狱已经不见了，街道的名称也已改变。它被称为印表街（Spaustuvininkus），即"打印机之街"。但是从高处看，在那个高高耸立于尼曼河尖岬上的旧监狱的对面，你能发现一个有着两翼的巨大老房子。在房子中间有一个花园，有棵树一直长在那里。

在一侧的楼中，住着这座房子的主人一家：哈依姆·沃尔佩（Chaïm Volpe）和他的妻子哈雅-丽娜（Haya-Lina），女儿芙丽达·沃尔佩（Frida Volpe）以及她的丈夫——他们是瑞萨（Raïssa）的父母，瑞萨就是未来的列维纳斯夫人。另一侧的楼里则住着租客一家，他们是耶希尔·列维纳斯，他的妻子德沃拉（Dvora），以及他们的三个儿子，伊曼纽尔、鲍里斯和亚米拿达（Aminadab）。

房子中间的部分非常大。那里有一座公共浴室，在整个

列维纳斯父母（母：德沃拉·居尔维奇；父：耶希尔·列维纳斯）的立陶宛籍身份证，现收藏于考纳斯档案馆。

城市中广为人知，它叫作尼曼亚斯（Nemunias），因尼曼河而得名。令人尊敬的维尔纽斯大学教授舒巴斯（Shubas），记得自己童年时来过这里。这个公共浴室在不同时段分别向男客和女客开放，男女不能同时使用。宗教史系的年轻老师，列维纳斯的译者欧泽拉·帕泽雷特（Ausra Pazeraite），也说在她小时候公共浴室仍然存在，她的家人还曾去过。

这栋楼的一侧已被完全重建，变成了一座现代建筑。今天，这里设有气势宏伟的税务警察中心。当人们看到标牌时，不免会心一笑。这里还有些令人高兴的东西：考纳斯档案馆珍藏着沃尔佩一家和他们的继承人之间的数十封信件。在信中，沃尔佩一家人不断抱怨着财产税、管道税、水价。人们在家中设了浴室，这使得公共浴室越来越难以吸引客人，加上监狱近在咫尺，这让他们很难找到租户。种种原因，促使

列维纳斯一家在卡莱吉莫街住过的房子

瑞萨的父母在30年代初期离开此地，前往巴黎谋生。列维纳斯一家也搬到了距此地几个街口远的米克耶维奇。

因此，有必要来到考纳斯，去了解那条狭窄的小巷，在那里伊曼纽尔·列维纳斯度过了他的童年和青春期。小巷的一侧是监狱的墙壁，另一侧是公共浴室，不远处绿意盎然，一条河从中流过。还有那个日后将成为他的妻子的女孩，她是房主家的孩子，住在离他家几步之遥的地方。

初　恋

伊曼纽尔·列维纳斯，根据通行于俄罗斯帝国的儒略历，出生于1905年12月30日。但根据格里历[1]，则出生于1906年1月12日。考纳斯那时仍然处于沙俄的统治下，是

1　格里历，即现在常用的公历纪年法。编注。

立陶宛省的首府，直到 1918 年它才正式成为立陶宛的首都。

列维纳斯的父亲耶希尔，如同他的父母和祖父母那样，出生在考纳斯。他经营着一家文具店——在书店中，设有一个文具专柜。这家书店位于城市的主干道上，当时被称为展望-尼古拉斯（Prospect-Nicolas）街。他没有员工，自己负责书籍和学习用品的销售，致力于给他的孩子最好的教育。三个男孩，伊曼纽尔、鲍里斯、亚米拿达，从小就拥有希伯来语家庭教师。事实上，一家人都是从事宗教活动的传统主义者：他们要去犹太教堂，吃洁食，尊重安息日，庆祝犹太节日。这是一个宗教环境，非常有节制。在立陶宛的传统中，犹太教的生活是日常生活的主旋律。

列维纳斯的母亲名叫德沃拉，居尔维奇（Gurvitch）是她的娘家姓氏。她于 7 月 14 日在位于立陶宛西北部的小镇提尔赛（Tilsai）出生，娘家在小镇颇有名气。小镇靠近扎

考纳斯的自由大道，这里曾经有耶希尔·列维纳斯的产业。

格尔（Zagor），本身就是犹太教重要的中心地。从照片中可以看出，伊曼纽尔非常像她。她有着瘦长的脸，高颧骨，粗眉毛。她向他传递了对书籍和文学的热爱，为他读普希金，向他介绍屠格涅夫，并分享她对《初恋》[1]的热爱。饭厅的餐具柜上是塞万提斯的《堂吉诃德》，这本精美的书是她在孩提时代就读的犹太学校里获得的奖品。这所学校用俄语教学。但这些书籍不过是所有藏书中的一部分，是不算入据传属于他们家的、数量惊人的藏书中的。此外，列维纳斯的姑妈，也就是耶希尔的姐妹，还掌管着一家位于考纳斯的俄语图书馆。

实际上，他们家说俄语。列维纳斯喜欢讲述自己小时候是如何通过解密可可标签上的字母来学习阅读的。这种可可，家人让他当早餐来吃。他很快就识字了。随之而来的是对俄国文学的兴趣。普希金，当然！他是国家的荣耀，还是迄今为止唯一仍在维尔纽斯的公园里有半身像的人。很快，列维纳斯便发现了陀思妥耶夫斯基的作品，并终生对其保持忠诚。直到生命尽头，他还在不断地阅读并引用。然后是托尔斯泰，他死在一个小火车站里的消息，成为列维纳斯童年时期的重要回忆。他像哀悼家人、哀悼亲人那样哀悼他。果戈理，列维纳斯特别喜欢他的短篇小说，例如《鼻子》《外套》……契诃夫、莱蒙托夫也是这种教育的组成部分。

列维纳斯说："从立陶宛到俄罗斯，语言和文化是统一的。在认为沙皇政权是一种不公正的、不符合人类需求的政权的同时，俄罗斯文学享有很高的声望。我们对于这种文化怀有浓厚的兴趣。从这个意义上说，人类有许多相同之处。但是

1　《初恋》是屠格涅夫著名的中篇小说，发表于1860年。译者注。

这种好奇心，这种兴趣，并没有伴随着对犹太教的克制和否认。"[1]

实际上，从6岁起，他还通过与家庭教师一起阅读《圣经》，来同步学习希伯来语。

噪音与迷狂

在20世纪初，考纳斯，或者按照其俄罗斯名称更确切地称为科夫诺（Kovno），是一座被德国、波兰、俄罗斯撕碎的城市。在这片土地上，接二连三的外族统治使解放遥不可期。很快它将发现自己陷入第一次世界大战和共产主义革命之间，而它将受到战争深刻的影响。

1914年，一战的爆发促使列维纳斯一家离开了考纳斯。在德国入侵之后，他们移居俄罗斯，渐渐在乌克兰获得了稳定的生活。在那里，年少的伊曼纽尔上的公立中学被撤销了。尽管有严格的名额限制，他还是在11岁的时候，进入了哈尔科夫的中学。那所学校仅仅招收了他和另外四名犹太学生。全家都欢欣鼓舞。但是，第一次流亡很快招致了第一次的遣返。

1920年，全家人找准机会，返回了立陶宛。立陶宛于1918年2月成为独立国家。利用革命造成的喧嚣，立陶宛的执政议会，即立陶宛国民大会，宣布建立共和国。耶希尔·列维纳斯重新回到了书店，年青的伊曼纽尔也进入犹太高中的最高年级。他在这里准备考所谓的会考证书，这相当于法国

---

1 哈依姆·科恩（Haïm Cohen）：《伟大人物的童年》（*L'Enfance des grands*），巴黎，Plon 出版社，1995 年，第 95 页。

的高中文凭。

这所成立于1920年的犹太高中，是一座建立在商学院废墟上的希伯来中学。在这所学校中，高年级的教学语言为俄语，低年级的教学语言为希伯来语。但从1925年开始，希伯来语被广泛推广。这所中学的校长是摩西·施瓦布（Moshé Schwab）博士，他后来移居以色列，在耶路撒冷的希伯来大学任教。之后，他被任命为哲学系主任，接着又成为校长。列维纳斯将在一部题为《大师的荣光》[1]的作品集中向他致敬。这位德国文化的仰慕者，同时也是歌德的狂热爱好者，给列维纳斯留下了深刻的印象。终有一天，伊曼纽尔·列维纳斯会给他寄自己的著作，《从存在到存在者》（De l'Existemce à l'Existant），此书出版于1947年，有一句谜一般的题词。这是一句英文引言，不知作者是谁："有一天，我醒来，我知道自己是欧洲人。"对这句话的记忆可能源于列维纳斯在考纳斯的求学阶段。

这个事例体现了教育的理想形式，即通过在犹太人中推广教育而实现解放。但这也与俄罗斯知识分子参与欧洲文化的愿望有关。从这个角度来看，19世纪末标志着巨大的觉醒。如果斯拉夫人和西方人，确实以这种方式相互对抗，水火不容，那他们也是在生活模式上对抗，而非在觉醒的必要性上。大约在1830年，伊万·基列耶夫斯基[2]从去往德国和法国的长途旅行中回来，并确定自己是欧洲化的俄罗斯人。不，更确切地说，是俄罗斯化的欧洲人。此外，伊万与谢林以及当

---

1 玛格丽特·勒娜（Marguerite Lena）编：《大师的荣光》（*Honneur aux maîtres*），巴黎，Criterion 出版社，1991年。
2 伊万·基列耶夫斯基（Ivan Kirieivski, 1806—1856），俄罗斯宗教哲学家、文学批评家。译者注。

时德国的其他思想家的相遇，使他感到失望。据他所说，俄罗斯的使命是将宗教意图带回哲学的核心。这将是陀思妥耶夫斯基，通过在自己的小说创作中表现出超越性的至高无上的地位，所试图做的；也是一些移居巴黎的宗教哲学家，如尼古拉斯·别尔嘉耶夫和列夫·舍斯托夫试图做的。他们的努力，在革命前后尤其明显。

这就是年轻的伊曼纽尔·列维纳斯成长其中的智识氛围，他在乌克兰与立陶宛之间的往返，说明了当时局势的紧张。这趟旅途，充满了革命性的迷狂，但同时也带有文学性和艺术性。这两种特性，是由"白银时代"的大爆发所带来的。但是，他也将在自己的犹太传统内部，找到一些灵感。

从传统到现代

科夫诺还是所有现代犹太式生活汇聚和相交的城市。在艺术作品中，我们发现了对同化的尝试、对传统的怀旧、对研究的热情、意第绪主义的兴起、希伯来语的重生、对沙皇体制的不公正的厌恶，以及俄罗斯文化的吸引力。所有这些在犹太社会内部混合在一起，交织成各种不同的，甚至常常相反的情感。这里有一些拉比教派的正教支持者，他们的影响力遍布整个阿什肯纳兹犹太区域；以及神秘的"叶史瓦"（yeshivots），这是一种宗教学术机构，位于斯洛勃卡（Slobodka）地区，吸引了周围所有国家的学生，以及"哈斯卡拉运动"[1]的虔诚信徒——这是一场发源于德国的启蒙运动，传播到了立陶宛，并促进了希伯来语的复兴，以及文学、艺术、戏剧领域的兴盛。在他们之间，摩擦是经常的。这些"马斯基尔"[2]被认为是异端、不可知论者和罪人。正统派教徒则被指控无知、愚昧和迷信。

在犹太复国主义者和崩得分子（bundistes）之间，冲突同样激烈。前者是一些主张重返锡安的激进分子，并在巴勒斯坦地区进行犹太复国主义运动（不同的派别在考纳斯纷纷涌现，从青年近卫军的犹太社会主义复国者到米兹拉希犹太人[3]的宗教复国主义者，以及二者之间的过渡，犹太世俗主义者）。后者则是用社会主义思想组织起来的犹太无产阶级，尤其是崩得党[4]，该党于1897年诞生在维尔纽斯，是犹太工人运动的产物。在崩得党之外，有一些临近的政治党派，如"民俗党"，该党主张犹太文化自治。

更不用说哈西德主义者[5]和反哈西德主义者之间的史诗性的战争。哈西德主义运动是虔诚的宗教和神秘主义复兴运动，

1　哈斯卡拉运动（Haskala）是18世纪犹太人的"启蒙"运动，由摩西·门德尔松（Moses Mendelssohn）发起。参见摩西·门德尔松的《耶路撒冷》（Jérusalem），此书由多米尼克·布尔（Dominique Bourel）翻译，伊曼纽尔·列维纳斯作序，今日出版社，1982年。
2　领导哈斯卡拉运动的启蒙思想家称为"马斯基尔"（maskilim）。译者注。
3　米兹拉希（Mizrahi）犹太人，为居于中东、中亚和高加索地区的犹太人的后裔。现有人口约175万，其中超过130万居于以色列。译者注。
4　参见亨利·曼兹德雷（Henri Minczeles）：《崩得通史：革命性的犹太运动》（Histoire générale du Bund, un mouvement révolutionnaire juif），Austral出版社，1995年；《维尔纳，维尔诺，维尔纽斯，立陶宛的耶路撒冷》（Vilna, Wilno, Vilnius, la Jérusalem de Lituanie），La Découverte出版社，1993年；以及《不同》（Autrement）杂志中题为《犹太立陶宛，1918—1940》（Lituanie juive, 1918—1940）的文章，1996年。
5　哈西德主义者（hassidim，哈西德也译作哈西迪）指极端保守主义犹太教徒，他们强烈抵制现代化，是犹太教原教旨主义者。译者注。

发源于18世纪的波兰和乌克兰地区，由巴力·闪·托夫[1]发起，自维尔纳的加翁[2]时代起，长期以来一直遭到坚决的反对和抵制。哈西德主义支持迷狂、狂热和宗教仪式崇拜，信徒们希望成为好学、严谨、遵守教律的犹太教捍卫者。

哈西德主义的反叛者，就是所谓的"立陶宛犹太文化"主义者。在波兰立陶宛共和国时代，立陶宛犹太人（Litwakie）主要分布在整个立陶宛大公国的领土内。这些犹太人常常给人以热爱知识、擅长注释文本的印象。他们身上有一种刚性，这种刚性影响了思维方式，我们可以在遍布世界的《塔木德》学派的犹太人身上找到其踪影。

在世纪之交，语言、宗教、民族问题成为辩论的中心。在这里出现了对解放的渴望，或者说一种文化的沸腾振奋了人们的精神。科夫诺，像立陶宛的其他城市一样，发酵着所有这些思潮。学校马上要从宗教学校过渡到世俗学校。在学校中，从犹太复国主义到意第绪主义，所有思潮都有所体现。这种敏感性将使整个城市受益，正如它让立陶宛其他地区受益那样。对于当时的这种特殊情境，伊夫·普拉塞洛（Yves Plasseraud）表示："立陶宛犹太人代表了这样一种犹太人群体：这种犹太人是最受外部文化熏陶的，但同时又从内部深深地融入了犹太文化。"[3]

---

1 巴力·闪·托夫（Baal Shem Tov，约1698—1760），犹太教拉比。他被认为是犹太教哈西德派的创始人。译者注。
2 维尔纳的加翁（Vilna Gaon，1720—1797），被认为是反哈西德主义最重要的领导人。译者注。
3 参见《不同》杂志中题为《犹太立陶宛》的文章，第66页。

立陶宛犹太人

在世纪之交，伊曼纽尔·列维纳斯出生时，立陶宛是一个开放的、异质的社会。犹太人和非犹太人和睦地生活在一起。科夫诺既没有贫民窟，也没有犹太区。年幼的伊曼纽尔在一个温暖的家庭中，在一个富裕的环境中度过了快乐的童年，这使他并未对反犹主义有切身的记忆，也没有关于立陶宛大屠杀的记忆。

耶路撒冷国际书展的负责人泽夫·伯杰在回忆录中讲述了一个类似的童年，他说他有时在街上听到有人大喊"犹太人！"，但他补充说，"立陶宛的反犹主义不是政治上的，也不是宣传上的，而是有着街头色彩的。在立陶宛官方圈子里对犹太人没有任何消极态度。对犹太人少数族裔，政府真正地持有开放的态度"[1]。

1905年，也就是哲学家诞生的那一年，科夫诺的记录簿中提到，犹太人和东正教徒联合代表团向俄国当局进行交涉。此前，大屠杀的谣言在这座城市中流传开了——此谣言先流行于俄国的基希纳乌（Kishinev）。代表团的这个世俗行为产生了镇定精神的作用，避免任何反犹太主义的爆发。

如果我们再往前看，该编年史涉及1886年8月，在该市的市政花园中——顺便说一句，一个世纪后，一个19岁的年轻学生在此自焚，以抗议苏联体系——在俄国部长拉宾诺维奇（Rabinovitch）的倡导下，圣雅各犹太教堂的唱诗班领唱者，在此举行了公开音乐会，表演了亨德尔的曲目《犹

---

1 泽夫·伯杰（Zev Birger）：《大屠杀的幸存者》（*Survivant de l'holocauste*），巴黎，Odile Jacob出版社，1997年，第37页。

大·马加比》（*Judah le Maccabi*）。观众席上有犹太人和基督徒，音乐会后一名观众起身演唱了反犹太诗歌。随后便发生斗殴事件。第二天，那个惹祸的人被要求在三天内离开城市，一个警察决定追随他，随后便丢掉了自己的工作。[1]

再往前追溯，在 1761 年，我们发现该记录簿记载了一次在科夫诺境内对犹太人的大屠杀：城市居民放火烧毁了犹太人的住所和他们的学习场所贝斯·哈米德拉希（Beth Hamidrash）。大部分幸存者在斯洛勃卡的郊区找到了避难所。

斯洛勃卡犹太社区组织起来，直接起诉了科夫诺市长。二十年后，他们终于胜诉了。法院作出了判决，犹太居民被允许返回自己的城市，他们的财产被归还。市长被迫支付审判费用——两年内分期付完——并赔偿受害者，他甚至被判入狱两个星期。每年普珥节的次日，在这座城市的旧犹太教堂中，人们都会纪念这一事件，该事件记录在由拉比矮子舒木尔（此人因其外表而得到这个绰号）所写的《科夫诺的以斯帖记》（*Megillah of Kovno*）中。[2]

这种宽容的传统由来已久。据说最早的立陶宛犹太人，是维陶塔斯大帝[3]在与鞑靼人的战争之后从克里米亚带回来的俘虏。在囚犯中有犹太人和卡拉派[4]教徒。大帝把他们带到立陶宛来是为了发展贸易，他授予他们特权，赋予其内部事务的完全自治权。从那时起，这项真正的宪章确定了立陶宛

1 道夫·莱维（Dov Lévin）：《立陶宛犹太人百科全书》（*Lita, pinkas hakehilot*），耶路撒冷，犹太大屠杀纪念馆出版社，1996 年，第 523 页。
2 同前，第 517 页。
3 维陶塔斯（Vytautas，1392—1430），常被称为"大帝"，中世纪立陶宛最有名的统治者之一。译者注。
4 卡拉派（Caraite）是犹太教的一个教派，可能在 7—9 世纪出现于巴比伦或埃及。卡拉派对《塔木德》有不同于主流犹太教的见解。译者注。

犹太人的地位，他们欢迎来自西方，尤其是德国的成千上万的移民。当然，有美好的时光，自然也有不幸和黑暗时期——尤其是博格丹·赫梅利尼茨基[1] 所造成的哥萨克大屠杀的时代——但直到一战爆发，立陶宛大公国的多元文化传统一直延续着。

第一次世界大战前夕，犹太人社区有四万人，过着高强度的文化生活，并拥有说希伯来语和意第绪语的各种戏剧团体，以及研究民族志的社会团体，这个团体有自己的报纸——《纸张》（Blater）和《桥》（Briker），甚至还有主张立陶宛独立的立陶宛语报纸《全景》（Apsvelga）……犹太人反映了社会趋势。这些少数族裔倾向于共产主义，崩得党是他们的效仿者，1898 年在科夫诺举行了该联盟的第二次代表大会。哈斯卡拉运动渗透到犹太学校，这些学校的课程，在很大程度上与其他学校的课程相似，除此之外，它们还教授犹太历史和《圣经》。亚伯拉罕·马普（Abraham Mapou）是第一位直接用希伯来语出版历史小说的作家，以他的名字命名的街道位于旧城区，就在柴门霍夫（Zamenhof）街对面，柴门霍夫是世界语的创立者。

犹太复国主义在所有变体中都非常有存在感。赫茨尔[2] 有许多崇拜者，1903 年，他乘坐的从维尔纽斯回维也纳的火车，曾在半夜经过科夫诺，两千人在车站月台等候，希望见一见这位大胡子先知。科夫诺一如既往，是一个取之不尽、用之不竭的蓄水池。这里有拉比、《塔木德》学者和教育工作者。尤其是维尔纳的加翁这一派。加翁是立陶宛犹太人的骄傲，

---

[1] 博格丹·赫梅利尼茨基（Bogdan Chmielniecki，1595—1657），哥萨克酋长国首任酋长，也是迄今为止对犹太人最残忍的暴君之一。译者注。
[2] 西奥多·赫茨尔（Theodor Herzl，1860—1904），以色列国父。译者注。

维尔纳的加翁在维尔纽斯的家。
他是立陶宛的犹太之光。

他的雕像矗立在他自己房子的前面。他的墓则位于城市公墓中，是参观和朝圣的地方。

我们是否能意识到自己所受到的影响？我在考纳斯及该地档案馆的同伴和向导欧泽拉·帕泽雷特对穆萨运动[1]的文献特别感兴趣，在该运动中，她看到了犹太教最深刻的独创性之一。该运动发源于19世纪中叶，围绕着拉比以色列的撒兰特[2]展开，是一场在现代社会中罕见的同时追求知性和信仰的社会运动，出现于正统信仰的内部，既反对哈西德主义的过分延伸，也反对哈斯卡拉运动的诱惑，其目的是从内部更新这种正统信仰。

1　穆萨（moussar）运动，出现于19世纪末期的立陶宛，由撒兰特倡导，主张教育改革。译者注。
2　撒兰特（Salanter）的约瑟夫·赞德尔（Yosef Zundel，1786—1866），也被称为赞德尔·撒兰特，犹太拉比。译者注。

撒兰特的遗产

穆萨在希伯来语中具有不同的含义：道德、教育、布道、谦卑。在撒兰特的著作中，该术语用来描述人类的努力以及实现道德-宗教上的完美、克制、禁欲主义和内在纪律的适当心理手段。

以色列的利普金（Israel Lipkin），以撒兰特的名字名扬天下，于1810年出生在科夫诺地区扎戈尔市，一个中产阶级的拉比世家。他在撒兰特学习，撒兰特是当时宗教活动的中心。在那里，他遇见了约瑟夫·赞德尔，约瑟夫是拉比沃罗欣的哈依姆[1]的弟子之一，这位拉比本人则是维尔纳的加翁的学生。伊曼纽尔·埃特克斯在关于以色列的撒兰特的传记作品中，很好地描述了这一谱系。[2] 埃特克斯将这四个人物之间的关系视为一个链条，每个联结都将有价值并转变了的传统传给了弟子。

维尔纳的加翁是立陶宛犹太教的重要人物，以强烈反对哈西德运动出名。在他的影响下，维尔纳成为米兹拉希犹太人的领地。他反对对神的无限奉献（dvékout），反对与上帝相交，反对虔诚主义，捍卫了学习至高无上的地位，捍卫了知识的严谨和努力的精神。他反对在波兰的叶史瓦和《塔

---

[1]　沃罗欣的哈依姆（Haïm de Volozhin, 1749—1821），犹太拉比，《塔木德》学者和伦理学家。译者注。

[2]　伊曼纽尔·埃特克斯（Immanuel Etkes）：《拉比以色列的撒兰特与穆萨运动：寻找〈妥拉〉的真理》（*Rabbi Israel Salanter and the Moussar Mouvement. Seeking the Torah of Truth*），费城，犹太出版协会，1993年。

木德》学校中使用皮尔普尔[1]，即"因果关系"的研究方法，他为一种更贴近文字的、实存性的解释铺平了道路。他以谦逊的生活方式著称，是温和的禁欲主义者和隐士。他认为侍奉上帝要基于三大基石：《妥拉》《诫命书》（*Mitzvots*）和《美德篇》（*Middots*）。他是犹太教神秘主义哲学家，但他以自己的方式忙于教育，并创建了自己的叶史瓦，这所学校由招收沃罗欣的哈依姆开始。

拉比沃罗欣的哈依姆被他的同时代人视为维尔纳的加翁最亲密的弟子。他的主要著作《生命之泉》（*Nefesh Ha-hayim*）是对哈西德主义的回应，但此书呈现了他的思想体系，而不仅仅是辩论性的谴责。他的理论，如同自己的老师一样坚定，但在应用方面更灵活。在加翁看来，哈西德主义无异于一个异教派，它在犹太教的范围内活动，旨在撼动传统，因此必须竭尽全力与之抗争。而在拉比沃罗欣的哈依姆看来——的确，在此期间，哈西德主义广泛发展——哈西德主义的意图没有错，他们只是犯了一些错误。

拉比赞德尔·撒兰特是中间人物。他发展了一些概念，诸如邪恶的倾向（yetser harah）和善意的倾向（yetser hatov），这些概念在文献中都有体现。他鼓励人们放弃"皮尔普尔"的研究方法，主张学习律法以追求真理。对个人纪律的追求，促使他作出三个决定：不追随拉比，不写书，不学习卡巴拉。

拉比以色列的撒兰特的贡献是什么？他自己发起了这场运动。他采用了穆萨的体系，将其从书本中抽离，以整合到

1　皮尔普尔（pilpoul）指通过广泛的文本分析来研究《塔木德》的方法。译者注。

日常生活中并用它进行社交。穆萨，对于拉比以色列的撒兰特的先行者们来说，是"敬畏上帝"，但是从他那里开始，"我们应该如何生活"，"我们该怎么办"，成为重要问题。维尔纳的加翁仍然与世隔绝，全神贯注于研究。撒兰特则希望对社会更开放。因此，他拓宽了理论体系，开辟了新的道路，更符合时代精神和历史条件。哈斯卡拉运动的信条是，"在家做个犹太人，在外面做人"，而穆萨运动的信条则是，"无论在何处，都既是犹太人，又是人"。

他参考的对象有谁？伊本·盖比鲁勒[1]，巴厄·伊本·帕奎达[2]，摩西-哈依姆·卢扎托[3]。他的方法是什么？引导正统的犹太人，让他们把道德关怀和人类品质的发展置于行动的中心。他的目标是什么？促进教育，这里的教育既指学术层面上的，也指道德层面上的。律法，当然重视，但更要实事求是。

他的著作《以色列之光》（*Or Israël*），是穆萨运动的经典之作。直到他去世后，他的学生，拉比以色列的布拉泽（Israel Blazer）才在 1900 年出版了这本书。撒兰特最初在教育领域崭露头角。他首先在位于乌苏伊斯（Uzuis）的维尔纳郊区建立了一所学校。1848 年，霍乱疫情迫使他离开维尔纳，定居在科夫诺。在那里他再次创办了一所学校，并将无业之人、工人、工匠聚在家中一起学习。这种将各种人

1　伊本·盖比鲁勒（Ibn Gabirol），11 世纪安达卢斯犹太学者。他代表了当时希伯来宗教诗和世俗诗的顶峰，同时还是一位重要的新柏拉图主义哲学家，被誉为西班牙第一位哲学家。译者注。

2　巴厄·伊本·帕奎达（Bahya Ibn Paquda，1050—1120），西班牙犹太哲学家和拉比。译者注。

3　摩西-哈依姆·卢扎托（Moshé-Haïm Luzzato，1707—1746），意大利犹太拉比，哲学家。译者注。

聚集在一起在家学习的方式是他的标志之一。于是，该运动开始真正地腾飞。但是撒兰特突然决定离开立陶宛，去德国居住。对于这种突然离开的原因，有许多解释。他感到失败了？身体不好？或者沮丧？他本人则做出了如下解释。他将遭受了哈斯卡拉运动攻击的传统的立陶宛犹太教，比喻为一匹自由自在的马忽然遇到了斜坡。他跑到柯尼斯堡的医生群体那里，为他的学校筹集资金，最后在那里待了二十五年，筹划了多个失败的项目：创办一份"穆萨主义"的报纸，把《塔木德》经典从阿拉姆语翻译为希伯来语和欧洲语言，为研究《塔木德》建立方法论原则。他有一段时间试图在大学里面介绍自己的学术，但被拒绝了。他在巴黎待了两年，在那里他为来自俄罗斯和波兰的移民工作，但始终没有真正立足。1883 年，他在柯尼斯堡去世，没有家庭，没有一个弟子在跟前，仅有一个来自犹太社区的领取工资的女仆陪着。传记作家希勒尔·戈德堡回忆起那位尊敬的拉比的最后几个小时，谈到这位拉比安慰他的女仆，向她解释说，她没有理由害怕花一个晚上和一具遗骸待在一起。这具遗骸，毫无疑问，是他的。[1]

　　戈德堡的作品同样表明了这一运动既是试图重建和再生正统信仰的尝试，又是其失败的见证。撒兰特在 19 世纪四五十年代的行动确实没有立即产生重大影响，但影响将在

1　希勒尔·戈德堡：《以色列的撒兰特：文本，结构和思想。一位早期潜意识心理学家的伦理学和神学》（*Israel Salanter: Text, Structure, Idea. The Ethics and Theology of An Early Psychologist of the Unconscious*），纽约，Ktav 出版社，1982 年。（希勒尔·戈德堡 [Hillel Goldberg, 1946—]，犹太思想家、作家，同时也是一位拉比。译者注。）

以后显露。1870年，他的学生在科夫诺建立了科雷尔[1]，一个用来学习穆萨主义著作的学校。1881年，斯洛勃卡地区的叶史瓦建立在科夫诺的郊区，这是在穆萨运动中创立的。

但是，在世纪之交的东欧及更远的地方，这种被遗忘的思想流派在正统的犹太教上留下了印记，远不止于外表。我们应该把它做成传记性标签吗？列维纳斯的伦理学与穆萨学派相去甚远，拉比以色列的撒兰特对道德教育的关注与哲学家的未来工作毫无关系。但是，欧泽拉·帕泽雷特所强调的国际环境与对开放身份的追求之间的动态性张力是正确的。如果我们想修正时代的氛围，就不能忽视这一运动对传统犹太教的深远影响。该运动试图将伦理学从神学领域中拔除，而将其引入观念生活、心理生活和日常生活中。因此，像沃罗欣的哈依姆一样，以色列的撒兰特将一直会在哲学家的生活和工作中发挥重要作用。

1　科雷尔（kollel 或 colel），希伯来语意为"聚集"或学者"集合"，是研究法典和拉比文献的专职机构，如同神学院。译者注。

二　斯特拉斯堡

伊曼纽尔·列维纳斯于 1923 年抵达斯特拉斯堡。为什么选择斯特拉斯堡？是由于法语的魅力和声望。而且，它是离立陶宛最近的法国城市。

几个世纪以来，它一直是法德对抗的象征。在第一次世界大战后，它回归法国。阿尔萨斯和洛林随后因强烈的爱国主义情绪而生气勃勃，但仍然捍卫了它们的文化特色。斯特拉斯堡位于共和国境内，得益于 1801 年《教务专约》[1]，法定宗教及学校在公民机构中保留了位置。犹太人社区很大，而且早已根深蒂固。在通往文化之都巴黎的道路上，作为外省的斯特拉斯堡尚未获得它在二战后所具备的享誉欧洲的地位。但是对于年轻的伊曼纽尔·列维纳斯来说，这将是他首次流亡的绝佳落脚点，尽管对这一点，他还不是很确定。

1　《教务专约》(Régime concordataire français) 恢复了法国大革命之前的教廷地位。签订者为法兰西第一共和国第一执政拿破仑与教宗庇护七世，签定时间为 1801 年 7 月 15 日，于巴黎和罗马两地分别签订。拿破仑在承认基督新教信义宗、归正宗和犹太教的法律地位的同时，增加了有利于天主教会在法国发展的条款，实际上恢复了天主教在法国的国教地位。译者注。

从文学到哲学

列维纳斯开始了自己远离家乡的平凡的求学生活。他一直在城市中寻觅单间公寓，街区不断变化。他的父亲定期寄给他足够的钱来支付房租，并维持学业。

他从精进法语开始——"语言从来就不是他的问题。"他的孙子戴维（David）说——并学习了哲学。他的选择似乎令人惊讶。这并不是出于任何实际的考虑，唯一的吸引力便是智力上的。如果您愿意的话，可以说，它对应着一种命令。

他告诉波里埃，是什么吸引他走向了哲学。他说："我认为首先是由于我的俄语读物。它们恰好是普希金、莱蒙托夫和陀思妥耶夫斯基，尤其是陀思妥耶夫斯基。俄国小说，陀思妥耶夫斯基和托尔斯泰的小说，在我看来似乎非常关注基本事物。书中人物被焦虑、本质之物、宗教上的焦虑所困扰，但也可以理解为对生命意义的追求。"[1] 对波里埃的问题的回答，暗示了他从文学转到哲学的经过，他如何通过前者走向后者。他把这些明确地解释给米里亚姆·阿尼西莫夫听。"你读过俄罗斯小说吗？"她问他。他回答说："俄罗斯小说是我对哲学的准备。"[2]

当时的法国哲学界几乎不承认这样的洞见。然而，学界也经历了类似的骚动。也许是由于知道大型德国体系的某些

1　弗朗索瓦丝·波里埃：《伊曼纽尔·列维纳斯，您是谁？》（*Emmanuel Lévinas, qui êtes-vous?*），这是与波里埃的谈话，里昂，La Manufacture 出版社，1987 年，第 69 页。（弗朗索瓦丝·波里埃 [François Poirié，1962—2017]，法国作家。译者注。）

2　参见米里亚姆·阿尼西莫夫发表在《新手册》杂志上的对话，1985 年秋季，第 82 号刊。（米里亚姆·阿尼西莫夫 [Myriam Anissimov，1943—]，法国作家。译者注。）

弱点，巴黎以开放的态度对待各种潮流和影响。如果19世纪的遗产依然很重要，奥古斯特·孔德的实证主义或库尔诺[1]的认识论依然占有重要地位，如果大学教师莱昂·布伦什维格[2]仍希望通过新康德主义在法律和秩序方面的影响来复兴共和主义的思想，那么，新的工作就应该得到肯定。

一方面，人文科学在当时迅速发展。比如心理学，弗洛伊德著作的第一版译本的出版引发了巨大的争议；比如社会学，涂尔干在索邦大学校长面前提出了革命性的方法论；又如索绪尔的语言学与莫斯（Mauss）的人类行为学一起，参与了知识的全面变革。另一方面，宗教和性灵再次成为理论反思和历史研究的领域。从这个角度看，柏格森的著作的影响是不可否认的，但是我们不能忘记基督教哲学的复兴，无论是雅克·马利坦的思辨性，还是伊蒂安·吉尔森[3]的深奥精妙，以及他通过托马斯·阿奎那的《神学大全》重新发现中世纪思想。

在这种情况下，斯特拉斯堡大学选择了它的阵营。在此地，古典哲学占据了统治地位。这种传播上的禁欲主义，对大师的尊重，以及对基础文本的反复研读，足以引诱年轻的列维纳斯。他将进入古典学派，就像学习钢琴或《塔木德》那样，首先练习音阶，然后再进行整体性表演。

1　安东尼·奥古斯丁·库尔诺（Antoine Augustin Cournot，1801—1877），法国数学家、哲学家及经济学家，提出库尔诺模型。译者注。
2　莱昂·布伦什维格（Léon Brunschvicg，1869—1944），法国哲学家。译者注。
3　伊蒂安·吉尔森（Étienne Gilson，1884—1978），法国哲学家、历史学家、法兰西学院院士。译者注。

教授们

首先是哲学通识老师莫里斯·普拉德尼斯，他的课程不可避免地会谈到道德与政治之间的关系。他很冷漠，但给这名年轻的立陶宛学生留下了深刻的印象，因为他以德雷福斯事件为例，认为这是政治战胜伦理的例子。他将出版一本自传，标题不会让科夫诺的孩子不快——《美丽的旅程，从巴黎到耶路撒冷的边界的游记》[1]。

心理学教授夏尔·布朗德尔，是布伦什维格的弟子，同时也是反弗洛伊德主义者，他十分沉醉于当面讽刺精神分析。他写道："从宗教科学到艺术史，包括语言学和人种学，都没有道德科学，心理分析什么都没有说，它甚至认为自己什么也不必说……我的职责是，在时机成熟的时候，不加啰唆又毫无畏惧地指出那些奇异的幻想，在这些幻想中，在诗人的背后，往往能发现一头沉睡在每个男人心中的猪。顺便说一句，精神分析，使这头猪感到难过。"[2] 但是，我们还必须要算上莫里斯·霍布瓦克[3]，他是社会学教授，在被任命为法兰西学院院士的几个月后，他被驱逐到布痕瓦尔德（Buchenwald）集中营，并于1945年死在那里。还有古代

---

1 莫里斯·普拉德尼斯：《美丽的旅程，从巴黎到耶路撒冷的边界的游记》（ *Le Beau Voyage, itinéraire de Paris aux frontières de Jérusalem* ），巴黎，La Cerf 出版社，1982年。（莫里斯·普拉德尼斯［Maurice Pradines, 1874—1958］，法国思想家。译者注。）
2 夏尔·布朗德尔（Charles Blondel）：《精神分析》（ *La Psychanalyse* ），巴黎，Librairie Félix Alcan 出版社，1924年，第9页。
3 莫里斯·霍布瓦克（Maurice Halbwachs, 1877—1945），法国哲学家、社会学家。译者注。

哲学教授亨利·卡特隆[1]，他英年早逝于1927年。而马提亚尔·盖鲁[2]将会在他所教授的专业里大获成功，他最终成为笛卡尔和斯宾诺莎的研究专家。

列维纳斯经常会向他在斯特拉斯堡的老师表示敬意，尤其是在他于1976年退休时在索邦大学做告别演讲时。但是，我们不能说他遵循了他们的脚步。还有一次，在斯特拉斯堡的演讲中，他本人强调："我由于对中世纪研究的热情而意识到了回到《圣经》的重要性，这种热情是在我的那些天主教同好的影响下发展起来的，这些人和亨利·卡特隆有过接触，"他补充道，"我对犹太典籍的兴趣，促使我在犹太教之外进行研究。"[3]他的第一本关于胡塞尔的书，正是献给卡特隆的。

这种联系的象征意义不容小觑。一个人，同时忠于自己的宗教身份和哲学的全部概念要求，是可能的。在俄国小说的艺术典范中，找寻新天主教徒身份的人，即将成为列维纳斯的榜样。而在俄国小说之外的其他作品中，即在亨利·柏格森和埃德蒙·胡塞尔的著作中，他发现了他的第一个鼓舞人心的主题。

两个启发者

柏格森占了上风。没有一本学士学位论文不充溢着对他

---

1 亨利·卡特隆（Henri Carteron, 1891—1927），法国哲学家，主要研究领域为亚里士多德哲学。译者注。
2 马提亚尔·盖鲁（Martial Guéroult, 1891—1976），法国哲学家。他的主要研究领域是17、18世纪哲学。译者注。
3 弗朗索瓦丝·波里埃：《伊曼纽尔·列维纳斯，您是谁？》，第79页。

的引述。与此同时，人们也开始谈论胡塞尔。

亨利·柏格森，不仅通过著作的主要命题，如奠基性的直觉、思想自由、记忆和绵延、生命冲动，还通过姿态或态度影响着年轻的列维纳斯。柏格森是这样的一位哲学家，他反对如环境般围绕着他的唯物主义，毫不犹豫地信仰普罗提诺的形而上学或拉瓦森[1]的唯灵论，其影响力还扩展到一些作家，比如普鲁斯特和贝玑[2]。年轻的立陶宛人是否还感到，这位未来的诺贝尔文学奖得主也是犹太传统的受益者？所以，尽管对天主教感兴趣，他仍然在 1937 年写道："如果我看到了多年来一直准备席卷全球的反犹主义狂潮，那么我一定不会转变。我希望留在那些受迫害的人中间。"[3]是否因为他与柏格森身上的那种狂热的爱国主义惺惺相惜？他对法国的爱，促使他在 1939 年写道："因此，我们被要求为法国而战。我为什么不能这样做！我一生都在想，我该如何将我欠这个国家的东西还给它，因为我所有的一切都归功于它？"

不过，列维纳斯发现了他永远会钦佩的《时间与自由意志》[4]。他经常将这本书列为哲学史上的五六本主要著作之一，并在德语版《总体与无限》的前言中表示，"对亨利·柏格森的这本创新之作保持忠诚"。

至于胡塞尔，他的著作在少数学生中流传。

在这里，柏格森与胡塞尔并行不悖。与柏拉图的读者类

---

1 菲利克斯·拉瓦森-莫尔林（Félix Ravaisson-Mollien，1813—1900），被誉为 19 世纪下半叶法国最有影响力的哲学家，其思想影响了柏格森、德勒兹等人。译者注。
2．夏尔·皮埃尔-贝玑（Charles Pierre-Péguy，1873—1914），法国诗人、散文家。译者注。
3 伊曼纽尔·列维纳斯：《柏格森研究》（Études bergsoniennes），巴黎，法国大学出版社，第 16 页。
4 该书是柏格森的哲学博士学位论文。译者注。

似，胡塞尔希望对精神重新开放意识，通过意向性重新与本质的思考建立联系，将哲学重新确立为一门严谨的科学。

现象学的创始者也是犹太人，但他皈依了新教。他同样处于纳粹的迫害中，纳粹把他逐出大学。他未发表作品，受尽迫害才生存下来。列维纳斯不会仅仅是胡塞尔的译者，更不会仅仅是其在法国的首倡者。从某种意义上说，列维纳斯的作品将是对这位弗莱堡大师的作品的回应。

双腿和公共马车夫 [1]

在 20 世纪 20 年代的斯特拉斯堡大学，气氛有点浮夸。人们打着领带，彼此以您相称。一些人甚至带着一根把手上镶银的手杖，以一种卡美洛国王党 [2] 的样子打扮，也有人纯粹是因为赶时髦这样打扮。在他们当中，有一位哲学和德语专业的学生——莫里斯·布朗肖 [3]，一个沉默寡言的年轻人，因此他注定不会任教，而且他更喜欢新闻学。他比列维纳斯大两岁。他还没有写任何东西，但是很引人注目。

很快，两人将建立联系。他们之间的友谊似乎不太可能。一个是俄国移民，爱上了德雷福斯上尉和神父格里高利 [4] 的法

---

1 双腿和公共马车夫（Double Patte et Patachon），指活跃于默片时代的喜剧二人组，卡尔·申斯特伦（Carl Schenstrøm）和哈拉德·麦德森（Harald Madsen），"双腿和公共马车夫"是他们的绰号。这两个演员一高一矮，一胖一瘦，在下文中代指布朗肖和列维纳斯。译者注。
2 一个极右翼的法国激进青年保皇党组织，从 1908 年至 1936 年筹划了许多右翼示威活动。译者注。
3 莫里斯·布朗肖（Maurice Blanchot, 1907—2003），法国著名作家、思想家、哲学家。译者注。
4 亨利·格里高利（Henri Grégoire, 1750—1831），巴黎的一名主教，同时也是政治家。译者注。

莫里斯·布朗肖和伊曼纽尔·列维纳斯，摄于20年代在斯特拉斯堡求学时期。照片背面写着"双腿和公共马车夫"。

国，他本人则成长于犹太文化中。另一个是资产阶级家庭的儿子，与毛拉斯主义者[1]的圈子有联系，不久将与极右翼杂志合作。他们之间的距离不能更远了。那么，是什么让他们彼此吸引？

在这段时期的一张照片里，我们可以看到他们俩并排站着。布朗肖苍白，修长，庄严呆板。列维纳斯圆墩墩的，笑着，蓬着头发。有人在照片的后面涂鸦，那笔迹既不是列维纳斯的也不是布朗肖的："双腿和公共马车夫"。可能没有比这更传神的了。

"他一上来就给人一种极其机智的印象。他有一种贵族阶级的思想。在那个时代，与我在政治上相距甚远，他拥护君主制，但我们很快就彼此靠近了。"[2]列维纳斯就是这样描述他与青年时代的朋友的会面场景的。布朗肖建议他阅读普鲁斯特和瓦莱里。列维纳斯与文学保持着一种传统关系，从

1　夏尔·毛拉斯（Charles Maurras，1868—1952）主张整体民族主义、反犹主义，其政治理论主要在法国保皇党圈子里流行。译者注。
2　弗朗索瓦丝·波里埃：《伊曼纽尔·列维纳斯，您是谁？》，第71页。

他个人的品味和他的参考文献看，无论是俄罗斯文学还是法国文学，列维纳斯所选的都是经典类作品。当他想起文学时，他很容易听到高乃依和拉辛的召唤。正如在谈论绘画时，他想到的是《蒙娜丽莎》。通过布朗肖，他可以读到更多现代作品。如果没有这位斯特拉斯堡的朋友，他会发现并爱上普鲁斯特吗？不太可能。列维纳斯则推荐布朗肖读托尔斯泰和陀思妥耶夫斯基，并向他讲述了自己日后将在德国弗莱堡学习的胡塞尔和海德格尔。在这一方面，他对布朗肖的影响也将是持久的。

他们之间的一切都对立，却产生了深厚的友谊。他们同时也是智识上的同伴。

莫里斯·布朗肖致《拱门》杂志的信中，他回忆起在斯特拉斯堡的年代，写道："我相信每个人都知道我对伊曼纽尔·列维纳斯有所亏欠。如今，伊曼纽尔·列维纳斯是我的老朋友，也是唯一让我以'你'相称的人。我们于1926年在斯特拉斯堡相遇，那里有许多大师，不至于使我们的哲学平庸。这次相遇是偶然的吗？你可以这样说。但是我们的友谊不是偶然的，也不是随机的。有更深刻的东西将我们联结在一起。我不想说这是犹太教，但是除了它所带来的欢乐之外，我不知道在没有丝毫学究气的情况下，深入思考生活的严肃而优美的方式是什么。"[1] 他在回忆起这一时期的另一封信中谈道，"立即得到确认的友谊：个人友谊，知识分子的友谊"。与此同时，伊曼纽尔·列维纳斯已经去了德国，在那里，他学习了胡塞尔的课程。"他所提及的名字，先是胡

1　莫里斯·布朗肖：《给作者的一封信》（ Lettre à l'auteur ）中的一篇题为《不要忘记》（ N'oubliez pas ）的文章，《拱门》（ L'Arche ）第 373 期，1988 年 5 月。

塞尔，后来是海德格尔，在我们的对话中每天都反复出现。我们不要忘记，是列维纳斯，通过胡塞尔关于直觉的论文，向法国哲学介绍了胡塞尔的理论。我们曾在巴黎见面。我再也没有其他东西要说了。"[1] 此外，在别处他谈到，他在列维纳斯那里发现了一种哲学，那就是"生命本身，青春本身"[2]。

一生的友谊？毫无疑问。我们想到其中一个就立刻会想到另一个。他们的作品相邻，主题和概念循环出现，以至于给人一种感觉，他们互相延伸并相互呼应。这种亲缘关系并不表现在风格上，而是一种语调，他们始终走在时代的最前沿，不屈服于现代性。在彼此的注视下，他们不会停止写作。这种写作也是写给他们自己的。在斯特拉斯堡时期——此处对他们二人的创造性方法都至关重要——之后，他们二人间的联系一直存在，但会面的次数却日渐稀少。

断　裂

列维纳斯于 1927 年获得学士学位，准备他的博士学位论文，并于 1930 年参加答辩。他前往巴黎，在索邦大学选修了布伦什维格的课程，并成为犹太大学联盟中一所学校[3]的学监。布朗肖于 1930 年移居巴黎，通过怀疑论的选题获得了索邦大学的研究生学位，然后又转向他坚决致力于的新闻

1　同前，1981 年 11 月 4 日出版。
2　《一些关于伊曼纽尔·列维纳斯的文本》（*Textes pour Emmanuel Lévinas*），让-米歇尔（Jean-Michel）收集，1980 年，第 80 页。
3　即东方以色列师范学校。犹太大学联盟（Alliance Israélite Universelle），即 AIU，是一个国际犹太文化组织，遍及不同国家，总部设在巴黎。译者注。

事业。

两个人相见较少。这时候布朗肖进入极右翼圈子。他与《法兰西运动组织》[1]关系密切，定期为《辩论日报》(*Journal des Débats*)撰稿，是该杂志的社论作者。同时也为《起义者报》[2]《倾听报》[3]和《城墙报》[4]撰稿。

布朗肖的活动是带有某种浪漫色彩的法西斯主义。他与其他许多年轻的知识分子一样，相信旧世界已经过去，新人正在诞生，他在为重要的夜晚(grand soir)工作。在这方面，《起义者报》的编辑部成员堪称典范。罗伯特·布拉西亚[5]和蒂埃里·莫尼耶是老前辈。在此，还可以遇到吕西安·雷巴特[6]和克劳德·罗伊[7]。所有人对毛拉斯主义的观望态度感到失望，他们受到索雷尔[8]式的暴力神话的吸引，渴望进行民族革命。

1　《法兰西运动组织》(*L'Action française*)，法国杂志，发行于1789—1944年间，报刊名曾数次更改。法兰西运动是以1894年的德雷福斯事件为契机而组成的法国君主主义的右翼组织，名称来自1899年创刊的同名机关报。译者注。

2　《起义者报》(*L'Insurgé*)，《政治与文学起义者报》的简称，该报由蒂埃里·莫尼耶和让-皮埃尔·马克桑斯于1937年创办。(蒂埃里·莫尼耶 [Thierry Maulnier, 1909—1988]，法国记者、散文家、戏剧家和文学评论家。) 译者注。

3　《倾听报》(*Aux écoutes*)，法国周刊，保罗·列维创立于1918年。译者注。

4　《城墙报》(*Rempart*)，加拿大法语区报，1966年创立于西安大略省。译者注。

5　罗伯特·布拉西亚(Robert Brasillach, 1909—1945)，法国作家和记者，鼓吹法西斯主义，二战后被处决。译者注。

6　吕西安·雷巴特(Lucien Rebatet, 1903—1972)，法国作家、新闻工作者和知识分子。他被视为法西斯主义和反犹主义的代表人物。译者注。

7　克劳德·罗伊(Claude Roy, 1915—1997)，法国诗人和散文作家。译者注。

8　乔治·欧仁·索雷尔(Georges Eugène Sorel, 1847—1922)，法国哲学家、工团主义革命派理论家。索雷尔的哲学结合了柏格森和尼采的思想，认为理性受制于感性。这成为他创立的革命社会主义的理论基础。他认为，通过动员非理性力量进行暴力革命，是实现社会主义的唯一方式。译者注。

1934 年 11 月，列维纳斯在《精神》[1]杂志上发表了一段文字。"对希特勒主义的反思，"他这样写道，"它并不是这样或那样教条化的民主制、议会制、独裁制，或有问题的宗教性政治。它就是人的人性（C'est l'humanité même de l'homme.）"。[2]

我们不能说他们的关系破裂了。此时，布朗肖声称对民主制、议会制、资本主义、共产主义都不满。他对这些论题进行了非常猛烈的批判。自 1936 年开始，他的言辞开始变得尖刻，把仇恨引向莱昂·布鲁姆[3]，此人是民主党杰出代表，人民阵线[4]的象征和"全世界犹太人"（juif cosmopolite）的代表人物。

传记作家克里斯托夫·比登[5]回忆起《起义者报》对布鲁姆的猛烈抨击，但仍带着为其辩护的口吻写道："除了公开的论辩之外，反犹主义很少干涉其他话语。因此，尽管有一种攻击布鲁姆的简便方法，却是一种批判性的口误，很少被使用，它也几乎掩盖不了伊曼纽尔·列维纳斯的这位朋友（指布朗肖）、保罗·列维[6]和乔治·曼德尔[7]所面临的自相矛盾

1　《精神》（*Esprit*）是伊曼纽尔·穆尼埃尔（Emmanuel Mounier）于 1932 年创立的思想类期刊。译者注。
2　参见《精神》杂志第 26 期，1934 年 11 月。
3　莱昂·布鲁姆（Léon Blum，1872—1950），法国政坛温和左派的代表人物，曾任法国总理。译者注。
4　人民阵线（Front populaire），20 世纪上半叶战时法国出现的一个左翼政治联盟。1935 年 7 月 14 日，共产党、工人国际法国支部、激进党和各大工会组织全国规模的反法西斯示威活动，并决定起草统一左翼各党派行动的共同纲领，人民阵线遂宣告诞生。译者注。
5　克里斯托夫·比登（Christophe Bident，1962—　），传记作家。译者注。
6　保罗·列维（Paul Lévy，1876—1960），法国记者兼出版商，也是小说家、散文作家和剧作家。译者注。
7　乔治·曼德尔（Georges Mandel，1885—1944），法国新闻记者、政治家和法国抵抗运动的领导人。译者注。

的尴尬。布朗肖很快会脱离这个极右翼圈子。"[1]

事实是，我们仍然无法知道"朋友列维纳斯"在这种"争论性"中，是如何生存下来的。无论如何，这一定使他难以忍受。

从 1938 年起，即他到达巴黎后的第四年和战争爆发的前一年，布朗肖继续和《辩论日报》以及《倾听报》合作，编著文学编年史，但社论性的合作停止了。从那时起，他没有再写政治文章，也没有发表关于德奥合并、慕尼黑，以及即将发生的冲突的言论。

毛拉斯自己也对过激行为感到厌倦，因此停办了《起义者报》，他认为该刊物偏离了自己的学说。在所有这些动荡不安的青年中，法国的失败和德国的占领，将让他们的思想产生新的变化。吕西安·雷巴特选择通敌，克劳德·罗伊则加入抵抗运动和共产主义运动。

《出埃及记》与和解

事实上，在战争期间，莫里斯·布朗肖帮助过列维纳斯的家人躲藏。"我们几乎是在同一时间离开斯特拉斯堡去巴黎，尽管来往从未中断，但不幸的是，这场灾难性的战争使我们的关系先疏远，又加固，特别是一开始的时候，列维纳斯被囚禁在法国，他通过一个私密的请求，向我吐露心意，

1　克里斯托夫·比登：《莫里斯·布朗肖，不可见的对话者》（*Maurice Blanchot, partenaire invisible*），塞塞勒（Seyssel），Champ Vallon 出版社，1998 年，第 97 页。

托我照顾他的那些受到可憎政策威胁的亲人，唉！"[1]另一个标志则是，布朗肖于1942年出版的第二本小说，用了亚米拿达的名字命名——亚米拿达是列维纳斯的弟弟。

这是友谊超越当时的意识形态所取得的明显胜利，但这并不是布朗肖隐退的唯一原因。这种隐退，考虑到本世纪他所面对的谣言和愤怒，将变得越来越出于自愿。从20世纪50年代初开始，布朗肖渐渐地进入了缄默状态。疾病，保持孤独的意愿，消灭作者本身的决定，争取匿名权的斗争，将写作视为亲密的冒险，把书看作避难所：在所有可以援引的原因中，没有一个看起来绝对令人满意。这种自愿隐退经过了反反复复。最后，布朗肖只通过出版物、文章和临时性立场的方式，与他的时代保持联系。他签署了《121人宣言》[2]，在1968年5月参加作家与学生委员会。在与罗伯特·安特尔梅[3]会面后，他写了第一批关于奥斯维辛集中营的文章，同时对犹太教进行拷问。他出版了两本书，《无尽的谈话》（*La Conversation infinie*）和《灾异的书写》（*L'Écriture du désastre*）。这些都是在列维纳斯的影响下，或者是沿着列维纳斯的踪迹写成的。

他们两人的著作之间的对应关系，在最初的写作中是可见的，而且几乎是明晰的。早在1947年，乔治·巴塔耶在《从存在到存在者》的批判性注释中就发现，布朗肖有些概念，

1　引自《不要忘记》。

2　《121人宣言》（Manifeste des 121），即《阿尔及利亚战争中的不服从宣言或关于阿尔及利亚战争中不服从权利宣言》，由121位知识分子联名签署。它呼吁当时法国政府和公众舆论承认阿尔及利亚战争是争取独立的合法斗争，谴责法国军队使用酷刑，并呼吁法国人民拒服兵役。译者注。

3　罗伯特·安特尔梅（Robert Antelme，1917—1990），法国作家，后被驱逐出境。译者注。

和"有"（il y a）这一概念非常接近[1]，后来，克里斯托夫·比登甚至谈到了"共同发现"[2]（trouvaille commune）。这种共鸣不会停止。他们双方都将继续强调这一点。但是它变得不那么重要，因为它更多地依赖于一些共同的直觉和青年时代的共同经历，而不是深刻的灵感。

他们的友谊持续存在，但距离更远。两个人将一直保持通信关系。他们经常互通电话，尽管对布朗肖来说，与列维纳斯通电话是一件风险莫测、令人恐慌的事情。亲密接触很少见，非常罕见。

双腿和公共马车夫？无论如何，在斯特拉斯堡，相似的审美感受将他们联结在一起，就像他们在文学和哲学上的共同品味。

但是，友谊会不断滋养自身，并以青年时代的相遇和回忆来滋养自身吗？这里还有另一张代表着那个时代的照片，照片上，伊曼纽尔·列维纳斯站在雪铁龙汽车上。玛丽-安妮·莱斯库雷讲述了这张照片的故事。[3]他们是一个五人组成的团体——布朗肖、伦切夫斯基（Rontchewsky）、玛德琳·格里（Madeleine Guery）、苏珊娜·彭蒂莱斯（Suzanne Pentilles）和列维纳斯——在去他们的老师夏尔·布朗德尔家之前，他们站在汽车的引擎盖上。五个学生随后被邀请共进晚餐。年轻的立陶宛人想知道他是否能在不破坏他自童年

1　乔治·巴塔耶（Georges Bataille）：《从存在主义到普遍经济学图示》（De l'existentialisme au primat de l'économie），1947年，第四卷，第293页。
2　克里斯托夫·比登：《莫里斯·布朗肖，不可见的对话者》，第47页。
3　玛丽-安妮·莱斯库雷：《伊曼纽尔·列维纳斯》（Emmanuel Lévinas），巴黎，Flammarion出版社，1994年，第67页。（莱斯库雷[Marie-Anne Lescourret]，法国记者、哲学家、音乐学家。译者注。）

以来一直遵循的犹太教饮食戒律的前提下吃到食物。布朗肖和他肩并肩。列维纳斯穿着双排扣西服，白色的手提包放在一边，微笑着扫视着前方，微微眯起了眼睛。布朗肖，一只手拿着手杖，另一只手托着下巴，努着嘴，半闭着双眼，若有所思。

喂？

喂？他的"喂"仅仅是一个程序。当我们打电话去问他的消息，在电话的另一端，有一个紧迫的，喘不上气的，断断续续的"喂"。这里的"喂"不仅仅是沉浸于一段对话的开始。他一字一句地讲话，似乎是为了确认对话的性质没有改变，这确实是电话中的交际用语；反复地以一种担心的语气重复，好像是在征求对话者的声音，以确认他还在那儿，连接没有中断，传输没有失败……这个人写了许多精彩的关于技术之好处的文章，却对哪怕最微小的媒介也感到恐慌：电话、录音机、照相机……焦虑在那里不被理解，闻所未闻，也没有被突然切断。

我们有时会在他的弟子中发现他最喜欢的表达方式的回响。"让星星哭泣的美丽"（Beau à faire pleurer les étoiles.），然后是，"以某种方式"（en quelque manière），也就是"以一种特定的方式"（d'une certaine façon）。或者"好像"（comme si），这是一种隐喻的手法，是最方便的表达方式。

只有这一个"喂"独属于他，很难被模仿。就像"难道不是么"。无论是在他的课堂上还是在私人交谈中，每三到四个词，"spa"就出现一次，像是在寻求许可。Spa？Spa？他需要这个词来推进自己的推理或寻找准确的词，正确的定语。这个词是他的俄罗斯祖国的遗产，或者也许是他对那个从立陶宛来到斯特拉斯堡的年轻人的记忆，这个年轻人将用法语完成自己的哲学著作。

埃德蒙·胡塞尔，第一个对列维纳斯有重大影响的人。

三 弗莱堡

列维纳斯经常说，自己大约有两个学期，1928 年夏季和1928 至 1929 年冬，在德国的弗莱堡度过。"我本打算来学习胡塞尔，却学到了海德格尔。"他说。

没有人能很好地描述 20 世纪哲学史上的一个关键交汇点，更不能在如此简短的论述中，深刻描述历史本身。最后，批判性思维、形而上学的更新，将在纳粹到来的背景下进行。到目前为止，胡塞尔尚未被赶出大学，海德格尔也还没有发表他那篇臭名昭著的就任弗莱堡大学校长的演讲。更妙的是，前者是后者的老师。这两位思想家并没有完全地决裂，至少没有正式地决裂。在年轻的列维纳斯眼中，目前重要的是，他们每个人都象征着一个不能被通约的概念的宇宙。他走向这些当代大师们，他们使哲学成为活生生的东西，他接受他们的理论，并将自己当作他们的弟子，成为他们二人的阐释者。但是他并不知道，正是此刻他自己的想法，他已经瞄准了的东西才是重要的。因为在本世纪的一次重要会面上，他突然发现自己如此早熟的思想，竟处于时代矛盾命运的核心位置。

胡塞尔的倡导者

列维纳斯抵达距离瑞士边境几公里的巴登地区的小镇，在这里准备他将要在斯特拉斯堡答辩的博士论文，《胡塞尔现象学中的直觉理论》（*La Théorie de l'intuition dans la phénoménologie de Husserl*）。他很年轻，才二十三岁，但之前已在斯特拉斯堡，听说过胡塞尔式的革命。加布里埃尔·皮佛（Gabrielle Peiffer），是他在哲学研究所遇到的一个年轻女孩——一直被他称为"皮佛小姐"——她建议他读胡塞尔，并让他阅读德语版《逻辑研究》。同时，在 1925 年，斯特拉斯堡神学院教授让·海灵[1]以法语出版了第一本介绍胡塞尔的导论，并将其命名为《现象学与宗教哲学》（*Phénoménologie et philosophie religieuse*）。"直觉"这个概念是引人注目的。海灵引进的概念从一开始就包含了可辩论的维度，随后便引起了广泛讨论，直到 20 世纪 90 年代法国发生了激烈的辩论：胡塞尔提出的改革，是导致了"激进科学的确立"，还是相反地恢复了神学的权利？列维纳斯本人不会回答这个问题，而是绕开了这个问题，或者说，超越了这个问题。但是毫无疑问，列维纳斯自学生时代起，就不会对《圣经》的遗产和在《圣经》中寻求概念的可能性漠不关心。还是在同一场运动中，向他做过类似推荐的海灵，又向他介绍了海德格尔。列维纳斯在哥廷根跟随胡塞尔学习，有一天，海灵把一本《存在与时间》的样稿给了这位年轻的立陶宛人。"但是那里没有胡塞尔！"列维纳斯大叫。海灵

---

1 让·海灵（Jean Hering，1890—1960），早期现象学研究者。译者注。

回答道："这比胡塞尔更远。"[1]

遵循启蒙模式，在两次世界大战之间，欧洲哲学期盼着交流。交换、旅行、会面与日俱增。此外，在巴登逗留期间，列维纳斯经常高谈阔论。但是，对于城市本身以及周围的景观，他似乎仍然没有什么记忆。有一次，他回忆起年轻时代，"横穿街道，对这些街道本身几乎不留意"[2]，好像现象学是这一时期的唯一事件。这座城市是宜人的，玫瑰色的大教堂位于步行街的中心，它的周围环绕着绿色的景观。但是，列维纳斯住在一个远离校园的地方，位于科尔马（Colmar）街上的一间小房间，那里看上去很阴森。

当他在弗莱堡开始自己学业的时候，胡塞尔正在办理退休。这些是胡塞尔的最后课程。他的权威开始衰落，而我们已经可以感受到，在前一年出版了代表作《存在与时间》后，海德格尔正在崭露头角。

1928 年夏天，列维纳斯还是胡塞尔的课程和研讨班的旁听生。但这位年迈的大师很快接纳了他。在 7 月 13 日给英伽登的一封信中，他写道："海灵给我送来了一位非常有才华的立陶宛学生。"[3]胡塞尔经常在洛雷托大街 40 号的家中接待列维纳斯，在那里，胡塞尔与他谈论哲学。胡塞尔曾被邀请到巴黎的索邦大学举办一系列讲座，这将催生他的著作《笛卡尔式的沉思：先验现象学引论》（*Méditations*

1　引自《实证性与超验性》（*Positivité et transcendance*），在让-吕克·马里翁的指导下，法国大学出版社，2000 年，第 52 页。
2　《胡塞尔青年时代的回忆》（*Souvenirs de jeunesse auprès de Husserl*），出自《实证性与超验性》，第 3 页。
3　让-弗朗索瓦·拉维尼（Jean-François Lavigne）：《列维纳斯之前的列维纳斯》（*Lévinas avant Lévinas*），引自《实证性与超验性》，同前，第 53 页。

Cartésiennes）。胡塞尔要求列维纳斯为自己的太太上私人法语课，以便她能在这趟被胡塞尔认为意义重大的行程前完善自己的知识。这些课程，是以对话的形式进行的。这位弗莱堡前寄宿生的记忆已经不太清晰了。他随后讲述了一些事情，这些事情被记录在他的著作的页面底部，以注释的形式，非常不显眼。这是一些关于伤痛的记忆，由他的法语学生马尔维娜·胡塞尔（Malvina Husserl）不经意的话语所造成——这些话显然是反犹主义的擦边球，但很快被尴尬的丈夫纠正："别管她，列维纳斯先生。我本人来自一个经商家庭······"[1]

一件法国的事情

回到法国，列维纳斯在《法国和外国哲学杂志》（*La Revue Philosophique de la France et de l'etranger*）上发表了一篇题为《论胡塞尔先生的〈观念〉》（*Les Ideen de M. Husserl*）的文章。这是他已知的第一篇文章。雅克·罗兰[2]指出，以前可能有过几首诗，但研究哲学的并没有。随后他又翻译了《笛卡尔式的沉思》。

惊人的首创性！1923年，18岁的伊曼纽尔·列维纳斯抵达斯特拉斯堡，不会说法语，或只懂得少量的法语。他会

---

1 《表现的废墟》（*La ruine de la représentation*）首次出现在《埃德蒙·胡塞尔：1859—1959》（*Edmund Husserl 1859-1959*），这是一本为了纪念哲学家诞辰一百周年汇编的论文集，Nijhoff 出版社，1959 年。之后出现在《与胡塞尔和海德格尔一起发现存在》（*En découvrant l'existence avec Husserl et Heidegger*），Vrin 出版社，1967 年，第 195 页。
2 雅克·罗兰（Jacques Rolland, 1914—1999），法国政治家。译者注。

俄语、德语和希伯来语。六年后，他用法语翻译了一位公认的并不容易的作家的作品。他与加布里埃尔·皮佛合作，整体由亚历山大·科瓦雷[1]审阅。在其他场合，"皮佛小姐"窃取了这部作品的译者身份，这让列维纳斯有点反感。至关重要的部分，对胡塞尔思想的发现，对他的观点的录入和转写，都是列维纳斯做的。

无论如何，先是这本书的译本，随后是那篇必不可少的导论。随着这篇导论，产生了《胡塞尔现象学中的直觉理论》一书，列维纳斯由此得以进入法国知识界。正是通过这两本书，萨特、梅洛-庞蒂、利科、德里达才首次与这场思想运动发生联系，这场思想运动，不仅在法国大有前途，而且在法国开出了几朵最多彩的花朵。

让-吕克·马里翁[2]，是列维纳斯的邻居、亲戚、密友。他一直追随着列维纳斯的脚步，先后在普瓦捷、南特、索邦传播列维纳斯的思想。"我们决不可以忘记，哪怕列维纳斯死于第二次世界大战，他也绝对可以被认为是一位非常重要的哲学家，因为早在1930年，他就做了两项意义非凡的事情。首先，他发表了《笛卡尔式的沉思》一书的译本，该书在法国出版的时间比德国早了二十年。另一方面，同年，他写作了关于直觉理论的文章，这是一篇非常细致的导论，是对胡塞尔的意向性概念乃至整个现象学的极好、极深入的介绍。"

事实上，胡塞尔1929年在索邦大学所做的一系列的讲座是《笛卡尔式的沉思》一书的起源。在从巴黎返回弗莱堡

---

1 亚历山大·科瓦雷（Alexandre Koyré，1892—1964），法国著名科学哲学家与科学史学家。译者注。
2 让-吕克·马里翁（Jean-Luc Marion，1946— ），法国哲学家和天主教神学家。译者注。

的途中，他对德语本进行重新设计和发展，然后把它送给列维纳斯并委托他进行翻译。胡塞尔认为，该书的德语版将很快出版。然而，并没有如此。直到战后胡塞尔逝世，该书才被编进胡塞尔全集中出版。

因此，《笛卡尔式的沉思》在法国很早就出版了，这要归功于伊曼纽尔·列维纳斯。这本书出版后，现象学迅速在法国成为潮流。

马里翁继续说道："我们必须牢记这一点。他推广了现象学，几乎实时地引进了现象学，几乎是在现象学刚一产生就将它引进了法国。因此，他是这种非同寻常的移植的起源，这种移植使现象学成为一种哲学运动，这种哲学运动，我认为，在法国比在许多国家，甚至比在德国，更活跃。在持续时间上，作品数量上和年代学意义上，在法国，至少和德国一样多。这都归功于列维纳斯。"

因此，在1928—1929年，主要对列维纳斯产生影响的是胡塞尔。正是由于胡塞尔，列维纳斯才采取了现象学的方法。对列维纳斯而言，基本概念的使用——意向性（l'intentionnalité），构造性（la constitution），还原（la réduction）……——都应该归功于胡塞尔。胡塞尔启发了海德格尔，就像海德格尔一样，列维纳斯也可以说，"他看着我"。

他到达弗莱堡的时候，恰好是两位思想家之间的过渡时期。海德格尔离开了自己的第一任教职所在地马堡，来此接替大师胡塞尔。到了秋天，大学的大礼堂座无虚席。上课就宛如一场战斗。从早上起，就必须记住自己的位置。列维纳斯震惊不已，他折服在这种魅力下。在他眼中，《存在与时间》是一座丰碑，是由迄今为止所有哲学共同铸就的。他将永远不会否认这第一份痴迷，即使在后来，发现纳粹和这位托特瑙的哲学家[1]订立雇佣合同，甚至是在对这纸合约的争议达到最高峰时。

这件事也将是法国的，以自己的方式。就像胡塞尔，海德格尔在巴黎的大学及之外的接受程度，将超过他在德国的接受程度。而且，就像对胡塞尔那样，列维纳斯正处在交叉点上。在 1928—1929 年，他当时对海德格尔持有一种什么样的看法？存在（l'existence）[2]的启示是哲学的新起点，当然，动词"是"（être）的声音——正如他经常说它那样——他把它教给了整整一代人。但不仅如此。必须说，各门课程之间虽然有些遥远，但也有相似之处。马丁·海德格尔来自一个宗教世界，他是德国传统的天主教徒，抵制 19 世纪自由主义。他首先研究神学，上过神学院，第一篇论文是研究邓斯·司各脱的，此人是中世纪方济各会的思想家。但是海德格尔放弃了他的研究。早在 1919 年，他就写道："我坚信我的内在使命是研究哲学，并且我致力于尽我最大的努力去实现人的内在的永恒——这是唯一的目的——我将通过从事研究和教学来完成。因此，我相信我甚至可以在神本人面前为自己的生活和活动辩护。"[3]列维纳斯也接受这种定义。与海德格尔的哲学一样，列维纳斯的哲学先验地悬置起了"无神论"，他这样说，并不是否定无神论，而只是出于自己信仰的自由。但是，与海德格尔相反，对于那些能够谈论的东西，聚焦于《圣

1　指海德格尔。海德格尔曾长期隐居在托特瑙的山区中。译者注。

2　l'existence，国内研究界更多译为"实存"。编注。

3　参见吕迪格·萨弗兰斯基（Rüdiger Safranski）：《海德格尔和他的时代》（*Heidegger et son temps*），巴黎，Grasset 出版社，1994 年，第 120 页。

经》，即"没有想到的债务"[1]，列维纳斯将在自己的研究之路上发现超越性的问题，这个问题也被视为法国随后数十年来的哲学辩论的主题。

胡塞尔与海德格尔先后影响了他。但是，弗莱堡是座充满了挑战的城市，将让列维纳斯遇到另一些人。当然，他不会在那里见到弗朗茨·罗森茨维格[2]，但他的影子笼罩着这座城市，对列维纳斯来说，他也将是有决定意义的人物。

星与十字架

弗莱堡这天是一个有风的春日。自那个时代开始，这座城市变化不大。大教堂总是玫瑰色的。列维纳斯曾经生活过的科尔马街拐角处仍然一片阴沉。但是这座城市仍然承载着历史和神话。远处的费尔德贝格峰总是让人惊叹，尤其是从伯恩哈德·卡斯珀[3]的露台上看时。托特瑙的小屋就在不远处，海德格尔偶尔会过来住。他们告诉我，最近德里达到黑森林进行了一场"朝圣"之旅。卡斯珀是列维纳斯的朋友。他居住在这座小城里，是研究罗森茨维格的专家，他向我们指出，《救赎之星》（ *Der Stern Der Erlösung* ）正是在弗莱堡完成的。这位来自卡塞尔的哲学家首先在一家旅馆里住了一阵子，

1　玛琳·扎拉德（Marlène Zarader）：《没有想到的债务》（ *La Dette impensée* ），巴黎，瑟伊出版社，1990 年。
2　弗朗茨·罗森茨维格（Franz Rosenzweig, 1886—1929），被认为是现代最具原创思想的犹太思想家之一。作为哲学史学家，罗森茨维格在 20 世纪初德国知识分子的新黑格尔主义运动中扮演了短暂但值得注意的角色。译者注。
3　伯恩哈德·卡斯珀（Bernhard Casper, 1931— ），德国哲学家、神学家。译者注。

弗朗茨·罗森茨维格，先驱者

当时，他受疟疾的袭扰，被迫从马其顿防线离开，此时仍然穿着制服，被送往当地的一个营房进行康复治疗。由于军营和旅馆都很寒冷，所以，他跑到当地小酒馆避寒，将纸张夹在手臂下，最终导致整个小镇议论纷纷。小镇上的居民在这位面无血色、身着军装、在所有小酒馆都能经常看到的年轻人面前窃窃私语："他正在写一本关于战争的书！"这话说得并不完全错误。这位年轻人，从1918年8月至1919年3月，整整7个月，不间断地撰写《救赎之星》。而与此同时，他每天还要写一封信给他心爱的姑娘。

因此，尽管相隔十年，这两个人——列维纳斯和罗森茨维格——在这座小镇的两个角落，以某种方式，交叉在了一起。离开旅店后，罗森茨维格住到了著名的大教堂（上面挂着一块牌子）前的一所房子里，而列维纳斯住的地方距罗森茨维格的家只有十分钟的路程。他们的生活已经交叉，作品也交叉了。尽管如此，在共通性中还是有一定的距离。

在弗莱堡，列维纳斯并没有听说过罗森茨维格。后来，在巴黎，他读了《救赎之星》。该书1921年以德语出版。这本书是他在斯特拉斯堡时期所结交的朋友马库斯·科恩推荐给他的，此人曾在斯特拉斯堡的犹太学院任教，这个学院位于沃克林街。马库斯·科恩后来说："正是罗森茨维格的书使列维纳斯保持了传统。"

这个来自卡塞尔的孩子经历了这样的人生旅程：他在一个充满德国文化，并远离宗教的家庭中长大，在通往信仰的旅程上，先是被基督教所吸引，然后是转变的前夜，在赎罪日[1]的晚上，在柏林的一个小犹太教堂，"通往大马士革的道路"将他带到犹太教中，带到"父的传统"（tradition de ses pères）中。年轻的立陶宛学生不可能对这一切无动于衷。

罗森茨维格从未明确提及这种经历，但这是他的著作《救赎之星》的核心，他在此书中对犹太教和基督教的关系进行了理论化阐述，分别分配给它们一个合适的职业，它们两个都是"处在同一种真理中的工人"（ouvriers dans la même vérité）。

对于现在负责耶路撒冷的弗朗茨·罗森茨维格研究所并从事传记工作多年的保罗·门德斯-弗洛尔[2]来说，"罗森茨维格的犹太身份从小就得到了肯定，但他不知道这实际上代表着什么。他不太了解如何表达，该走什么方向。他被它所困扰。由于这种身份，他一直犹豫不决，不能像他的朋友们一样，对基督教大加嘲讽。他一直在寻找一种方式，一个理由，或者借口，让他可以不转变。但在赎罪日那一天，他忽然发

---

1 赎罪日是在希伯来历提斯利月之第十天，也是敬畏日之一，当天会全日禁食和长时间祈祷。译者注。
2 保罗·门德斯-弗洛尔（Paul Mendès-Flore, 1941— ），现代犹太思想研究的领军学者。译者注。

现犹太教并不空虚，尽管它已经中产阶级化，同质化，但内在却充满了生机，有一种生命力。转换不再需要，也不再可能。宗教需求和精神需求之间存在一种重叠现象，这重叠处就是他，这也出于他保持犹太人身份的需要"。

列维纳斯的出身和他小时候所接受的浓厚的犹太文化教育使他免受这种变化的影响。这种力求达到文本的深处但来自普遍人性的有力思想，这种将犹太教视为真理之路的新方式，必然比其他任何方式都更深刻地成为他的标志。面对犹太教和基督教时，他有一种面对面的直觉，这是两条平行但相互融合的道路，二者是一种不混融的共生关系，是一种共存，是共同的生命，都是对人生旅程的真实体验。列维纳斯经常在忠于犹太教的同时，与基督教进行苛刻且毫不妥协的对话。

但是所有这一切尚未到来。在弗莱堡，目前最重要的是发现现象学，以及它所包含的所有可能性。

此时，一个插曲可能比其他任何东西都更能标志着这个时代：马丁·海德格尔在达沃斯"掌权"[1]。

海德格尔在达沃斯

早在成为国际经济学家的重要聚会场所和全球化的象征之前，达沃斯，这座位于格劳宾登州（Graubünden）的瑞士

---

1 1929 年 3 月 17 日—4 月 6 日由瑞士、法国和德国政府在瑞士的达沃斯小镇共同举办了一次会议，主要是为了调节德法学界的分歧。恩斯特·卡西尔和海德格尔在此进行了辩论。这场辩论是 20 世纪西方哲学发展史上的一个界标：它不仅标志着持续了半个多世纪的德国新康德主义运动的终结，也预示着分析哲学与欧洲大陆哲学的分道扬镳。译者注。

度假小镇，早已与哲学史上的某个时刻联系在一起。1929年3月中旬，第二次学术聚会在此举行，上一次学术聚会发生在去年，以阿尔伯特·爱因斯坦的一堂课开幕。这一次的活动资金由当地商人和酒店老板提供，他们希望在冬夏之交使这个度假胜地焕发活力。此次会议的目的之一，是本着《洛迦诺公约》[1]的精神，将法国和德国知识分子聚集在中立的瑞士土地上。让·卡瓦耶斯[2]，是部分受邀参会的巴黎高师学生的好友，他的报告中谈到"洛迦诺精神的有益影响"，甚至是"知识分子界的洛迦诺"。

　　大约有一百名与会者，分别来自法国、德国和瑞士。他们住在村庄的各个旅馆中，所有这些人都将参加在斯特根伯格贝维德大酒店的包房召开的会议。研讨会的持续时间为三周，从3月17日到4月6日，这漫长的会议时间表现了举办方的严肃态度，与会代表团的分量也证实了这一点。法方的参会人员有布伦什维格、施沃布（Schwob）、布瓦万（Boivins）、卡瓦耶斯、舒尔[3]、甘迪亚克[4]，然后是来自斯特拉斯堡的年轻立陶宛人——伊曼纽尔·列维纳斯。德国方面，有两位明星熠熠生辉：卡西尔和海德格尔。"人是什么"，

1　《洛迦诺公约》（*Locarno Treaties*），又译为罗加诺公约，是1925年10月16日英国、法国、德国、意大利、比利时、捷克斯洛伐克、波兰七国代表在瑞士洛迦诺举行的会议上通过的八份文件的总称。协议在该年10月5日至10月16日签署，并在12月1日于伦敦获得确认。一战中的欧洲协约国与中欧及东欧新兴国家尝试确认战后领土界线，并争取与战败的德国恢复正常关系。译者注。
2　让·卡瓦耶斯（Jean Cavaillès, 1903—1944），法国著名哲学家、数学家。译者注。
3　皮埃尔-马克西姆·舒尔（Pierre-Maxime Schuhl, 1902—1984），法国哲学家。译者注。
4　莫里斯·德·甘迪亚克（Maurice de Gandillac, 1906—2006），法国哲学家。译者注。

这个问题是这次会议的总主题，这个议题意在表现开放，却呈现了因为大战而产生的痛苦的诘问。

恩斯特·卡西尔是新康德派哲学家，马堡学派的杰出代表，同时也是赫尔曼·科恩（Hermann Cohen）的弟子和继承人，刚刚被任命为汉堡大学的校长，是德国迄今为止唯一担任过这种职位的犹太人。他谈了"哲学人类学的基本问题"。而海德格尔本人则刚刚出版了《存在与时间》，他提及了康德的《纯粹理性批判》，并试图着手解决"形而上学基础的任务"。

这两场报告会只是整个会议的一部分，但是这次会议很快就集中在两位哲学家之间的对话和两种思想的对抗上。这两位主角，每一位都表达了自己对对方工作的看法，关于如何解释康德哲学的辩论也在此达到了顶峰。

关于这次会议的报道很少见，而且，海德格尔家族还禁止访问所有档案文件。皮埃尔·欧班克[1]在介绍达沃斯辩论时，曾这样写道："如此奇怪的对话。一个是调和主义，另一个则是反传统的人。另一方面，一个见证者曾将其中一人形容为庄严肃穆的'奥林匹亚'，享誉国际的文化继承人，出身于城市资产阶级，长袖善舞，在辩证法方面受过训练；而另一个人，则土里土气的，年少成名，但是害羞、固执、拘谨。卡西尔夫人将其比作一个农民的儿子被强行推到了城堡中。"[2]

辩论的术语？对于皮埃尔·欧班克而言，确实有两种相

---

1 皮埃尔·欧班克（Pierre Aubenque，1929— ），生于法国，索邦大学的名誉教授，也是国际哲学学院的名誉秘书长。译者注。

2 虽然禁止复印，但最初发表的标题是：《E.卡西尔/M.海德格尔，康德主义和达沃斯哲学的论辩，3月29日》（*E. Cassirer/M. Heidegger, Débat sur le kantisme et la philosophie de Davos, mars 29*），Beauchesne 出版社。

反的哲学："一种基于启蒙运动哲学的欧洲传统，另一种则预示着新的开始，毫不犹豫地宣布破坏那些迄今为止是西方形而上学的基础的东西（灵魂，逻各斯，理性）。"

在战后编写的回忆录中，马堡教授的妻子托妮·卡西尔（Tony Cassirer），满含苦涩地叙述了达沃斯会议，毫不犹豫地暗示，1929年海德格尔话语中的暴力，表明了这位《存在与时间》的作者在1933年之后的态度："我们现在可以清楚地看到，这个人指向的是哪条路。"[1]

达沃斯的一位参与者，甘迪亚克，对卡西尔和海德格尔的辩论持不同观点。无论如何，在法国，他是最后的亲历者

列维纳斯在达沃斯，在奥伊根·芬克和路德维希·布尔诺之间。

1 《我与恩斯特·卡西尔的生活》(*Mein Leben mit Ernst Cassirer*)，纽约，1950年。

之一。在他的记忆中找到对抗的踪迹，结论是比我们前述的和缓。

"象征着人道主义和自由主义传统的优雅教授，与带来全新视野的海德格尔之间的对话仍然是过得去的。卡西尔夫人谈到了他们之间发生的真实场景。如果他们之间有过什么，那我们也没听到过风声。虽然学生们不是圣洁的圣人，但卡瓦耶斯，他是我们中的凯门鳄[1]，也是撰写会议总报告的人，对两个人之间的关系作了非常正面的总结。我们许多人，我甚至不得不说，包括我自己，我们觉得更接近卡西尔，但海德格尔，作为某种新鲜的东西，让我们感兴趣。也就是说，论战的声音曾经非常有礼貌。我没有注意到特别的紧张氛围。另外，如果当时真的很紧张，列维纳斯早就应该透露出这种紧张了。"

但是当时的列维纳斯是怎样的呢？在达沃斯研讨会期间，他的表现如何？他是如何处理两位德国哲学家的对抗的呢？

在一张记录这段时期的照片中，我们看到，列维纳斯笔直地站着，旁边是胡塞尔的助手奥伊根·芬克（Eugen Fink）和路德维希·布尔诺（Ludwig Bulnow），他们的后面，有一座被当作背景的雪山。他面容俊朗，双排扣西服缀有白色口袋，一只手背在后面，另一只手拿着细手杖，这一定是他从莫里斯·布朗肖那里借来的。"我们被这个年轻人吸引，"甘迪亚克说，"因为他的法语。他非常镇定自若，他已经作出选择了。"

1　法语中常用的比喻，鳄鱼指冷血无情的人。如《欧也妮·葛朗台》中葛朗台被称为"ce vieux caiman"，即老鳄鱼。译者注。

卡西尔和海德格尔对抗的那天，在大酒店的早晨演讲和用来结束辩论的晚间会议之间的下午，对参与者来说是空闲时间。所有这些与会者散布在俯瞰达沃斯湖的山坡上。一群法国人聚集在伊曼纽尔·列维纳斯周围，列维纳斯向他们讲述了他对《存在与时间》的看法。甘迪亚克在他的回忆录中记述了那天的场景，"我们如何能忘记那个美丽的下午，那时他为一些法国人翻译并评论了《存在与时间》的几页。太阳逐渐融化了伊曼纽尔坐的雪堆，他身着便服，穿着薄底浅口皮鞋，鞋面是橡胶的。当他起身的时候，看上去就像《圣经》中的约伯一样，但此时他没有任何理由质问他的上帝。他正是在一摊污秽上向我们说的'此在'（être-là）和'操心'（souci）"[1]。

对于甘迪亚克来说，毫无疑问，列维纳斯当时是这位施瓦本哲学家的狂热信徒："他以崇高的敬意为我们讲海德格尔，向我们揭示了海德格尔思想的所有曲折，对这些曲折他早已熟悉。他那时候还没有后来所表现出来的不信任感。"甘迪亚克又急忙补充说，"即使在他生命的尽头，在所有的恐怖发现之后，列维纳斯也没有对海德格尔采取宗派态度。有那样一些人，比如科瓦雷，自从他发现海德格尔在政治上的不光彩之后，就开始贬低他的为人和哲学著作。可以肯定的是，在那个时代，列维纳斯对海德格尔毫无保留。"

这个证词是甘迪亚克的证词。它真的是哲学家当时的感受吗？根据其他说法，无论何时，列维纳斯都没有被愚弄，即使是在他对这本著作最为钦佩的时刻。"他一直认为海德

1　莫里斯·德·甘迪亚克：《世纪之交》（ *Le Siècle traversé* ），巴黎，Albin Michel 出版社，1998 年，第134 页。

格尔是反犹主义者"，他的女儿西蒙娜很直率地说。但是，对达沃斯的审视应该放在那个时代中。甘迪亚克说："1929年，在达沃斯，我们仍然远离后来的弥漫于1932、1933、1935年的气氛，那时发生了'水晶之夜'事件，第一批犹太教堂遭到袭击。一年前，我去了德国。我们没有看到任何纳粹分子。我们倒是听说过游行，甚至劫掠事件，但是那些德国人告诉我们：'这都是些不重要的小团体。'每个人都不知道发生了什么。人们仍然认为法西斯主义只是墨索里尼。我们没有读过《我的奋斗》（*Mein Kampf*）。海德格尔已经与他未来的妻子订婚，但我们不知道这件事。研讨会期间，我们没有看到海德格尔夫人。海德格尔，我们经常看见他一个人，穿着滑雪服。"

让-吕克·马里翁属于另一代人，他们年轻得多，只通过书和与列维纳斯的一些对话知道达沃斯。他说："这是一个令所有人痛苦不堪的插曲，令所有与会者都备受困扰。这是一次非常含混的聚会，我认为列维纳斯也是这样参加的。但是我不认为，20世纪的哲学发展能够没有含混性，这种模棱两可不仅是政治性的，甚至是关于形而上学的目标。有时候，某些地标物，往往会由于某些或合理或可争论的原因而趋于消失。但是在此时或别的时候，当这些地标消失后，需要给它们加注释，每个人都是模棱两可的。即使对于列维纳斯来说，拥有一个简单而坚定的立场也不容易。"

笑与泪

在达沃斯，列维纳斯和海德格尔是否私下碰过面，单独交谈过？据甘迪亚克说并没有。列维纳斯本人从未提及过这样的事实。但是，根据某些证词，似乎是海德格尔——当时列维纳斯正在上课——向列维纳斯提到了达沃斯会议，让他可以更便利地获得邀请。列维纳斯是斯特拉斯堡大学选拔的两名学生之一。碰面的条件是很充足的，但显然没有发生。实际上，来自弗莱堡的教授没有与团体混在一起过。同样，二人辩论之后的第二天，与会者们被邀请到格劳宾登州游览。法国人和一些德国人，包括卡西尔，都乘火车去看尼采在西尔斯·玛利亚（Sils Maria）的房子。海德格尔没有加入他们。像往常一样，他远离大家，独处一方。

在逗留的最后阶段，秉承着高师幽默讽刺的传统精神，著名的最终汇演开始了。老师被学生们戏仿了，每个人都被嘲弄了，无人幸免。布瓦万模仿了布伦什维格，后者当时头上戴着蓝白红三色带子，发表了和平主义者的演讲，并宣称："我可没有三色的头脑！" 嘲笑海德格尔的任务落在了未来的布尔诺教授身上。列维纳斯作为法国团体中最精通德语的人，被伪造成了恩斯特·卡西尔。当时他有一头浓密的黑发，大家给他的头发上扑满滑石粉，使他看起来像是那位可敬的新康德主义的守护者。

"卡西尔不容易戏仿，"甘迪亚克继续说道，"他如此完美，如此自如，我从未见过有人能说这样纯粹、清晰的语言。列维纳斯竭尽所能去模仿。模仿海德格尔更容易。但我不记得布尔诺有那种让我们印象深刻的、带点粗鲁的农民式的声音。我倒想起了战后的《现代》（Temps Modernes）中的一篇文章，那里提到了希特勒的声音。这有点不公平了，我这样说是错的。这有点主观，也许是因为胡子。但是声音不一样。"这里，他本人用暗示的方式所提及的时间上的差异显得很重要：两次世界大战之间年轻人的无忧无虑，法国解放战争中论战性的愤慨，以及今天真正的批判性的回归。

甘迪亚克补充说："必须说，我们没有意识到我们正在经历历史性事件。我们只是觉得，由于有卡西尔，我们身处一个知识的国度，而海德格尔则是一个让人充满好奇的异类。"在达沃斯湖畔这种无辜的娱乐中，谁能预见到，仅仅四年后，恩斯特·卡西尔会放弃汉堡大学校长的职位，流亡瑞典，而他的对话者将担任弗莱堡大学校长，并发表向纳粹政权效劳的演说呢？

列维纳斯很少说到达沃斯，甚至连最后的汇演也很少提及。当他提到这里时，总是充满了悲伤。对于他来说，正像我通过列举他的同伴的证词所试图证明的那样，这是一次悲伤的会议。

他尤其觉得愧对卡西尔夫人，因为她的逝世，他无法再当面向她表达自己的悔恨。在达沃斯的时候，他不该偏爱海德格尔胜过卡西尔，他在无知中所扮演的角色，无视正在上升的危险。[1]

罗森茨维格没有去达沃斯。他已经病得很重，几个月后，肺结核将会结束他的生命。但他还是通过《法兰克福区报》的报道得知了卡西尔与海德格尔的对抗。他将发表题为《反面阵线》（*Les fronts renversés*）的短文对此做出回应，在此文中，令人感到奇怪的是，罗森茨维格毫无保留地站到了

---

1 他以后会用间接的方式表达这种歉意。战后的那几年，有一天他告诉我，在罗马遇到了一位朋友，这位朋友跟他说曾在苏黎世见过卡西尔夫人，她仍然记得达沃斯之夜的许多苦涩。列维纳斯请求朋友将自己的悔恨转告给卡西尔夫人。过了一段时间，他又去了罗马，朋友告诉他，卡西尔夫人在她丈夫去世前得知了他的悔恨。"我总是说这两次罗马之行没有白去。"列维纳斯如此评论道。

赫尔曼·科恩马堡大学哲学教席的继任者一边，来反对赫尔曼·科恩的首席弟子。[1]也就是说，像列维纳斯一样，在本应是崭新的哲学曙光中，他反对卡西尔，赞同海德格尔。可惜这曙光很快就被历史抓住，在达沃斯的笑声中，交叠着不幸的眼泪。

1　斯蒂芬·摩西：《体系与启示》（*Système et révélation*），巴黎，瑟伊出版社，1982年。（斯蒂芬·摩西［Stephane Moses，1931—2007］，犹太哲学家、翻译家和德语语言学家，罗森茨维格的德国犹太文化研究中心的名誉教授。译者注。）

四　巴黎

在两次世界大战之间的这些年里，法国不仅为经济、政治移民提供避难所，而且还为欧洲其他国家的知识分子提供了庇护。它的权威不只是文化上的。特别是在犹太移民眼中，它代表了解放的典范和融合的理想。成为法国人，意味着进入以条约形式规定并化身为共和国的语言、文明和价值观，共和国对全人类都有吸引力。伊曼纽尔·列维纳斯也不例外，他自愿接受了从格里高利神父到《克雷米厄法令》[1]，再到拿破仑创建的法兰西犹太教核心教务会议[2]。他也为此地带来了一种新的东西，一种深入伦理中的操心。他想要成为法国人和犹太人，成为这个国家的公民，在那里他找到了新的根基、婚姻和亲子关系，他发现法语，笛卡尔和帕斯卡尔的语言，不比德语具有的哲理性少，他以自己的方式证明了这一点，并用自己辉煌的遗产，让此地熠熠生辉。

---

[1] 《克雷米厄法令》（ Crémieux ）签署于 1870 年 10 月 24 日，授予法属阿尔及利亚境内的犹太人法国国籍。译者注。

[2] 法兰西犹太教核心教务会议（Consistoire napoléonien），是拿破仑在 1808 年创建的机构，目的是以管理其他两种官方宗教（天主教和新教）的模式管理法国的犹太教。由拿破仑亲自任命法国首席拉比。译者注。

免除的历史

司法部长先生：

　　我荣幸地请您慷慨地考虑我加入法国国籍的要求。我叫伊曼纽尔·列维纳斯，于1905年12月30日出生在立陶宛的考纳斯。我在法国住了两年，没有间断过，在那之前，我也在法国住过，从1923年12月到1928年5月。我获得了文科学士学位，并在斯特拉斯堡大学获得了博士学位。我希望能通过哲学会考。我的家在巴黎奥特伊街59号。我单身。由于囊中羞涩，我请求免收印章费[1]。

这封申请信是伊曼纽尔·列维纳斯亲笔写的，日期为1930年10月18日。在斯特拉斯堡完成学业，并在德国弗莱堡逗留了两个学期后，这名年轻人于1930年6月到达巴黎，然后前往立陶宛，在那里度过了三个月的假期。在回程的路上，他下定决心要搬到法国的首都巴黎去。

　　拥有大学的博士学位，是一篇非常出色的论文的作者，答辩时也备受赞誉，单身，没有孩子，热爱法国——"一个国家，人可以通过精神和内心，与它直接相连，正如当地人通过出身与它相连"[2]，他写道——他还在申请法国国籍。但是，到1939年，因为移民和难民不断涌入，第三共和国同

1　印章费（droits de sceaux）是每个外国人申请加入法国籍时必须要交的费用，出现于15至18世纪，1814年再次立法重申。译者注。
2　伊曼纽尔·列维纳斯：《困难的自由》，Albin Michel出版社，1963年，第373页。

意入籍的条件变得苛刻了。

因此，斯特拉斯堡大学哲学系主任充分发挥了自己的作用，向司法部长写了一封满含热情的推荐信："列维纳斯先生给他所有的老师都留下了非常好的、恪守规矩的印象。他才思敏捷，尤其当他转向哲学问题的时候，他给人留下一种自如的印象，仿佛他在和这些问题玩耍。我们可以很欣喜地宣布，列维纳斯在哲学领域有着光明的前途。"他补充道："因此，我个人认为，让这个年轻人入籍是有好处的。但是，必须多说一句，这句话很可能是多余的。列维纳斯决定参加激烈的哲学会考。因此，我们必须希望，他所承担的义务，不比他潜在的竞争对手少，并且他不会逃避必须承担的军事义务。"这是那个时代典型的常用语，由于共和国的法律，只能强调申请者的品质，而不能要求申请者能得到免除兵役的特殊对待。

入籍的文件[1]上还有许多其他推荐意见。其中一些来自西尔万·列维[2]，他当时是犹太大学联盟的主席，以副主席和法兰西公学院（le Collège de France）教授的名义签署了文件。还有一封抬头为东方以色列师范学校的信笺，来自纳文先生（M. Navon），他是这所学校的校长，他证明列维纳斯住在学校，担任学监。最后一张来自省长的便条，提供了一些对他有利的信息，确认了他确实是一名学监，他每月赚五百法郎，伙食费和住宿费自理。

征求意见的过程——入籍程序不仅漫长、乏味、挑剔，

---

1 我们可以在国家档案馆查询入籍的文件，BB11 系列，文件编号为24900X30。
2 西尔万·列维（Sylvain Lévy，1863—1935），法国印度学家，梵文专家，法兰西公学院教授，法国远东学院荣誉会员，法国亚洲协会会长。译者注。

还与国家安全有关。科夫诺的"法国大臣"于1931年2月2日寄来了一张便条：

> 除了在布莱斯高地区弗莱堡逗留了十个月外，此人已在法国居住了超过七年的时间。在法国，他完成了所有学业。斯特拉斯堡大学的教授特龙琼先生吸引了我的注意。教授对他有极高的评价，并认为他是一个很有才华的年轻人，也非常勤奋。我相信特龙琼先生已经向司法部长重复过他对我说的，对列维纳斯的溢美之词。这个出色的人拿到了斯特拉斯堡大学哲学博士学位。他有段时间回到了立陶宛。但是在那里他感到不合时宜，立刻意识到那里没有什么他感兴趣的职业。这也是促使他决定回到法国，并参加哲学会考的原因。
>
> 我在列维纳斯身上所获得的信息是，他在各个方面都非常出色，我毫不怀疑，这个年轻人将是一个适合我们的优秀新来者。他的父母在科夫诺经营一个小铺子，不是书店，而是文具和办公用品店。他们是收入非常微薄的商人，甚至没有接待顾客的员工。他们是为自己儿子的学业的成功而不得不做出牺牲的人。另外，我相信对于他们来说，缴纳入籍费用的负担太重了。

印章费实际上的确很高。很少有减免的情况，除了优秀的新加入者，比如列维纳斯。

正如发给司法部的积极推荐信中所强调的那样，所有意见都非常有利，并有一长串关于列维纳斯的正面信息："它们来自列维纳斯的教授们逐字逐句写下的文件，教授们都认为他是个了不起的人。在这种情况下，法国对接受列维纳斯入籍有一定的兴趣。"

措辞更是不同寻常，因为我们平时只会说"看起来没有什么不方便"，或者是"这是可取的"……

在所有其他文件中，有这样一封——毫无疑问，它来源于司法部长本人，读之让人忍俊不禁。"列维纳斯先生，他曾在自己的国家接受了中等教育，自称懂得从路易十一以来的所有法国历史。他还熟悉自中世纪以来的所有法国文学。可另一方面，他却不懂法国的地理。""但是，"撰稿人又补充道："列维纳斯先生看上去很坦诚。"

瑞　萨

"盖好你的房子，种植葡萄，然后结婚。"《塔木德》法典这样说。这位年轻的哲学博士已经成了法国公民。1932年，他带着新护照回到立陶宛，娶了瑞萨·列维（Raïssa Lévy），他邻居的女儿。

瑞萨，他从小就认识她。她住在考纳斯的卡莱吉莫街，离他家只有几步之遥。她是音乐家，她的祖父塞缪尔·列维（Samuel Lévy）曾经教过她。她有着绝妙的嗓音，会弹钢琴。在家族传说中有她的故事。据说在 13 岁的时候，她曾听过一个年轻的神童弹钢琴，听得泪流满面。于是她的家人便让她出去上学，先在维也纳，然后在巴黎音乐学院，她曾是拉扎尔·列维[1] 的学生。也正是在巴黎，这两个年轻人在失去联系后又重逢了。

高颧骨，具有穿透力的蓝眼睛，深邃的目光和浓重的斯拉夫口音，她经常滚动舌尖发"r"这个音。瑞萨比列维纳斯小了几岁。他们彼此之间说俄语，心有灵犀，彼此尊重，这一点所有见过他们的人都可以作证。她陪着他辗转各地。她含蓄但细致的陪伴，始终让他放心。在东方以色列师范学校曾与他一起工作的人，都对她的聆听方式赞不绝口。她能记住所有的琐碎小事，主动关心别人的生活。她热情，性格温和，很少发火。她唯一一次为人所知的失态是在传说中的舒沙尼先生[2] 来拜访时，那是在战争爆发的次日，在奥特伊街。那时候她觉得自己将流离失所，还会失去丈夫。

音乐不是她唯一的激情，尽管她在音乐上的造诣远超他人。她将全部力量投入到孩子们的教育中，尤其是儿子。她热情地投身于这项工作，并日复一日地查看教育进度。她对文学感兴趣，读过许多小说。她对一切都很好奇，但她尽力不表现出她所属的文化，并时刻保持着哲学家妻子的审慎。

在他们再次见面和结婚时，瑞萨还是一个无忧无虑的开朗的年轻姑娘，对音乐充满热情，沉迷于德彪西，并对她即将在巴黎展开的新生活着迷。而她的身边，是一个有着光明前途的年轻人。

1　拉扎尔·列维（Lazare Lévy，1882—1964），法国钢琴家、作曲家和教育家。译者注。
2　舒沙尼（Chouchani，1895—1968），一位真实姓名未知的犹太大师，列维纳斯是他的学生。译者注。

战前，列维纳斯和妻子瑞萨·列维纳斯、女儿西蒙娜在一起。

联　盟

随后，伊曼纽尔·列维纳斯必须履行军事义务，被调往奥弗涅第 46 步兵团，在那里接受训练，成为下士，甚至参加了俄语口译比赛，成为军士长。

1934 年，即他到达法国并开始在斯特拉斯堡大学学习之后的第十一年，他进入了犹太大学联盟的学术部门。该联盟的主席是西尔万·莱维，一位印度学家，同时也是法兰西公学院的教授。

大学联盟的学校——第一所 1862 年诞生于摩洛哥的得土安（Tétouan）——随后遍及整个地中海以及近东地区，目的是传播法国文化。他们帮助超过四万名儿童在法国、摩洛哥、

列维纳斯身着戎装，此时他是实习翻译、军士长。

保加利亚、希腊、叙利亚、巴勒斯坦、伊拉克、土耳其、伊朗、阿尔及利亚接受教育。学生们在那里接受了扎实的基础教育，还有宗教教育，并用法语学习一些学校课程。犹太大学联盟希望派出东部学校中最好的学生到东方以色列师范学校，在那里对这群未来的老师进行培训。因此，列维纳斯的任务是协助联盟秘书长哈尔夫（Halph）先生。他主要的工作是处理学生和老师的通信，但实际上，他发挥着边缘性的功能。他被安排在管理层内，有一个办公室，用来接待未来的学生或老师。"他非常受尊敬和爱戴，"现任主席阿迪·斯特格[1]回忆道，"但我仍然保留着某种苦涩的感觉，某种悲伤，这是因为我们没有给他更多的荣耀。在联盟中央委员会，当您现在去查询那个时期的文件时，您只能考虑所有成员都参加的会议，您要补充说：甚至连列维纳斯都出席了。考虑到他的品格，他的责任意识，我们本应该让他担任领导的。但是传统就是这样。我不认为他遭受了不公平的对待。"

我们也很高兴地看到，他在犹太大学联盟的机关月刊《和平与权利》上发表了一系列的文章或书评。1935 年 4 月，这本杂志出版了一份汇编，是关于纪念迈蒙尼德[2]诞辰八百周年的。西班牙政府刚刚在科尔多瓦组织了一次官方的庆祝活动。巴黎的首席拉比朱利安·威尔（Julien Weil）也发表了演讲，文字版被呈现在了这份汇编中。紧随其后的是一篇文章，文章的第一作者是伊曼纽尔·列维纳斯，标题为《迈蒙尼德的现实性》（L'actualité de Maïmonide）。他在文中十分切题

1　阿道夫·斯特格（Adolphe Steg，1925—），以阿迪·斯特格（Ady Steg）而闻名，出生于捷克斯洛伐克。他是一名外科医生。译者注。
2　迈蒙尼德（Maïmonide，1138—1204），中世纪犹太教首屈一指的犹太神学家、哲学家，是迄今最有影响的犹太哲学家之一。译者注。

地写道："就哲学而言，真正的哲学性是通过其现实性来衡量的。我们要把最纯粹的敬意献给那些关心时事的哲学。我们这个时代的哲学特别痛苦，哲学关注的是我们存在的本质，既作为犹太人，又作为一个人。犹太-基督教文明正在遭受一个来自欧洲心脏地带的傲慢狂人的质疑。"他又补充道："从来没有这么多误入歧途的人。"以下这句祝词增加了这份汇编的分量，使它听起来更像发人深省的警钟："这是犹太天才对其诽谤者的回应。这也提醒我们，无论受到何种干扰，人类都必须保持正直、明晰、洞察力，和对真正伟大的感受力。"[1]

几个月后，列维纳斯在该杂志上发表了第二篇文章，题为《联盟的宗教启示》（L'inspiration religieuse de l'Alliance），而时代的焦虑仍深入骨髓。他写道："种族主义是一种需要克服的考验，而不是一个亟待解决的问题。这一点是毋庸置疑的。"[2]

马利坦和罗森茨维格

当我们看《和平与权利》那些年的刊物时，我们意识到，说实话，它并没有确认这样一个事实，即软弱无力的犹太人坐到了危险的斜坡上，或者说，他们根本拒绝看到危险，想把头埋到沙子里。他们实际上继续希望，或者说相信，能与基督徒维持亲密关系。列维纳斯尤其如此。

1936 年 10 月，他给约瑟夫·邦斯克里弗（Joseph

---

1 《和平与权利》(Paix et Droit)，犹太大学联盟机关刊物，1935 年 4 月。
2 同前，1935 年 10 月。

Bonscriver）的新书《犹太教徒和基督教徒》（*Juifs et Chrétiens*）写书评，这本新书由弗拉马里翁出版社出版。约瑟夫本人既是犹太人，又是基督徒。列维纳斯这样写道："一神宗教间的对抗已经减缓了，自从希特勒主义威胁他们的共同遗产以来。"[1]

1938 年 5 月，他在一篇给雅克·马利坦的文章中重申，犹太教和基督教都是希特勒大业中的目标。[2] 一年之后，1939 年 3 月，他在悼念庇护十一世（Pie XI）逝世的文字中，追溯了教宗的一生，并说这是"人类良知的重要时刻"。他敢于在大战的前夕写道："在一个日益敌对的世界中，这个世界到处覆盖着万字符，他坚定不移地朝向用树枝做成的十字架，这十字架如此纯洁，我们经常抬起眼来仰望。"[3]

他与雅克·马利坦的会面意义重大。列维纳斯首先爱上了柏格森，然后又背离了这位大师；马利坦很年轻，最为人所知的经历是在和夏尔·贝玑，尤其是莱昂·布洛伊[4]会面后改信了天主教，莱昂更是做了他的教父。这位 19 世纪末伟大小册子的作者的矛盾之处正在于，他始终受着良心上的折磨，正如他在《通过犹太人得到的救赎》（*Le Salut par les Juifs*）中所表现的那样，这一点会贯穿他的一生。作为反唯物主义者，他经常参加法兰西运动，参与了《普遍期刊》[5]，

1　同前，1936 年 10 月。
2　同前，1938 年 5 月。
3　同前，《人类良知的瞬间》（*Un moment de la conscience humaine*），1939 年 3 月。
4　莱昂·布洛伊（Léon Bloy, 1846—1917），法国作家，信奉天主教，提倡社会改革。译者注。
5　《普遍期刊》（*La Revue universelle*），1920 年成立于巴黎。这是由雅克·贝恩维尔（负责人）和亨利·马西斯（总编）创立的法国期刊，1944 年停刊。译者注。

看到了夏尔·毛拉斯被定罪，以及1927年保皇党在罗马的运动。比起政治，他更喜欢宗教。马利坦坚决转向托马斯主义，并开始对社会天主教（catholicisme social）进行反思，这使他的立场更接近伊曼纽尔·穆尼埃尔。在非常重要的1933年出版的《基督教哲学论》中，他试图将存在主义建构在人道主义的根基上，也就是建构在托马斯·阿奎那的神学理论上。

列维纳斯与马利坦之间可能的对话被证明非常之多。另一件逸事：雅克·马利坦也是毕生都在妻子的帮助下，他的妻子也皈依了天主教。她是俄裔犹太人，名字也叫作瑞萨。

正是在同一时期，大约1935年，伊曼纽尔·列维纳斯发现了上文中已经提到的德国犹太哲学家弗朗茨·罗森茨维格，对他来说罗森茨维格的重要性是决定性的，无论他后来怎么说。

我们会发现，他的作品中很少提及这位伟大的前辈，几乎没有直接的引用，即使在《总体与无限》中。但是，这本书显然是在那位卡塞尔的哲学家的启发下写成的。正如斯蒂芬·摩西所注意到的那样，这本书的前言和《救赎之星》的前言之间存在着很深的相同之处和对应关系。两篇前言相互呼应，好像是对同一个原初主题的回应。然而，列维纳斯却仅仅满足于向莱茵河另一侧的前辈们致敬，"在本书中引述这样的内容太过引人注目"[1]，有点类似于我们所说的"太过知名因而无法引用"——当我们在寻找合适的介绍词或主题过于微妙的时候，就会这样说。

这种悖论，正如罗森茨维格的命运。他是启蒙运动和犹太解放运动的双重继承者，他发展了犹太伦理学的普遍术语，

1　《总体与无限》，前言，第16页。

使其适用于犹太人散居流亡的时代。他将关于焦虑的哲学与犹太研究中最重要的问题重新联系起来：面对众所周知的希腊哲学，犹太哲学又能留下什么启示呢？何况，要考虑到那个非犹太人不知道的，但却又不能忽视的联盟。这是一场悲剧，恰如他自己的命运。马丁·布伯和列维纳斯都不像他那样命运悲惨。他的思想中的存在维度，增加了他对概念的要求，也解释了他的重新发现。毫无疑问，那位胡塞尔的年轻读者从他那里得到了对自己犹太身份的确认，更重要的是得到了人类历史的意义。那些他所亏欠的债，总是被提及，即使他总是用笼统的措辞来表达，显得好像很笨拙。很难将其隐藏起来。无论是伊曼纽尔·列维纳斯自己哲学的后续发展，他在自己的作品中所谈到的哲学与宗教之间的关系，他的犹太教式的研究方法，还是他的跨犹太教—基督教的研究视野，所有这些在他后来的著作中出现的部分，都和《救赎之星》紧密相连。

无论如何，我们毫不怀疑《救赎之星》给当时的那位年轻读者留下了深刻的印象。他是法国最早读到这本书的人之一，因为这些人知道如何阅读德语。在德国出版六十年之后，该书才翻译过来。[1] 这本书以死亡的召唤痛苦地开场——1914年，士兵罗森茨维格在马其顿前线发出了濒临死亡的悲痛之声——以"生命"一词作为结尾。而列维纳斯则发现另一场战争迫在眉睫，这场战争将更加残酷，更能摧毁一切。

---

1 该书的法语版出版于 1982 年，由亚历克斯·德赞斯基（Alex Der-czanski）和让-路易·施莱格尔（Jean-Louis Schlegel）翻译，瑟伊出版社。

五 被俘

　　欧洲，尤其是法国，一直沉睡在《凡尔赛条约》中，这部合约只加剧了危险的来临。慕尼黑却以自己的方式接受着希特勒和随之而来的深渊一样的疯狂。对于伊曼纽尔·列维纳斯来说，他选择了巴黎作为避难所，但教训却将不断积累。这一代人不相信自己能免于战火，但他们也想不到自己会经历绝对的恐怖。他或许自认为选择了自由，但他早晚会知道集中营的经历代表什么，即使他只是进了集中营，而没有遭遇灭绝性的屠杀。监禁和野蛮行为将成为他哲学中不言而喻的消极的部分。从某种意义上说，这种勇于推翻既定命运的英雄主义气概，是他一切勇气的隐秘来源。

　　调查伊曼纽尔·列维纳斯在集中营的那些年，并将它描写、勾画出来，面临着双重障碍：那些没有过集中营经历的人很难掌握它，那些亲历过集中营的人又很难说出口。但在两者之间，还有见证，还有痕迹，有时是不可见的或几乎不可见的，但是却不停地萦绕着他的作品。

　　伊曼纽尔·列维纳斯到达巴黎十年后，作为预备役士官，像其他人那样，被调到前线，他的内心没有快乐，只有履行职责的坚定。他是被德军击败的成千上万的法国士兵中的一员，德军把他从一个营地转到另一个营地，直到把他带到纳粹德国的边境，然后他被转移到德国并被关进监狱。他是溃败的受害者。

1940 年 6 月 5 日，双方在索姆河开战，两天后，法军战败。隆美尔将军进入了鲁昂。6 月 9 日，第十集团军也就是伊曼纽尔·列维纳斯担任军士长的兵团被包围，不得不于 1940 年 6 月 18 日投降。

投降前的一天，贝当元帅请求停战并发电报："我怀着一颗沉重的心告诉你们，必须停止战斗。"德国人尚未对此停战请求作出回应，但仍利用这一请求来敦促法国军队投降。四个月后，贝当在蒙图瓦尔与希特勒握手，接受了合作。他撤销了美国对法国战俘的保护令，并应德国人的要求，组建了维希政府。

来自瑞萨的信

1940 年 10 月 24 日，列维纳斯夫人致信入籍审查委员会主席，这封信具有传记性，尤其介绍了 1935—1939 年发生的事情：

主席先生：

鉴于自 1927 年外国人入籍法案宣布执行，我谨此恳求您对以下案件施以善意的关注：我的丈夫伊曼纽尔·列维纳斯，于 1931 年 4 月 8 日入籍，目前是雷恩省马恩战俘营的战俘，编号为 133。他于 1905 年 12 月 30 日出生在立陶宛的考纳斯，1923 年到达法国，在斯特拉斯堡大学学习哲学。他于 1931 年 4 月 8 日通过法令获得法国公民身份。

1931—1933年，他在第46步兵团服役了一年，1935年参加了预备军事口译员考试，并在1935年7月12日，由部长亲自提名为实习口译员，军衔等同于军士。在1937年和1939年，他以这个身份完成了两个训练期。他于8月27日开拔，在5月，被编入四十人的小分队，然后被分配到驻扎在索姆河的第十军参谋部第二办公室，并于6月18日在雷恩被俘。我们于1932年9月11日结婚，并育有一个女儿，孩子1935年2月28日在巴黎出生。我的丈夫专门研究当代德国哲学，集合所有问题，出版了一本书（1932年该书曾获过奖），他还在哲学期刊上发表过多篇文章。

索邦大学的教授莫里斯·霍布瓦尔先生认识我丈夫，我丈夫是他的学生。莫里斯教授很善意地向您寄去了有关我丈夫的通告。我恳请您发挥高尚的精神，在他的材料汇编下面附上那张通告和这封信。希望入籍审查委员承认我丈夫的法国人身份，虽然他自己经常诚惶诚恐，觉得不配。请您接受我的崇高敬意。

她此刻已经使用瑞萨·列维纳斯的名字了，名字后面附有她的住址，巴黎第十七区的勒梅西（Lemercier）街。这封信在她丈夫的入籍档案中可以找到，此档案收在国家档案馆中，证明了事态的紧急。那时列维纳斯真的有失去法国国籍，并被收监十年的风险吗？不太可能。战俘们都受到日内瓦公约的保护，即使他们是犹太人。

但列维纳斯夫人在知道入籍审查指南的时候，已经被吓坏了。她想确认她的丈夫不会成为被驱逐出境者，想确认即使他是犹太人，日内瓦公约也适用于他。因为加入第十军团的列维纳斯开拔后，于1940年6月18日在雷恩被俘，他在法国被囚禁了几个月后，才被运到德国，现在他被囚禁在汉诺威地区的XIB集中营。直到战争结束，列维纳斯才从那里出去。

在集中营

这场大溃败发生几个月后，列维纳斯和他的同志们被一直押解到纳粹帝国的边境线上。在德意志国防军的押送下，他们被塞进了火车，就这样被押送到了纳粹德国，目的是使当时的德国能够动员工人和农民，去征服苏联和英国。在德国有160万法国战俘（占人口的4%），分布在德国境内六十多个集中营和二十多个军营中。

列维纳斯被押解到巴特法灵博斯特尔的集中营，位于不莱梅和汉诺威之间。入口处的门框上刻着一行字：XIB，那是集中营的名称；还刻了一串数字，1492。这是一个他永远不会忘的数字，正是在1492年，西班牙的犹太人被驱逐了。

根据照片，集中营就像一个大型的中央广场，两旁有木头搭成的破房子。

一名德国士兵发给每位囚徒一个带着数字的木牌，那将是他们在囚禁期间的序列号。一根细绳，让这块木牌可以挂在脖子上。德军从每个俘虏的手中夺走了腰带，只给他们留下帽子和军队制服。然后德军对他们的身体和衣服进行灭虱，剃掉了他们的头发和腋毛，让他们淋浴。在所有这些行动中，

在巴特法灵博斯特尔营地。此地位于不莱梅和汉诺威之间，是集中营 XIB 的一部分（列维纳斯戴着一顶军帽，位于第二排）。

囚犯都是赤裸的。

在那里，列维纳斯被转移到了破房子中，这些破房子围着中央走廊搭建。中央走廊的每一边都有房间。在每个房间内，由门分为两侧，每一侧都摆着一排由三层阶梯搭成的五层上下铺，每间破房子中约有三十名囚犯。在这些破房子的前面，德国的鹰形纹饰在监视着一切，有时是万字符。每天都有一名德国士兵驻扎在那里，从早到晚。这更加剧了那种本就由铁丝网、瞭望塔和在集中营巡逻的武装哨兵所造成的囚禁感。

XIB 集中营关押了 32 000 名法国囚犯，"它和隆尚马场一样大"，雅克·洛朗[1] 说，他是众多目击证人中的一员——集中营里的长者，我采访了他。

这里有中央营地和特遣队。隶属于中央营地的近百名特

---

1 雅克·洛朗（Jacques Laurent，1919—2000），法国记者，作家。译者注。

遣队员被分配到了工厂和农场，分布在汉诺威地区五十公里范围内。

关于农场，于 1940 年 6 月 12 日在阿登省博蒙特村的一辆私家车旁被捕的埃瓦里斯特-普罗梅兹·希瑞斯先生说："每个囚犯都有一个编号，他们把每个编号都写在一张纸片上，然后全部放到一顶帽子中。他们问每个农民，他想要管多少个囚犯。例如：你想要多少？回答：两个。然后，他们从帽子中抓取两张写着号码的纸片，这种抓取完全是随机的，被选中的人就跟着他们的新主人了。"

在法国制服的掩护下，在日内瓦公约的保护下，犹太裔法国战俘并没有遭遇其他犹太人的命运。总体而言，他们的士兵身份还是受尊重的。但这并不是说他们没有遭到歧视。犹太人单独关押在特别的营房中，并被编入单独的特遣队。列维纳斯就是这种情况。他被编入由七十名犹太囚犯组成的小组，这群人被关押在两个营房内，像他的所有战友一样，他被迫成为一名伐木工人。

营地里的一天

列维纳斯如何忍受这五年日复一日的被囚生涯？他的生活是怎样的？他对那些极度的痛苦，作何感受？比如极端的饥饿，被剥夺自由，屈从于独裁，远离家人，日复一日的单调，等待释放的焦虑，以及发生在最后几个月的爆炸。

伊夫·杜兰，《囚禁史》(*Histoire de la captivité*) 的作者，讲述了战争期间 XIB 集中营内一名伐木工人的生活：

很难，森林里的工作非常繁重。尤其是当他们受到德国内陆寒冷的冬季影响的时候……清晨六点三十分被粗鲁地叫醒，七点三十分集合，分配斧子和锯；然后他们要在冬夜里走一两个小时去工地。此时，他们会生起一点微弱的火来取暖，并等待着天亮。一束熹微的光宣布天亮了；传来一声大叫，是工头发出的工作信号；每天都一样；砍树，锯切树木，僵硬的双手套在手套中。这副手套，头天晚上必须在房间内仔细地补好，如果不希望手指被锯掉或者冻僵的话。[1]

现居小克维伊的安德烈·莫尼尔（André Monnier）曾被关在 XIB 集中营，一直到战争结束。他先是在一个劳动营，然后在一个国营农场。他回忆道："每日菜单几乎没有变化。一碗汤和一块重约 1.5 公斤的圆形面包，七个囚犯都吃同样的食物。两片香肠，一小方块人造黄油。在农民家发现的果皮废品等可以补充菜单。由红十字会发送过来的小小的食物包裹非常受欢迎。"

囚犯有权每月收一封信件，但要受到审查。当局提供了一种信纸，有两个内页，一页囚犯使用，另一页用于答复。此外，囚犯可以收包裹，以及红十字会寄来的美国陆军"K"型配给口粮。直到诺曼底登陆，这天之后，包裹没有了，邮件也变得日渐稀少。

---

1 伊夫·杜兰：《俘虏：1939—1945 年法国战俘史》（*La Captivité, histoire des prisonniers de guerre français 1939—1945*），战俘和阿尔及利亚战士全国联合会出版，突尼斯，摩洛哥，1981，第 119 页。（伊夫·杜兰 [Yves Durand，1932—2004]，法国历史学家，索邦大学历史学教授。译者注。）

伊夫·杜兰记录道："在 XIB 集中营，一名叛逆的士官拒绝在会议期间从口袋里掏出手。被哨兵警告后，他只是冷笑一声。他被一名德国士官用手枪近距离杀害。"[1]他还记录了在第一批俄国战俘被送来后，斑疹伤寒如何在营地里肆虐。犹太医生被要求系统地组织起来救治他们，但这些医生自己之前也没有接种过疫苗。他最后提到了一名红十字会代表的证词，这位代表忍不住拍案而起，反对给大约五十名法国士兵和士官的制服上写字，那个词高约 15 厘米，不能洗去——犹太。这些确实是发生在 XIB 集中营的事情，这些事情都被隐藏了。

集中营里的看守通过喊叫来让囚犯们起床，然后去树林里。晚上六点三十分返回，守卫们再次喊叫，宣布解散。然后每个人都可以做自己的事情。读几本书——列维纳斯读了黑格尔的几本哲学著作，普鲁斯特、狄德罗、卢梭——纸牌游戏，做手工，闲聊……直到晚上九点三十分灯灭了，有些人还在违反禁令闲聊。他们点着油灯，灯芯蘸满了油或人造黄油。

列维纳斯在罕见的记述这段时期的文字中，记录了和一只流浪狗的友谊，但这份友谊并不持久，只是"可怜的内部杂音"[2]。鲍比和它快乐的吠叫总是迎接着从工作中筋疲力尽返回的囚犯。在哨兵决定将它赶出营地之前，尽管只有短短几周，它却给列维纳斯和其他囚犯留下了记忆。

贝塔德·勒·巴里耶克（Bertrand le Barillec），是集中营里的俘虏之一，像列维纳斯那样，他也在雷恩附近的罗

1　同前，第 192 页。
2　伊曼纽尔·列维纳斯：《困难的自由》；参见《狗的名字或者自然的权利》（Nom d'un chien ou le droit naturel）这一章，第 199 页。

斯波尔当被捕，他也同样记起了那欢愉的时刻，"早上，德国的邮政部门或私人雇主会从森林特遣队中挑选囚犯，并在晚上才将他们带回营地。这样，列维纳斯便在铁丝网外的守卫军营中认识了属于一位德国士兵的鲍比……而且，据我们所知，这条狗也同样爱它的朋友们。即使被剥夺了感情，囚犯们也寻求这种友谊。哪怕在德国，狗也不是纳粹分子"。

列维纳斯在题为《纳粹德国最后的康德主义者》[1]（*Le dernier kantien de l'Allemagne nazie*）的文章中，向鲍比致敬。

抵　抗

特遣队的俘虏时不时会去中央营地看医生或牙医，或者去拜访值得信任的人。那个值得信任的男人，在 XIB 集中营被称为皮埃尔神父（l'abbé Pierre）。他和伊玛乌斯（Emmaüs）的创始人没有任何关系。皮埃尔·切斯纳神父日后成为一边工作一边布道的司祭。列维纳斯有几次和家人或朋友在一起的时候，还会满怀感激和善意地提及这位切斯纳神父——天主教教士，集中营的布道神父。列维纳斯以这种方式向神父表示敬意。有一天，神父在一名犹太同志的坟墓前祈祷，纳粹曾打算像对待一条狗那样将其随便埋掉。"祈祷，是在绝对意义上的祈祷，也就是说，犹太人的祈祷。"[2]列维纳斯这样说。

所有前囚犯的证词都表明，皮埃尔神父受到战俘们的高

1　同前，第 202 页。
2　同前，《超越可悲性》（Au-delà du pathétique）一章，第 27 页。

度敬重。他首先在特遣队，然后在中央营地，担任战俘的对话者。大家都只知道他的名字。他是一个心地善良、性格坚毅的人，知道该如何顶撞德国人。他很快就变成了不受欢迎的人，最终被转移到另一个营地。

圣布里厄的雷蒙·梅里尔（Raymond Méril）回忆说："因禁刚开始时，的确有一个大胡子的皮埃尔神父，被称为'以德国人为食的人'，因为德国人总是与他发生冲突。他是营地中值得信赖的人，竭尽所能保护因犯。我想，我记得他确实是很早就被踢走了，他们想尽早摆脱他。"

贝塔德·勒·巴里耶克确信："营地里有几个人下定决心尽最大的努力反对精神上的退缩和屈服于敌人。这是从皮埃尔神父开始的，他是最值得信赖的人，他是日内瓦国际红十字会的一员。他将把这种意愿逐渐传递给所有特遣队员。"他补充说："正是因为认识他，我才知道列维纳斯本可以成为部队的一名译员。"

事实上，总体而言，大量的证词表明，XIB 集中营就是滋生了一群反抗战士的温床。围绕着安德烈·乌尔曼（André Ullman）、夏尔·邦内（Charles Bonnet）和米歇尔·凯由等人，成立了一个名为"疯子俱乐部"的组织。最初是对哲学和文学问题的兴趣让这群战俘聚集在一起，这便是战俘和被驱逐者抵抗运动组织的雏形。

米歇尔·凯由，戴高乐将军的侄子，他当时是一位德国营地医生的秘书兼翻译。他向大家讲述了这一运动组织的历史："就发生在德国，在敌人的心脏地带，在不莱梅和汉诺威之间的巴特法灵博斯特尔，由三名法国战俘发起。"[1]他说，在巴特法灵博斯特尔，营地成员和特遣队的人都是些硬骨头，很少有贝当分子。这里没有维希的宣传，越狱者超过三千。大多数囚徒是抵抗分子，"他们拒绝接受1940年6月法国的战败，拒绝接受任何理由，反对由于停战协定所带来的抛弃，反对囚禁，反对贝当及其政府的通敌和叛国，反对德国敌人和纳粹主义"。

伊夫·杜兰自己也说，越狱的尝试经常出现在XIB集中营中。

而且，这些囚犯被关押在德国的中心，是1940年至1945年间所发生事情的目击证人，他们与民众保持联系。他们自己相对而言受到了保护，但仍然可以了解纳粹的作战方法，特别是从苏联战俘身上。他们知道别处发生了什么吗？比如在距此五十公里外的地方，贝尔根-贝尔森（Bergen-Belsen）集中营，或更远一点的位于波兰的集中营。

雅克·洛朗绝对知道："我们知道焚尸炉的存在。这里会有带脂肪的食物，和一些对这些脂肪可能来源的低级玩笑。"

被驱逐者群体

根据一些前囚徒的证词，被囚禁在集中营或特遣队中，是一个加深他们的精神和宗教生活的机会。对天主教徒和新

---

1 米歇尔·凯由：《法国战俘和流亡者抵抗运动史，或1941—1945年抵抗运动的史实》（ *Histoire du MRPGD ou d'un vrai mouvement de résistance 1941—1945* ），由作者自己整理。（米歇尔·凯由 [Michel Caillau，1913—2000]，德国占领期间战俘抵抗运动组织的第一位领导人。译者注。）

教徒来说，都是如此。这无疑对犹太人也适用，但他们却被纳粹政府完全禁止宗教活动。祭礼有时候由在场的牧师做，弥撒往往在露天举行，囚徒们自然既没有专门的处所，也没有朝拜对象。但犹太囚徒却被排除在外。

欧内斯特·古根海姆是法国犹太神学院的院长，他在该学院 1945 年秋季的第一届开学仪式上发表了一篇演讲，讲述了他作为"集中营中的拉比"的经历。他写道："无论是战争还是囚禁，都不会打断或逆转生活的洪流，我们的行为也不总是遵循新制定的规则。只有那些约定俗成的，或者是当文明的虚饰一点点掉落后留下的东西，才能以最清晰的方式呈现在人们的眼前。那些最美丽的，但被认为是最卑微的东西，将不再羞于展示自己。在物质需求占主导地位的生活中，利己主义不可避免地要经常撞上团结一致和奉献的行为。我们还应当知道，这支犹太特遣队无非就是一群被囚禁起来的犹太人，它和人类社会的其他任何团体没有什么不同，除了它有需要更多时间才能变钝的更敏锐的感性，和对知识的更长时间的好奇心。这也将是这个犹太社区道德上的形象，它具有罕见的特质和所有的不足。"[1] 他又补充道："特遣队经常向犹太教的上帝做出热烈的祈祷。当看到越来越多的信众尊重安息日，至少会禁止烟火，不能说拉比的内心深处没有一点甜蜜的回忆。有人会告诉你这是出于信念和意志的英勇行为……洁食的戒律并未被每个人破除。但我记得，尤其是对所有这些节日的情感，像光点，照亮了我们漫长的囚徒

---

1 拉比欧内斯特·古根海姆在 1945 年秋季首届法国犹太神学院开学仪式上的讲话。他刚刚被任命为教授《塔木德》的教授，并担任拉比一职，随后成为该院院长。此文本由他的儿子首席拉比米歇尔·古根海姆转述。（欧内斯特·古根海姆 [Ernest Gugenheim，1916—1977]，曾任法国首席拉比。译者注。）

生涯的夜晚。我记得在臭名昭著的东普鲁士集中营的一间晦暗的破房子中度过的第一个赎罪日，有一百多名囚犯一起禁食、流泪和祈祷。在另一个赎罪日，繁重的工作增加了禁食和献祭的规模。即使是在囚禁生涯中最黑暗的日子，我仍然可以在他们的身上看到光明节的亮光，由他们的铜烛台发出，仿佛是在嘲笑我们的看守。最后我想到了逾越节，在那天我们庆祝祖先从奴役者的国度中获得自由，在这里，在触手可及的地方，我们已经看到了自己解放的曙光。"

热内·古特曼是斯特拉斯堡的首席拉比。他的父亲于1940年被捕，和伊曼纽尔·列维纳斯被关押在同一所集中营中。他还留有一张用铅笔勾勒的卡片，这是由他的父亲带回来的。有一天，他寄了一份副本给列维纳斯，并附有一封信，他在信中问："这是邪恶的面孔吗？"

哲学家的答案，保持着自己一贯的方式："邪恶没有面孔！"

像其他人一样，热内·古特曼的父亲对集中营的事只字未提，除了曾说过自己被囚禁时的噩梦，那是一种永远被追逐的感觉（他试图逃跑过一两次）。简短的影射。逾越节晚上，我们说到《哈加达》[1]，并引用《阿胁路》[2]的诗句："他从灰烬中举起了穷人，从污秽中托起了不幸者。"[3]可怕的回忆。有一次赎罪日，他们曾强迫被囚禁者四肢爬行以猎取野猪。艰难岁月的情景从来没有被讲述过，但是我们可以从细

---

1 《哈加达》(*Haggada*)，是一种用来传述逾越节规定的犹太文本。"哈加达"一词源于"传说"这个希伯来词，原因是《哈加达》引用了大量希伯来《圣经》的经文，以及拉比时期针对出埃及往事所流传下来的传说、解释和典故。译者注。
2 《阿胁路》(*Hallel*)，犹太节日中所唱赞美诗。译者注。
3 《诗篇》，第142页。

节中猜得到。当他们从医务室拔牙回来后，囚犯们有权休息一天。他的父亲回来时，一口牙都没了。

还有一个证明：一些囚犯设法对宗教传统保持一定的忠诚度。他父亲在拿面包之前一定要洗手。

关于列维纳斯，唯一相关的细节是两个人一起研读了《塔木德》的一些段落。这仅仅是传言，没有证据。而且，也没人知道他们的研究成果以什么形式呈现。

战争爆发前，卡米耶·阿赞斯坦（Camille Ajzenstein）在贝尔维尔经营一家美发沙龙。在 XIB 集中营里，他是每个人的"费加罗"。在被囚禁的五年（1940 年他在敦刻尔克被捕）中，他与列维纳斯床对床，在同一个房间内睡觉。

"我父亲是一名伐木工人，像列维纳斯，也像其他犯人那样，"多米尼克·劳里（Dominique Laury）说，"他大概会说德语，夹杂着意第绪语，所以他担任了一段时间的翻译。他足够机灵，总能设法搞到一些来自瑞士的书籍和报纸，并能设法带着上厕所。他可以在那里待几个小时，这就是他脱离特遣队的特殊方式。"

阿赞斯坦回来的时候，更加睿智，也更加博学。这是受列维纳斯的影响吗？无论如何，他们会合作进行戏剧活动。一个负责写作，另一个则负责表演。

多米尼克·劳里是一名记者。他已经在法国二套频道（France 2）的政治栏目工作很久了。当让-玛丽·路斯蒂格[1]被任命为巴黎大主教时，让-皮埃尔·埃尔卡巴赫[2]成为该

---

1 让-玛丽·路斯蒂格（Jean-Marie Lustiger, 1926—2007），曾任法国红衣主教，犹太裔。译者注。
2 让-皮埃尔·埃尔卡巴赫（Jean-Pierre Elkabbach, 1937— ），法国记者。译者注。

部门的信息主管。他派多米尼克·劳里去做一期有关"德系犹太人和西班牙系犹太人"的报道。他记得自己曾去米开朗琪罗街找列维纳斯，却受到了冷冰冰的接待——他带去的问题显然没有激发我们这位绅士的兴趣，后者试图寻找一种有礼貌的方式撵走这位陌生的访客，更别提列维纳斯在相机面前还慌手慌脚的。直到记者说明他的身份：他是卡米耶·阿赞斯坦，他在XIB集中营的同伴的儿子，哲学家的脸立刻亮了起来，对他的妻子叫道："瑞萨，这是费加罗的儿子！"

然后就没有采访了，但是这对夫妻去找了相片，并呈上了饼干。"我不再是法国的记者，我是费加罗的儿子，他们在招待我。"

"费加罗"来了几封信，谈到了他在集中营期间患上的一种疾病。"我希望您没有染上这种疾病。"列维纳斯说。"费加罗"在一个阳光明媚的早晨被释放，他基本上是步行从德国回到了法国，他生了痔疮。

莱昂·雅库波维兹（Leon Jakubovitz）是列维纳斯集中营岁月的目前仍然活着的唯一直接见证人，当我去拜访他时，他刚过完90岁的生日。我去他所住的位于巴黎第二十大区的道德养老院看他。

在布列塔尼附近的科特丹，他被逮捕了。他是一名来自外籍军团的炮兵。他在XIB集中营里待了五年。

他的回忆很模糊，记忆力也衰退了。各种面孔交杂在一起，但是他对那个时候的总体印象是生动的。"我们在黎明起床，用斧头去砍树。我们五人一组。威廉，一个德国老头，带领着我们。"

正午，囚犯小组会停下来吃一块面包，然后继续干活，直到晚上六点左右，一碗汤在等着他们。"我们不忙，晚上不做任何事。"

他记得在该小组中，有一位鞋匠和列维纳斯关系紧密，他总是跟在列维纳斯后面。列维纳斯自己有一个小笔记本，会不时在上面写字。他有时会读一些他们不大理解的文字。有时候，他又有点自闭，会一个人待一会儿。

战争结束后，他们几乎没有再见过对方。除了一次，莱昂·雅库波维兹的儿子娶丹妮尔·舒尔（Danielle Schul）时。她是大拉比舒尔的女儿。拉比的堂兄弟，哲学家皮埃尔-马克西姆·舒尔是证婚人。莱昂·雅库波维兹忽然想起了他在集中营的老朋友也是哲学家，于是就邀请他担任了第二证婚人。婚礼的主持，是另一位集中营时期的同伴，大拉比古特曼。

是什么原因，让这些在杂乱拥挤中一起度过了五年艰苦岁月的人，让这些除了对彼此，再无人可讲述他们的痛苦的人，没有保持联系？

毫无疑问，热内·古特曼说，是重建的愿望。他们想忘了那个时期。

对深渊的凝视

在被囚禁的这些年中，列维纳斯收到了一些来信。他了解到奥尔良附近的圣文森特·德·保罗修道院在拯救女儿方面发挥的作用，随后，他的妻子也获救了。

瑞萨，留在了巴黎。这段时间里，她先是住在一间由莫里斯·布朗肖提供的公寓，随后住在了波瑞耳家，他们是鲁昂的药剂师。她定期从巴黎寄明信片给西蒙娜。"我有关于你爸爸的非常好的消息。"她写道，"他托我告诉你他非常爱你。我希望你很好。我很快就会来看你。"

1943 年她才和女儿团聚。两个人仍然以玛格丽特·德沃斯和西蒙娜·德沃斯的名字藏在修道院里。不幸的是，外祖母芙丽达·列维因被出卖而被驱逐出境，只从德朗西寄了一张明信片给她的女儿："我只能今天给你写信。他们告诉我们，要把我们驱逐到一个未知的目的地……我有很大的勇气……希望你也会变得坚强和勇敢。"这是她的最后一封信。

1944 年。登陆诺曼底和普罗旺斯。这是决战的最后时刻，也是重振一开始就衰落的士气的时期。这是盟军轰炸的时期，随着包裹的突然停止，饥饿卷土重来。通讯结束，邮件中断。德军的军纪更加严苛。德国人最经常干的就是让手无寸铁的俘虏去挡子弹（避难所是为德国人保留的）。

1945 年 4 月 18 日，英国第二陆军（戴姆里将军）的先遣部队抵达凯舍瓦亚附近的村庄。盟军的坦克一路向前，德国人开始逃离。德国军官在指挥部上空悬挂白旗。

英国人进入了巴特法灵博斯特尔的集中营。铁丝网倒塌了。那是德国的崩溃。那是解放。那是最后的"出埃及记"。

战俘被扔在路上，或被重新塞回货车中，顶着盟军飞机的轰炸，机枪的扫射和补给的困难，精疲力竭地前进。对于所有回到自己的国家和家庭中的战俘们来说，炼狱终结的号角声已然响起。正常生活开始了。到处都是喜悦的团聚。

对于列维纳斯来说，被囚禁的解除，却意味着恐怖的发现。他留在立陶宛的家人，全部被杀害了。他的父亲，他的母亲，他的两个兄弟。全部在考纳斯，倒在了机关枪下。

列维纳斯从来没有谈过这件事。只有几行谨慎的话，放在 1974 年出版的《别于存在》一书的题词中。无声的痛苦，没有慰藉，永远无法治愈的肿瘤："为了纪念被国家社会主义者所屠杀的六百万人中最亲密的人，在他们身边还有成千上万的人，他们有不同的信仰，来自不同的国家，但都是同样的对他人的仇恨，同样的反犹主义的牺牲品。"

再往下，是用希伯来语写的，仿佛墓志铭，这是他的亲人们没有得到的："为纪念我的父亲和老师，拉比耶希尔，亚伯拉罕·哈勒维（Abraham Halévy）的儿子；我的母亲和导师德沃拉，拉比摩西的女儿；我的兄弟多夫（Dov）[1]，亚米拿达，他们是拉比耶希尔·哈勒维的儿子。我的岳父，拉比施穆埃尔（Rabbi Shmuel），他是拉比格申·哈勒维（Rabbi Gershon Halévy）的儿子；我的岳母，玛尔卡（Malka），她是拉比哈依姆的女儿。"下面有一行缩写，是一个宗教常用语："愿他们的灵魂被锁进生命的纽带中。"[2]

对于列维纳斯而言，被俘虏时期的经历仍然是决定性的。与最普通的人相遇，丧失自由的磨难，对时间的感觉，衰退，痛苦，绝对消极，脆弱，岌岌可危……所有这些都在那儿，不停地扭曲着他的作品。

"沉浸于工作和日常中，我们不再是存在着，而是生活着。"伊夫·杜兰，这位明斯特集中营的前俘虏这样写道。[3]战后列维纳斯出版的第一本书题为《从存在到存在者》，它部分是在囚禁时期写成。书里关于"有"（il y a）、先于存在的焦虑和对存在的恐惧的描述，令人震撼。

---

1 前文提到列维纳斯的兄弟之一名为鲍里斯，和此处的多夫当为同一人。编注。

2 伊曼纽尔·列维纳斯：《别于存在或超越本质》（*Autrement qu'être ou au-delà de l'essence*），Martinus Nijhoff 出版社，1974 年。

3 伊夫·杜兰：《俘虏：1939—1945 年法国战俘史》，第 531 页。

作为一种启示

要阐明列维纳斯与囚禁的关系，仍然需要借助一个不认识该哲学家并与 XIB 集中营毫无无系，但证词依然令人震惊的人。

瓦茨拉夫·哈维尔是一位编剧和散文家，《七七宪章》（*Charte 77*）的前发言人，"公民论坛"（Forum civique）党的创始人，自 1989 年革命以来一直是捷克共和国总统。

1979 年 10 月，布拉格法院审判了《七七宪章》的签订者们。法院对他们散布法院认为有害的文字、蓄意颠覆国家的行为定罪。瓦茨拉夫·哈维尔本人被判处四年零六个月的徒刑。

1979 年 6 月至 1982 年 9 月，从监狱深处，哈维尔写信给他的妻子奥尔加。他反复提到列维纳斯论文中的一部分，这篇论文是由他的朋友伊万以副本的形式为他送来的。"精彩的文章，就像启示一样，"他写道，"在列维纳斯那里，我想不仅汇聚了犹太人几千年的精神传统和经历，更是一个人在监狱中的经历。这在每一行中都很明显，这也许就是为什么这篇文章如此触动我。"[1]

哈维尔没有说是哪篇文章，但他是怎么立刻猜到列维纳斯曾经被囚禁？是什么让他有如此强烈的感觉？这本著作如何打上了监狱的印记，以至于被曾是鲁济内、赫尔曼尼

1 瓦茨拉夫·哈维尔：《致奥尔加的信》（*Lettres à Olga*），l'Aube 出版社，1990 年，第 347 页。（瓦茨拉夫·哈维尔 [Vaclav Havel, 1936—2011]，捷克作家及剧作家。于 1993 年到 2003 年间担任捷克共和国总统。译者注。）

斯和比尔森-鲍里等地的监狱的囚徒立即认出的呢？哈维尔写信给奥尔加："列维纳斯的想法是个新的开始，即责任建立了一种不对称的道德境况。仅从我自己的经验和看法来说，这一点必须得到宣扬。也就是说，我对世界的状态负责。"[1]

在题为《无名》的文章结尾，列维纳斯向朋友、亲人、与他意气相投或者对话过的人（阿格农[2]、布伯、策兰、德里达、布朗肖、雅贝斯[3]……）致敬。列维纳斯写道："处在不可避免的文明恢复和同化时期，我们必须要教会新一代人，如何在囚禁中仍然保持足够坚强的力量。这种脆弱的良知，被叫作克制。我们必须如此——通过回想起那些人的记忆，无论他们是犹太人还是非犹太人，彼此之间甚至互不相识，他们都被裹胁进了一场混乱中，在这场混乱里，他们竭力表现得像世界仿佛还未瓦解一般；通过回想起法国抵抗运动中的游击队员，也就是说，只因为自身的坚定性和亲密性而聚在一起的人——通过这样的记忆，才能为犹太文本开辟一条新的路径，才能为内在生活恢复新的特权地位。"

这篇文章，以飘荡在深渊上的可怕呼喊为开头，在其中我们看到了类似普里莫·列维[4]的表达——最终以对"深层内部"的热烈诉求告终，即呼唤一种"任凭风吹雨打，仍要把

1　同前。
2　塞缪尔·约瑟夫·阿格农（Shmuel Yosef Agnon，1888—1970），以色列作家，诺贝尔文学奖获得者。译者注。
3　埃德蒙·雅贝斯（Edmond Jabès，1912—1991），法国作家，埃及裔诗人。译者注。
4　普里莫·列维（Primo Lévi，1919—1987），犹太裔意大利化学家、小说家。曾被捕并关押在奥斯维辛集中营11个月，受尽折磨。回到都灵后，与另一位同是幸存者的医师李奥纳多·贝纳德提，共同撰写了揭露集中营如何虐待和摧毁人体的科学报告，刊在医学期刊上。译者注。

所有人之为人的人性遮盖在一座小屋上的责任，一种良心的责任"[1]。

1　列维纳斯：《专名》（*Noms propres*），Fata Morgana 出版社，1976 年，出自《无名》（Sans nom）一章，第 177—182 页。

痕　迹

还有几个词仍然贴在他身上，如果我们不了解他在自己的领域内的冒险经历，如果我们不能进入他的世界，不能处在他的作品的氛围中，我们就不能展现这几个词。

痕迹（La trace）。这个概念对他而言更令人着迷，因为它介于形而上学与侦探之间。有人走过，留下了痕迹，然后又消失了，留下了某个人，某样东西，或者不是确定之物。只有未发生的才留有痕迹，发生过的从不留下记号。印记（empreinte）总是"已经在那儿"，并且摆脱了记忆的力量，阻碍所有的记忆恢复，并竭力避免任何追踪它的来源的尝试。

我们不知道痕迹来自哪里。痕迹是没有过去的。或者说，痕迹的过去无法用语言唤醒它的现在，它仅仅见证了那些永远无法说出口的东西。痕迹是一种回缩。痕迹是古老的诺言。我们仅仅能感觉到，痕迹是我们很久以来就失落的东西。

他从哪里得到这个奇怪而美丽的想法？

也许在普鲁斯特那里，《消失的阿尔贝蒂娜》的章节，在那里，健忘本身变成了一种痛苦。

或者更确切地说，是否在《出埃及记》第三十三章中，上帝仅通过他的踪迹得以体现？

"给我看看你的荣光！"摩西问。上帝答道："你会看到我的踪迹，至于我的脸，那不是可见的。"

六　在东方以色列师范学校的那些年

"在经历过奥斯维辛之后，我想要去东方以色列师范学校执教，我在响应一种历史的号召。这是我的秘密……或许是年轻人特有的天真，但我今天仍然还记得，并感到自豪。"

伊曼纽尔·列维纳斯只有一次吐露过这方面的真心话（他会说这是袒露心声）。那是 1986 年，巴黎社区中心举办晚宴来庆贺哲学家 80 岁的生日。一群东方以色列师范学校以前的学生来参加，他们是由埃德蒙·埃拉洛夫[1]召集起来的。客人围在讲台旁，看起来轻松自在，开心又有点怀旧。他第一次讲述了他在东方以色列师范学校当校长的头几年，那些他试图带到那里的东西，他想创造的空间，他想引入的生活。"作为犹太人，不要因为是犹太人就感到骄傲或自负，这是不重要的东西。而是要意识到一种非同寻常的特权，这就是把存在变得不庸俗，这是属于一个民族的，先于人性的人（humain avant l'humanité）。"

与会者尤其记得，在演讲的结尾，就像在家里通常的情况，出现了一张叠成四四方方的小纸片。这是源于《塔木德》评论的一个崇高变体，意为"谢谢"。

1　埃德蒙·埃拉洛夫（Edmond Elalouf, 1930—　），犹太艺术与历史博物馆的创始人之一。译者注。

这位主持祭祀的牧师背诵着著名的莫迪姆（Modim）祝词（莫迪姆是一种感恩活动，在这个活动上背诵的祝词是每日祈祷中必须要背的"十八条祝词"之一）："我们感谢你，是因为你是我们永远的主，也是我们父辈永远的主，我们生命的磐石，我们防御的盾牌。一代又一代的人，我们向您表示感谢并献上赞词。我们将生命奉献给您，并把我们的灵魂托付给您。"

"听众接下来说什么？"此时一位精通《塔木德》的博士问道。[1]

当这位"哈赞"[2]躬下腰，说感激之词的时候，信徒们也必须说出一句"小莫迪姆"，这句话（出自祈祷书）与牧师说的类似，但内容有所不同。如果前者的意图是明确的，所感激的对象是确定的，那么后者就没有真实的对象。除非我们跟随拉夫（Rav）的意见，一直到结尾，所有的一切才能清楚起来。"我们永恒的主，我们感谢您……谢谢你。"

感激的举动，简而言之，就是有可以说谢谢的能力。我的上帝啊，谢谢您，赋予我们能够说谢谢的能力。感谢让我们处在您的在场中，并让我们处于一种感激的关系里。归根结底，我们自身如果没有感激之情，就不会说出谢谢。作为前校长的列维纳斯向自己的学生致谢时所讲的话，被每个与会者铭记于心。

---

1 Traité Sota, 40 A。
2 哈赞（Hazan）：辅祭（Ministre-officiant）。

一个纪念仪式

盖·佩蒂德曼格（Guy Petitdemange）讲述了他的故事。他参加完在索邦大学举行的列维纳斯的追悼会之后的第二天——这个追悼会在他去世后一个月举办，由犹太联合社会基金赞助——他去了自己常去的理发店，位于巴黎街区的莫费塔德街，他很喜欢这家店。"啊，您在那里吗？""当然，我在那里！""但是您认识列维纳斯吗？""我认识他啊，他和我一样，是个摩洛哥犹太人！"

在位于费耶特大道的巴黎社区中心，2000 年，即他去世五年后，由埃德蒙·埃拉洛夫牵头，东方以色列师范学校的学生们，又举行了一次集会。大概有三十个中年男女参加了聚会，他们大多数来自摩洛哥。他们坐在列维纳斯时代的学校长椅上，在那里他们搜索回忆，交流他们每个人都认识、尊敬、害怕、钦佩、有时又爱戴的一个人的逸事。

学生称他为"列维纳斯先生"。在他们的记忆中，他有严酷、严厉、严格的一面，但同时又很慈祥、多情，有时很有趣。他同时是最透明又是最不透明的。对于一些人来说，他难以捉摸。

那天晚上聚集的许多人属于第一届的同级生，是最接近大战刚刚结束，也是列维纳斯在学校的头几年的学生。

学校仍然在奥特伊街。但女孩不是住在同一栋楼里。她们被安置在凡尔赛镇，必须早上到达，晚上离开，出行皆靠公共汽车。这在校长的身上引起了一些人人皆知的焦虑，他总是站在校门前挥舞着手臂。这件事情被同学们当成逸事来传，越来越为人所知。从 1946 年到现在，学校基本上没变样。从一开始一切就准备就绪了，在这里，永久性占了上风。

周六上拉希课，关于时事的讨论会在周五晚上，然后周六下午继续（直到"蛋糕"由布鲁姆小姐在列维纳斯夫人的指导下准备好）；您在哪里都能看到内森博士；学生们会邀请校长参加安息日，他们通常把请柬放到他的桌子上。

只不过，最初的几年对所有人来说都是学徒期，他也不例外。他不是一个真正的教育家，他必须学习如何做。偶然把他放在那里了。偶然，或者，正如其中一位参与者所说的那样，一种天意。

起初只有他、他的妻子和管事布鲁姆小姐。在没有秘书甚至管理员的情况下，他不得不自己管理一切，因此，他离学生更近一些。事实上，第一届大概只有三十个注册者。

你可以想象这个立陶宛犹太人与所有那些褐发人见面的场景，这些人来自一个他几乎不了解的国家。这些犹太人来自摩洛哥，1938—1939 年在犹太大学联盟的时候，他曾与之有过短暂交集。但是那些战前的学生与这些 1946 年起才来到这里的学生不同。这些年轻人不仅热情，而且热衷于所有犹太人的习俗。让列维纳斯印象尤为深刻的是，他们人人都会主持祭祀。他们对于所有的诗篇都了然于胸，并可以同时在《妥拉》中找到对应片段，他们可以当即说出四到五种关于犹太新年和赎罪日的祭祀仪式。那里有一群进行祈祷，也知道该如何祈祷的信徒。他们拖长诵唱的慢慢来的方式，在某方面激怒了列维纳斯，因此，在举行祭祀的时候，经常看不到他，此时他正沉浸在学习中。

一位阿什肯纳兹的德系犹太人，在一群塞法迪的西班牙系犹太人中；一个宗教学校的校长，一位正在步入中年的男性，却心系青年人。这个学校所扮演的角色像是一个谜，它通过对抗现代性的手段来确保塞法迪犹太主义的永存。这一点是无法磨灭的。伊曼纽尔·列维纳斯全身心地投入其中。

埃德蒙·埃拉洛夫说："除了担任校长职务外，他有时还像一位父亲。我相信他知道他正在帮助培训摩洛哥犹太社群的未来管理层。我们不是学生，不是普通学生，我们是学校联盟的未来老师。他非常注意塑造我们的品格，以及让我们这些来自摩洛哥的学生，对巴黎的世界，对西方的文化，保持开放态度。"

普罗斯佩·埃尔库比[1]在当学监前，曾是第一届的学生。他最初来自梅克内斯，尤其对周六早上的拉希课印象深刻："那是一种言语在我们眼前被创造出来的感觉。随着他开始说话，他的思想就变得越来越丰满。我从祖父那里学到了犹太传统，但是我当时在叛逆期。我们之前一直停留在文本中，并没有超出那个范围。在这里，突然之间，我曾以为是另一个时代的思想，被重视起来，得到了现实化。无论如何，它对我讲话了。这花费了我一些时间。但是我对我们的拉比的看法更加积极，实现了和解。我们的历史前进了。列维纳斯发挥了非常重要的作用。他使我们重新与过去连接。"

但是，我们因此可以将列维纳斯看作教育家或老师吗？对此，评价似乎有分歧。

西蒙·埃尔巴兹（Simon Elbaz），曾是房地产经纪人，现在已经退休。他是1948—1952年那一届的，对于这个话题，他作为一名观察力敏锐的大师的直觉是值得肯定的。"我有非常具体的记忆。他有那种还没有写出一些严肃东西的焦虑。但是他经常告诉我们他未来的计划。他有一个计划，不

1　普罗斯佩·埃尔库比（Prosper Elkouby, 1931—2004），安德烈-内尔教师培训学校的创立者。译者注。

是开办师范学校，而是创建一家培训机构。他曾经说："办学，我没有这么多的兴趣。但是，作为培训机构的负责人，这就是我稍后要做的。'因此，他对自己的培训技巧深信不疑。"罗杰·科恩（Roger Cohen）是一名律师，是1946—1950年那一届的学生，对于这一点，他的记忆更加混杂："我们知道他在战前曾经是一名学监，当学校建立时，我们找到了他，让他担任这一职务。因此，他把自己塑造成了一个他可能没有准备好的角色。我有一份记忆，那是关于尚未成熟的哲学家的记忆。他感到遗憾的是，他40岁了，还寂寂无名。康德这个岁数的时候，已经名满天下了。但他又补充说，康德在70岁的时候才写下了他的《纯粹理性批判》，这让他稍感安慰，因为他还有几年的时间。"计算机科学家西蒙·哈赞（Simon Hazan），是稍晚一点的1963—1965年那届的学生，或许是因为时间上的间隔，她有显而易见的不同意见："我觉得他确实是一位伟大的思想家，一位哲学家，出于偶然，被学校联盟所发掘，战后在学校担任校长。但是所有人都知道，他从没当过管理人员。我自问，他在哪方面可以称得上是一位教育家？"

规　则

的确，哲学家和教育家并不总是完美融合的。事实上，无论是在与学生还是学监的沟通中，伊曼纽尔·列维纳斯都遇到了困难。他常常缺乏克制，容易发火。当寄宿生没有去做祷告的时候，他会想："某人夜不归宿！"有人迟到的时候，他很生气，呼吸困难，一个字也说不出来。

他也十分担心学生造反。有一次，还出现了略带颠覆性的风波。因为奶酪汤的味道很奇怪，学生们唱起了《国际歌》，这次风波迅速传遍了食堂。列维纳斯走下来，气到发疯。当时的学监普罗斯佩·埃尔库比让他冷静一点："列维纳斯先生，味道可以改进，没有必要如此！"埃尔库比又补充道："这只是一个小团体，不会造成什么后果。但是，用这种方式管理大型机构，肯定是不行的。"

一些以前的学生一定很恨他，一直到后来，他们还在继续怪罪他的无礼，他的脾气，他不可预测的一面。有一天，他撵走了一个男孩，这个男孩被奥特伊街的一家超市扣住了，他偷了一盒唱片。他一定是个惯犯了。但是那个男孩只有16岁。我们曾尝试扭转校长的这个决定，但没用，这个少年买了去丹吉尔的回程票。学校的规则约束不了校长的行动。

但是，列维纳斯却很照顾那些最好的学生，无论是在一般科目还是在犹太事务上。当一名学生表现出渴望学习希腊文、拉丁文或意大利语的时候，他可以单独为这个学生雇一位老师。这样的事发生了很多次。在纯粹的知性职责和更广泛的教育职责方面，差异很明显。一方面他很有创造性，另一方面，却是纪律。

关于宗教活动，仪式，祷告，纪念活动，都必须符合他所苛求的，无论是他自己还是别人。这是规则，必须遵守。这里不要求你必须相信，但你必须做得和别人一样。因此，罗杰·科恩说："在讲到尊重规则和传统方面，我总有一种感觉，这种感觉或许是错的，那就是他总试图与发生在他面前的事保持一定的距离，比如仪式、祈祷、屈膝礼。我对此有点陌生。"这个"距离"，大学教授埃米尔·阿玛赞拉格（Émile Amzallag），同样可以感受到。他是1946—1948年那一届的学生。他说："我，我还记得伊曼纽尔·列维纳斯在做祷告的时候，打开《圣经》或《塔木德》。而当我们进行到宗教文本的阅读之后，他还沉迷于研究。我们或许会问，他对于研究的热爱是否比对宗教实践的更强大。"

西蒙·西索（Simon Sisso），已经退休了，他是伟大的安达卢西亚音乐的爱好者，同时也是远足爱好者。他是巴黎郊区犹太教堂的管理员，是第一届的学生。比起研究的严肃性，他宁愿保留节日的喜悦性记忆："逾越节，是一个美好的假期。我们可以邀请任何想邀请的人，只要提前两三天报备就可以。住棚节[1]也是如此。一天，我们正在搭建棚子，我看到列维纳斯正在我面前，兴高采烈。他真的很高兴，就像平时做完祷告或安息日后那样。坐下后，他做了祝圣仪式，并用面包片在他盛满牛奶的碗里蘸了蘸。'小心，你需要按食谱规定的吃！'列维纳斯夫人对他说。他抱怨：'是啊，是。'但他什么都想尝一尝。他吞下了食谱中规定能吃的所有东西。他当时就坐在那边吃饭。"还有，应当有必要同意来自以前是学监，现在是物理治疗师的加布里埃尔·科恩（Gabriel Cohen）的概括性结论："列维纳斯有宗教信仰，但他不是一个循规蹈矩的教徒。这很令人惊奇，因为他从来没有缺席过祷告。五点之前，他可能在任何地方。但五点的钟声一旦敲响，他的时间一定要奉献给米纳和阿庇[2]。同时他有些行为会让人很无语。"

因为，除了不可避免的文化差异外，在校长和学生之间，

1　住棚节是《圣经》中规定的犹太教三大节期之一，庆祝时间从每年秋季的希伯来历提斯利月15日（公历9、10月间）开始，持续7天。译者注。
2　米纳（Minha）是犹太人在下午做的祈祷仪式，而阿庇（Arbit）则是犹太人在黄昏后做的祈祷仪式。译者注。

仍然存在着某种不可或缺的自由氛围。

"除了祷告时，他从没有遮住过头，"普罗斯佩·埃尔库比回忆道，"如果他是塞法迪犹太人的话，这没关系。但对于阿什肯纳兹犹太人来说，遮住头是根本的要求。"

除此以外，我们还可以补充一些"可爱的罪行"，伊曼纽尔·列维纳斯在安息日乘坐电梯，喝不属于犹太洁食的葡萄酒。关于葡萄酒的戒律，他猜测与犹太人四处流亡时期有关。无论他对礼仪和礼仪的重要性持怎样轻微不满的态度，他从未变动过。他曾对东方以色列师范学校的教育负责人法比安·迪朗（Fabien Durand）说过："你知道，律法书，就是这么回事儿！"并做出将经匣包裹在手臂上的姿势！

大家长

同样重要的是，还有另一个列维纳斯，一个好校长，大家庭的父亲，爱开玩笑，尤其喜欢模仿。这使他高兴。在不冒犯他底线的时候，他很乐意看。

西蒙·西索讲到了这方面的逸事："我模仿了很多教师，尤其是在光明节或者普珥节假期期间。他喜欢这样，因为通过我的模仿，他可以看到一点学校生活。我记得这些盛宴的日子。那时候，列维纳斯的儿子米迦勒有两三岁了。米迦勒总是和我们一起吃饭。他的父亲这时候就会催促他说'西索'。米迦勒舌头上还沾着头发，滑稽模仿道，'西索！西索！'。我只能开始自己的表演，他看到我的表演总是很高兴。有一次，我们想要在学生面前表演一场独幕喜剧。剧情是这样的，列维纳斯正在参加考试，他谈到了康德。考官说：'但是康

像往常一样，列维纳斯夫妇在一名学生的家庭聚会中帮忙。

列维纳斯在师范学校，
旁边是总学监让·海曼。

德就够了，对于您来说，康德就像《圣经》！'他回答：'是的，先生，他是《圣经》。您看，康德这个词，您从后往前看，它拼作塔纳赫[1]，就是《圣经》！'我在第一排看到了列维纳斯，听到他发出了响亮的笑声！"

还有一次，仍然是西蒙·西索说的，又一则逸事揭示了他的幽默感。列维纳斯正在上宿舍的台阶，这时候，飘过来那句康布罗纳的名言[2]。他转向当时的学监吉尔伯特·马尔卡（Gilbert Malka），这位学监脸红了，连声道歉。但列维纳斯却说："不，不，你不常说这句话，当你说这句话时，它总是用引号引起来的。"在离开台阶之前，他补充说："很遗憾，我们听不到引号！"

列维纳斯有深情的一面，他对那些住在奥特伊街59号的男孩和住在凡尔赛镇的女孩的恋爱关系十分关注。对此，他虽然担心却并不反对，也不强行禁止。罗杰·科恩对他那种担心却细心的态度印象深刻："我记得一段对别人来说很平淡，对我来说却意义非凡的插曲。17岁或18岁的时候，我在街上遇到一个年轻女孩，我想要周日和她再碰头。但我们不能不给出理由就外出，于是我就想编造一封信，说我受到了一个家庭的邀请。我想那是一封蓝色的信，甚至有香味，在其中，我的女朋友写道，我们将很高兴可以接待您，等等。他并没有上当。但他似笑非笑地对我说：'好吧，同意了，你去那儿吧……'我就获得了外出的许可。"

他敏感的性格，表现在大量日常琐碎、平淡的小事中。

1　《塔纳赫》（*Tanakh*，又译作《泰奈克》），是犹太教正统版本的希伯来《圣经》，犹太教的第一部重要经籍，后来的基督教称之为希伯来《圣经》或旧约《圣经》。译者注。

2　康布罗纳（Cambronne）是出身南特的法国将军，在滑铁卢战役中，面对英军的包围，曾喊出"士兵可以死，但决不投降"的名言。译者注。

埃德蒙·埃拉洛夫也保留着同样的回忆："学校建立的第一年，他邀请大拉比贾伊斯（Rabbi Jais）担任我们的犹太历史老师。大拉比贾伊斯回答道：'我不去，但您知道，您可以去请那个人。'这句话可真是把他给激怒了。他说：'您可以想到，他不仅拒绝了我，他还给我推荐了某个人，这个人我还没去邀请。这时候说出了这个人的名字，就把我放在了一个非常糟糕的处境中。如果这个人明天知道我没去请他，那么他一定会非常生气。'他的话震惊了我。这种话，这种反应，我们还经历过许多次。在这个领域，我是最了解列维纳斯的学生。除非您认为这没什么大不了的。"

维维亚娜·本西蒙（Viviane Bensimon）仅与伊曼纽尔·列维纳斯接触了一年。她来巴黎做"教学年"，或正如那个时代所称呼的，"预科"。同时，她也在莫利托尔上课，准备CFEN（师范结业证书）。她也住在凡尔赛镇，每天早晨和每一个安息日，到奥特伊街来。

"列维纳斯不是我的哲学老师，而是学校的校长，我非常喜欢他，我很尊敬他。当我从摩洛哥来到师范学校时，我还是个有点被宠坏了的小女孩。对我来说，融入进来有不小的困难。列维纳斯先生很快就注意到这一点了，他经常邀请我去他的办公室。我记得与他会面的情景。让我印象特别深刻的是，在他的办公室我第一次见到了壁炉。我不知道壁炉是什么。对我而言，他是父亲。当看到我有点不知所措的时候，他大大地鼓舞了我。我把很多事情告诉他，包括各种小悲伤。"

现为制片人兼电视节目主持人的阿里尔·威兹曼[1]在东方

---

1 阿里尔·威兹曼（Ariel Wizman，1962— ），摩洛哥裔法国音乐家、记者、演员。译者注。

以色列师范学校度过了两年的时间，也就是1978年和1979年，他是最后一届学生。他认识列维纳斯的时候，后者已经家喻户晓了。这位天生具有哲学天赋，又有些反叛的年轻人，更放松，更少焦虑，更容易打开话匣子，只是不太让人信任。

他说："我们还是青少年，是一些笨蛋。这些来自摩洛哥的年轻人，或像我一样在寻找自己的目标的年轻人，发现了他身上父亲般的一面。"

列维纳斯当时是索邦大学的教授，但是他在学校的存在感仍然很强。他打动年轻的阿里尔·威兹曼的部分，正是他的严肃刻板，就像阿里尔自己的长辈一样。但同时他也注意严肃的尺度，会适量地加入一点幽默感和感性，让对话总是可以维持下去。"他从不轻率地说什么，无论对话者如何，他都会保持很高水平的回复。他回答一个学生的方式，和回答卡西尔是一样的。"

他说话时有停顿，那是在寻找正确的单词。他的著作总是混合着笨拙和洞见，还有像林中空地那样的大片留白，以及具体的心理活动。这让我们以为可以通过某种具体的方式接近它，但随后便会在他的盛气凌人的行文面前遭遇一种直觉性的和唐突的缄默：所有这些，都是同时出现在他的著作中的。"在任何时刻，"阿里尔说，"我们都无法在他面前感到骄傲和自满。在他面前，这些都被排除在外。他自己也从未表现出骄傲自满。这个人根本没有任何追名逐利的欲望。"

校长同样受到纪律的约束，受到社会问题的困扰，并一直将自己的使命视为整体中的一部分。那是巴黎发生恐怖袭击的时期，共和国安全组织（CRS）开始保护犹太学校。东方以色列师范学校的两个校门，一个在米开朗琪罗街，一个在奥特伊街，都有警察。透过窗户，学生们开始大喊，来打发时间。"CRS-SS。"他们喊道。列维纳斯让他们全都回去。学生们气得要命，说SS（纳粹党卫队）实际上就是法国国家的代理人。

另一方面，推断他持有一种平庸的保守主义是错误的。他很关心囚徒的状况。他对那些社会认为应该被排斥的人的命运有着非常个人的看法。他说，有必要严惩他们，同时要以爱对待他们。例如，他认为犯人应该有一个像样的房间，可以读书、看电视。对犯人来说，重要的是剥夺自由，那就是惩罚。"我对这番话印象深刻。我认为我们由此能大体上推测出他的想法，即什么是真正的道德，如何进行惩罚，以及什么是真正的善良，虽然这些想法只有一个雏形。"阿里尔·威兹曼总结道。

正如我们所见，他非常关注学生之间的关系，对女孩的关注如同对男孩的关注。在学校的长椅上，有许多人结成了夫妇。列维纳斯的尾随并未打扰走廊上的谈情说爱，有时候，这类事情会变得严肃起来。他经常是婚姻的见证人。无论如何，每当他被邀请参加典礼时，他都会准时出席。当他知道了未来的拉比克劳德·苏丹（Claude Sultan）即将订婚——与一名来自东方以色列师范学校的年轻女孩，他就邀请克劳德参加了学校的安息日。"我们必须认识我们学生未来的丈夫。"他坚持道。

童子军组织和《塔木德》

犹太基金会的主任拉菲·本西蒙（Rafy Bensimon）是维维亚娜的丈夫。他们两个并不是在东方以色列师范学校碰到的。他讲述了第一次在学校过安息日所发生的故事。

他来自摩洛哥，当时已经有了学士学位，但还在为自己的教学年做准备。第一周，他让校长——他不知道这是一位哲学家——允许他在学校外面过安息日。列维纳斯什么都没问就同意了。这个年轻人要去奥赛镇，拜访绰号为"大神"（Manitou）的莱昂，莱昂是个阿什肯纳兹犹太人。他毫无察觉，自己犯下了"大逆不道"的罪行。周一返回学校后，他被叫到五楼。校长问道："你在巴黎有家人吗？你去哪儿过的安息日？"他回答说："我在奥赛镇的学校度过了安息日。"他看到列维纳斯的脸色立刻变得苍白："你在奥赛镇做什么？"年轻人结结巴巴道："我认识奥赛镇学校的校长，我在那里有一些朋友，所以我去那儿，在一个友好的气氛中度过了安息日。""我那时候根本没有意识到自己堕落得有多深，"拉菲·本西蒙说，"校长对我说：'您是理性主义者还是神秘主义者？'我几乎不理解他的意思。我说：'不，我不是神秘主义者，也不是理性主义者。我只是寻找一种亲切随和的氛围，所以我去了那里。我非常喜欢那位绰号叫'大神'的人。我乐意——那时候我完全沉迷于此——听听他每周对《摩西五经》的阐释。'他对我说：'好吧，如果你下周能来听听我的阐释，我将会非常开心。'我回答道：'我不知道你也这样做。'于是，在下一个安息日，我去听了他的关于拉希的课，从此以后，每周我都有幸参加他的课程。"

在这次"灾难"之后，本西蒙将遇到另一个小困难。"他一直不了解一件发生在我身上的事。他曾多次对我表示同情，一天他对我说：'你必须向我解释一些事情，你看起来并不傻，但有人却告诉我你参加了童子军组织。你得向我解释一下，像您这样的男人怎么会加入童子军。'所以我和他之间有了一段长长的对话，来讨论教育的价值和童子军的优点，但这似乎并没有说服他。"

的确，童子军组织不是伊曼纽尔·列维纳斯中意的那杯茶。毋宁说，这其实是玛格丽特·克莱因[1]的领地，她掌管着凡尔赛镇的女生。她是一名训练有素的医生，嫁给了大拉比克莱因，但他在战争中被德国人杀害。她成了寡妇。她决定余生都活在忠诚和奉献中，并出于一种虔诚做如果她的丈夫活着会做的一切。所以，她致力于凡尔赛镇的年轻女孩的教育，致力于童子军组织，甚至担任了七年犹太童子军主席的职务。但是，这个"童子军"，恰恰一点也不讨列维纳斯的喜欢。那些勋章呀，郊游呀，巴登·鲍威尔（Baden Powell）搞的那一套，拍拍肩膀，互相之间以你相称……这费了很多时间才让他感兴趣。玛格丽特·克莱因每次都要给那些想要去远足的年轻女孩争取假期以及补助。但是，列维纳斯最后还是同意了。他有时甚至会送女儿西蒙娜参加。

我经常听到的"《塔木德》团体"，诞生于20世纪60年代初。这群来自摩洛哥的犹太学生在高中后几年的课程中缺少希伯来语老师，因此，联盟决定选拔出一个教师团体，这个团体必须遵循特定的教学路线。教学地点在利夫里·加尔冈（Livry Gargan）镇，在一所简陋的小楼里，由拉比爱泼斯坦上课。这一项目是连续的，在课上只研究《塔木德》和对它的注释，历时两年。这个核心项目据说激发了整个学校的活力。加布里埃尔·科恩就是这个团体中的一员。"那个时候，列维纳斯除了周六的拉希课，周二晚上还有《塔木

1　玛格丽特·克莱因（Marguerite Klein），法国抵抗运动战士萨米·克莱因的妻子。译者注。

德》课程，内森博士会协助他。课上常常会有些旁听生，一些忠实的信徒，如以利亚·特姆斯特（Elie Temstett）博士，还有学校中《塔木德》团体的学生。我有这样的印象，周二晚上课程的诞生，有一部分应该感谢我们。因为他看到我们要去找拉比爱泼斯坦，他也想和我们建立这样的联系。在他的课上，我们当然对《塔木德》有一种完全不同的看法。正如他所说、所解释的那样，那是另一个世界。对此，我相信没有人能提出异议。他是无与伦比的大师。"

西蒙·哈赞也是其中之一，但对他来说，他要致敬的首先是那个人："我的《塔木德》训练完成了，我不得不回到卡萨布兰卡，或去以色列学习。由于家庭原因，我的父母不再在摩洛哥了。我想继续在巴黎学习，但无处可去，而且一分钱也没有。我没有叔叔或姨妈，一直孤身一人。列维纳斯接纳了我。他很亲切，在我来数学系的第一年，他就把东方以色列师范学校的一间房分给了我。作为回报，我被要求教二年级的《圣经》课程。我承担了这些课程。我能糊口了，有地方住，可以洗澡，甚至还获得了一笔小额奖学金。这是他的人性化的一面。他不仅提出了伟大的哲学思想，还知道如何处理这种接近潦倒的状况。这是他的伟大品质之一。"

实际上，除了参加童子军组织使学生无法完成更重要的任务（这种任务之一就是《塔木德》）之外，列维纳斯还在童子军活动中看到了一种人为的服役的概念，对他而言，这个概念有着完全不同的意义。

特蕾莎夫人

我们从来不知道她的真名，但是每个师范生都记得她。我们称呼她"特蕾莎夫人"（Mme Thérèse）。她是列维纳斯的影子。没有什么事是她不曾参与的。学校里的所有管理工作都交给了她。从 1953 年 10 月直到最后，直到列维纳斯离开，巧合的是，那也是她离开的时间。她在他的身旁工作，开始的几年，两人共享同一间办公室。"我那时候没有办公室，但我从未想过，其实他也没有办公室，这是事实。"她如今这样说。

头几年很艰难。只有他们两个人，却必须要照顾一切：淋浴中断的问题；学生外出，必须格外注意女孩们，这样她们才不会去找男孩，反之亦然。全天二十四小时，一周七天。在周日的下午，列维纳斯也根本不敢出门陪家人散步，因为有寄宿生。安息日的时候，他会与学生共进晚餐。他完全被学校里的事情淹没了，他一头扎进学校里。

特蕾莎·戈德斯坦（Thérèse Goldstein）说："如果他接受这一点，那是因为他想处在人群中，想被犹太儿童包围，他试图传达给他们一些东西。根本不是因为他们不给他提供别的职位。毫无疑问，他在联盟中占有一席之地，他本可以待在那里，在布吕耶尔大街上的办公室中，他无疑会写出更多著作。毫无疑问，这是一种奉献。他在别处说到过。"

今天，当她想到他时，她说眼前总是会浮现出一个能量球的形象。那时候他抽一种不带过滤嘴的高卢牌香烟，总是不停地吐出烟草碎屑。"他永远都是一副沸腾的样子。他的大脑也在沸腾起泡，所以当他刚刚上完哲学课后，总是满头大汗。他不停地工作，总是很激动。必须说他有惊人的劳动能力。他身体非常强壮，一直在运行。我不知道学生们是否意识到了这一点。他讲课非常快，但思考的速度比他讲课的速度更快。他是一个永远发热的涡轮机，这就是我眼中他的样子。他一天可以做很多事情。"

一天，她试图在街上追上他，因为他忘了拿文件。他刚刚离开，她就开始追他。他像往常一样走着，步子很小，但是速度很快。特蕾莎那时候很年轻，她跑步前进，列维纳斯是走路，但她一直没有追上他。"他精力充沛，身体健康，而且有很好的抵抗力。"

1953年她来到学校。此时，舒沙尼先生刚刚离开巴黎，列维纳斯再次开始写作。他已经在写《总体与无限》了。他没有社交生活。一家人聚在一起（他们每天要打十次电话，或者他们能在学校的周围被看到），他们偶尔会接待内森一家人，有时在瑞士或诺曼底度假。在他们住的地方经常可以找到钢琴，因为那是"神圣的"。列维纳斯的哲学著作中很少见到"特蕾莎夫人"的影子，在他的某些以朋友的名义命名的文章或章节中，他会提到她。因为她确实设法使他摆脱了政府的干扰。

从1953年到1961年，他是东方以色列师范学校唯一的哲学教授，也是唯一的希伯来语教授。在他通过论文答辩后，1961年，他开始在普瓦捷任教，但他一直担任师范学校的校长，直到1973年。当时由于学校与国家签订了简易的合同，他作为高等教育官员的身份使他无法担任私有机构的校长，因此，不得不委托当时是英语教授的皮卡德夫人（Mme Picard）代行校长的行政责任。但列维纳斯仍是东方以色列师范学校的主要人物，直到1979年离开这里。

特蕾莎·戈德斯坦继续说道："我认识的哲学家不多，

但他是一个在日常生活中也奉行自己哲学的人。他的态度没什么变化。他有一种人文主义精神，或者说是一种人性——我不知道如何表达，非常了不起。他总能考虑到别人的生活。无论是教员还是学生遇到问题，他都会感到担忧，他会尽一切努力帮助人们摆脱困境。例如，当要对小职员的薪水进行结算时，他会告诉我：'用对他最有利的方式结算。' 那是他的行事原则。"

学生和信徒

1979 年，列维纳斯不再担任学校的校长。来自摩洛哥的大卫·塞尔法蒂（David Serfaty）取代了他。然而，他还是在原来的地方住了一段时间，然后才搬进了另一间公寓，这间公寓位于奥特伊街的尽头，和原来住所的方位完全相反。这个新住所也更靠近圣云门（Saint-Cloud）。负责寄宿生的何塞·加松（José Garzon）每周都要去见他，把信件带给他，同时也把下周他在拉希课程上要给学生讲的文本片段带给他。拉希课程将持续到他生命的最后几年，至少直到他患上那最终杀死了他的致命疾病。这么多年来，加松每周二早上都会出现在列维纳斯的家中。他常常不得不等老校长完成他的早祷，收起他的经匣。前任校长仍然很关心东方以色列师范学校的事情，他会问问关于这个人或那个人的问题。因此，学校一直留在他的家庭中，直到最后。毫无疑问，有人会说学校限制了他的哲学生命。也许是这样。但学校同样也给了他力量。无论如何，他从未停止过维系自己与"老师范生"宇宙之间的纽带。这成千上万的昔日学生，今天分散在世界各地。他们中许多人来拜访他，仅仅为了问声好，或者上一节他周六的传统课程。有一部分人保留着一些珍贵的信件，在信中，他们常常问候大师，大师也会了解到他们家庭的信息，在被问到的时候，大师会给出建议，或者大师仅仅对他们现在的生活感兴趣。

他们中间有列维纳斯的门徒吗？这是个困难的问题。当我在巴黎社区中心试图问出这个问题时，引起了尴尬的反应。他们中许多人记得那时候有点被列维纳斯的教学方法迷昏了头，无论是在他的哲学课上还是在拉希课程中。这个问题仍然有争议。

加布里埃尔·科恩的反应是这样的："当我们站在他面前的时候，存在着一种言论专断。他是说话的人。有人问他一个问题，立刻会让他感到不安，他会惊慌失措，失去主意。这真是令人惊讶，这也许可以解释为什么他从来没有门徒。"他怀念地补充道："尽管考虑到我们对他的所有敬意，所有感情，但我仍然相信，对于东方以色列师范学校，他的能力太大了。好像他是 48 码的，而标准是 42 码的。"

至于迈耶·西索（Meyer Sisso），他现在是老师，并供职于奥奈丛林镇的犹太社区。他回忆起了那些让他非常困惑的课程："虽然可能冒着被反驳的风险，但我要说，他不是一个好老师。他的哲学课程的确非常丰富，但杂乱无章，十分混乱。我们并不总是了解他在说什么。他引用时也总是只加半边括号。之后整理笔记的时候，我们总算能发现这一点。我们需要重新整理他说的话。我们只能自学，我们觉得这实际上是一种一言堂的课程。他很少和学生互动。"这种看法被让·艾露克（Jean Ellouk）反驳，他现在是工程师，当年是第一届的学生，自称是列维纳斯的忠实信徒。他抗议道："我是列维纳斯哲学课上的学生。我和他有一种非常特殊的关系，这与我所听到的完全不同。如今，虽然我意识到这么说可能是一种挑衅，但我必须承认，他让我和他平等地聊天。在哲学课之外，星期六，我都会和他一起在师范学校的花园里散步，从摩西的雕像到米开朗琪罗的雕像，我们散步、聊天。哲学的、现象学的、心理学的，我都记得，以至于在那个时候，我认为我可以继续走哲学这条路。虽然后来事情有了变化，但无论如何，我必须说他很容易联系到，他允许讨论不同意见。他才不是仅仅会上盛气凌人的课程，我们是可以畅所欲言的。"

这些形形色色的证词，有些自相矛盾，或许也没有其他证人的话可以互证。西蒙·哈赞否认了它们。他是一个潜心学习《塔木德》的人。每天晚上入睡前，他都一直坚持阅读《革马拉》[1]，并且多年来一直用自己的方式将安息日早上所上的拉希传统课程的精神延伸到师范学校犹太教堂的小圈子群体中。他沉思后得出结论："在《塔木德》中，我们可以提出这样一个问题：我们如何知道起死回生是现实的？犹太教士用十多页原著来讨论它，包括其中的论据、引用和影射。在影射中，我们提到了圣歌中的一段，是'谁使死者的嘴唇动了'的问题。这给出了死者复活的证据。但是在什么情况下会发生这种情况？当我们引用一个死者的话时，当我们说出他的名字时，当我们详细论述他所说的话时。列维纳斯可能没有留下任何门徒，但成千上万以前的学生仍然能够移动他的双唇。"

---

1 《革马拉》（Guemara），犹太教经典，是《塔木德》的一部分。主要的内容是解释《密西拿》中犹太口传律法的意义。《密西拿》（Mishna）是由法律和法令组成的司法著作，《革马拉》是智者之间的讨论和争议的合集。《密西拿》和《革马拉》构成了整个《塔木德》。译者注。

七 拉希课程

来自香槟地区的拉比拉希（Rachi），生活在中世纪，在阐释《圣经》和《塔木德》方面出类拔萃。他的阐释已经成为经典，他对于本源性的解释，反过来又成为本源。伊曼纽尔·列维纳斯，这位来自立陶宛后又定居法国的犹太人，追踪他的踪迹，亦步亦趋，复兴了注释的艺术。他的这项工作，正如诗人勒内·夏尔[1]所说的那样，会吸引各种各样的人朝向他，这些人来自世界各地，但都关心意义。

任何人都不能最终确定列维纳斯在读本中所呈现出来的话代表的最终意义。但在这里，作为其他痕迹的形式，有一些速记形式的启示，从一个摘录到另一个，还有关于奥特伊街里某些安息日的影像和回忆。

仪 式

快要到十一点了，信徒们马上去找他们的书，冲到第一排的椅子上坐下，这是最靠近大师桌子的地方。

的确，当我们离开第一排的小圈子的时候，除非已练习

1　勒内·夏尔（René Char，1907—1988），法国诗人。译者注。

过听力或知道如何阅读唇语，否则，将不会听到声音。那些最好的时刻，那些穿透个人特质的时刻，永远是喃喃自语的，几乎是联想性的。因此，我们不时会听到从后排冒出"什么？""他说了什么？"之类的疑问，以至于那些对所陈述之辞的赞同声，断断续续地才能传出来。

课程早期的信徒记得，早年他实际上开设了两门课程。一门在早上，讲拉希；另一门在下午，特别针对师范学校的学生，讲文学史。包括托尔斯泰、陀思妥耶夫斯基、普鲁斯特、阿格农……这些是他喜爱的作家，也是他试图通过同一门课程来使人们喜爱的作家。这门课程要唤醒单词的深层含义，使这些文本栩栩如生；要求总是充满想象力地阅读，哪怕是最艰深晦涩的段落。"所有伟大的书籍都是宗教书籍。"他说。

而且你要谈论它

下面的表述截取自一段经文，这段经文在每天早晨和傍晚的祈祷中都会被背诵，并出现在每周的章节摘录中。

> 听着犹太人，耶和华是我们的上帝，耶和华是唯一的。你要全心全意爱耶和华你的上帝，用你的整个灵魂和所有力量。你将我今天详述的话记在心中，把它教给你的孩子。而且，你要谈论它。
>
> （《旧约·申命记》6.4）

对此，拉希解释说："让你的话语的本质专注于此，使其成为必不可少的，而不是附属的。"

但是，我们应该谈论到什么程度呢？问大师。从什么时刻开始，我们处在"尤特泽"[1]仪式中呢？我们是否已履行职责并完成上述规定？哲学家还记得，当他在一所犹太大大学获得荣誉博士学位后，他对一些赞美之词做出了回应，他致力于研究《圣经》和古希腊文化，因此选择通过这种表达方式发表评论，并解释说这也许就是必须"谈论它"，直到我们可以用希腊语进行讨论，将这种教诲转化为哲学语言。也就是说，归根结底，要让所有人都能接近。他在对小组讲话时笑着补充道："但是不用担心，当我们开始用希腊语发言时，仍然有很多话可以说。"

我在这里

在这些课程中，通常有一种难以察觉的情况。逐字阅读，剥开文本，逐词翻译，从词源、语法或逻辑上进行要点分析，或简单一点，只陈述故事。这些都由学生负责，学校的学生们认真对待，即使有一点繁重。然后大师会面带微笑，忽然离开文本，他忘了学生，沉醉于他所擅长的变化中。然后是美妙的等待他释放的时刻，所有人都在追寻这一炫目的时刻，当它来临的时候，满足的气氛就充满整个房间。

本周，他评论了《创世记》中的几段经文，亚伯拉罕在那段经文中用"我在这里"（Me voici）回应神的质询，这

---

1 尤特泽（yotsé），一种犹太教的晨间仪式，在背诵《施玛篇》之前必须要进行的一种祈祷仪式。译者注。

里用了宾格。拉希评论道："这是谦虚和适当的标志。"

"我们超越了我之确定性，超越了我的至尊性。"哲学家解释道，他很高兴能找到自己喜欢的主题，"'我在这里'实际上是对我做你想做的事吧（un fais-de-moi-ce que-tu-veux）。""没有这些圣洁的人物，《摩西五经》也仅仅是雄辩！"他补充道。

他合上书，看看手表，对信徒们说："我们还有几分钟吗？"这些观众热情地回答"是"。众所周知，这是《塔木德》寓言的时刻，通常会选择一段阅读过的《圣经》，但无论如何，都出自这周所准备的摘录。

这一次，是《约马》[1]（20B，21A）：为什么我们在晚上能比在白天更好地听到声音？ 因为太阳的运动刮擦着天空，就像拨浪鼓一样。从世界的一端到另一端，我们听到了什么声音？ 太阳的声音，罗马人群的声音，灵魂朝向天空翱翔的声音。

房间里一片寂静。第一排是那些绝不会错过任何一堂课的常客，他们彼此有意识地点头或默契地交换眼神。课程就以"灵魂朝向天空翱翔的声音"结束。

去

神对亚伯拉罕说："走吧，远离你的国家，你

---

1 《约马》（Yoma）是《塔木德》中《节日的秩序》一章的第五部分。它主要是关于犹太节日赎罪日的规定，由八节组成。译者注。

出生的地方和你父亲的家，去我将要指给你的国家。"（《创世记》12.1）[1]

你要去向你自己，这是最字面的意思。在这里，哲学家用了一个类似于"去"的、有内在意义的俄语表达。"这里有人说俄语吗？"他有点气恼地问。

"而且你将被祝福"，你将成为所有祝福的源泉，拉希说，你是所有祝福的标准。"这些文本的卓越之处，"大师解释说，"不在于提出了一个抽象的概念，而是由亚伯拉罕这样的人物所证明的。"

"去我将要指给你的国家。"他不点明特定的国家，这是为了让亚伯拉罕更加珍惜。拉希这样说。

在把以撒献祭给上帝的那一段中，上帝要求亚伯拉罕献祭他的儿子，那个独一无二的，他爱的儿子。是哪一个呢？我有两个儿子。独一无二的那一个？但是每个儿子对于他们的母亲都是独一无二的！他爱的那个？但是我同样爱他们俩……

"亚伯拉罕带着他的妻子撒莱，他哥哥的儿子罗得，他们所获得的一切财物，和在哈兰得到的所有子民。"

拉希的评论是："亚伯拉罕使男人改宗，撒莱使女人改宗。文本中认为这种改变宗教像分娩一样。好像他们铸造了这些灵魂，就好像他们制造了它们一样。"

我们继续沿着这个课程看所选取的《塔木德》的片段。演讲者这次选择了施坦萨尔茨（Steinsaltz）的版本——这是阿拉米语版本的，并配有希伯来语翻译——在学校图书馆（他

---

1 《圣经》引文由译者根据本书法语原文译出。译者注。

没有随身携带折叠整齐的小纸片）。这篇是《赐福》[1]（34B）。

怎样区分弥赛亚的时间与现在的时间？只有"奴役王国"，也就是说，政治——大师解释道。

至于未来的世界，在伊甸园中，根据《塔木德》的记载，"没有眼睛能看到它"。

甚至亚当也不能？众人问道。不能，讲解《塔木德》的拉比回答道，甚至亚当都不能，因为有一条河，基训河（le Guikhon），分开土地，将伊甸园隔绝起来。

但是"没有眼睛能看到它"指的是什么？众人仍在询问。什么是人们不能说又看不到的东西呢？

那好吧——哲学家给出了一个崇高而宏伟的答案，他举起手臂，用一副内行的表情动了动嘴唇——这就是"酒总是已经包含在葡萄中了，葡萄是创世最初七天中所创造出来的"。

预　言

校长的个人特点非常鲜明，他的脖子擦着衬衫的领子，正准备坐到桌子后面开始上课。但是在开始之前，他站了起来，对那一小群围着他的人吐露他被哈夫塔拉[2]的最后一句所激起的兴奋。《先知书》的段落在仪式的结尾读，在阅读完《摩西五经》之后。这句话是阿摩司说的："上帝已经说了，谁不会说预言呢？"是的，演讲者狂热地说道，谁又不能变

1　《赐福》（*Berakhot*），《密西拿》第一部分《种子篇》中的第一章，主要讲农业律令。译者注。
2　在犹太教传统里，哈夫塔拉（haftara）是指先知书中用于在安息日、节日或宗教假日诵读的经文。译者注。

成先知呢？

预言作为人类状况的一刻，作为灵感，被认为是人类的基本事实。自我支撑着宇宙万物。

我们进行到了每周的《妥拉》读经篇（parsha）[1]。"雅各定居在他父亲的国，在迦南。"（《创世记》37.1）拉希评论说："雅各知道了安宁、休息，约瑟的麻烦就开始了。"正义之士不能休息，大师坚持道，他们绝对不能入睡……为人正直，就是保持清醒。

但是很明显，今天早上，约瑟这个人物启发了他。

"我做了一个梦，在梦里，太阳、月亮、星星都匍匐在我的面前。"一定要这样解释，大师说，从某种意义上说，一切都对他微笑，他有种感激之情……他的父亲责备他："这是什么梦？你再往前走一走，难不成你的母亲、你的兄弟和我，都要跪在你脚下吗？"这让拉希大为惊讶："但他的母亲不是死了吗？"并回答道："从那里，我们学到了一点，即在所有的梦想中，都有徒劳的一面。"

演讲者解释道："梦中所有的一切并非都是纯粹的，它们不像《塔木德》的记载一样。不能把犹太教建立在梦上。"

石　头

"雅各离开别是巴去了哈兰。"（《创世记》28.10）拉希纳闷：为什么不说雅各从别是巴去了哈兰？回答道：因为

1　犹太传统把《摩西五经》（即狭义上的《妥拉》）分为固定的五十四段，每周研读一段（少数时候研读两段），一年完成一次循环，这样的每一段称为一个《妥拉》读经篇。译者注。

正义之人每一次离开都会在一个地方留下空隙。只要义人在那里，他就是城市的荣耀、辉煌、威严。一旦他离开，荣耀和光彩就会黯淡。

哲学家的面孔充满了活力："巴黎，不在于它的灯光、街道、交通，而是柏格森，是……"观众在等待着后面的话，却什么都没有。只有柏格森。

第二节经文。"他触到了这个地方。"拉希解释道："大地在他的脚下前进，它朝他而来。""他睡在那里，因为太阳已经落山了。"拉希解释道："太阳突然落下了，在正常时间之前，这是让他睡觉。""他从那地方拾起一些石头，枕在头下。"拉希解释道："这些石头肯定会彼此争吵：到底我们中的哪一个会被义人枕在头底下呢……直到最后，上帝把它们都汇聚成了唯一的石头。这就是为什么下文中要说：他拿走了那一块石头，枕在了他的头下面。"

下面的一节经文。"他在这里睡了。"拉希说："这里是一种语言上的减少、缩略。在此之前，他一直没有睡觉。在十四年中，他在拉班家，从没有一个晚上睡过觉，他在学习《摩西五经》。"

大师评论道："认为义人可以合上眼睛的想法是荒谬的。"

接下来的一段经文。"你所躺的土地，我将全部赐予你和你的后代。"拉希解释道："上帝把整个以色列的土地都堆在他的脚下，以便他可以轻易征服。"

大师强调了这种非常特殊的游戏空间和时间的方式：土地向前延展以迎接族长的到来，结在一起的石头为他的头提供支撑，折叠的地面使他可以轻易完成任务，太阳降落以便他可以躺下……

在讲完一小段后，大师继续问道："你们有时间吗？""有！"一小圈核心成员同时说——接下来又讲解了一段，但不是来自《塔木德》，而是来自《米德拉希》[1]（65.9）。根据它的记载，亚伯拉罕向上帝祈求变老。"因为一个男人和他的儿子要去某个地方，而大家却不知道该尊重哪个人。"这就是为什么"亚伯拉罕很老，他活了很久"。

以撒要求痛苦。他说："因为如果一个人没有遭受过痛苦就死了，那么在另一个世界，他会受到更大的伤害。"这就是为什么"以撒的眼睛渐渐失明了"。

雅各要求疾病。"因为像这样不被警告就去死，不好。"这就是为什么有人告诉约瑟，"看哪，你父亲病了"。

面　孔

他身材矮小，敦实，健谈。最初来自埃及。他总是坐在中央讲桌的后面，因此他只能从后面看到演讲人。他心不在焉地听着，或者至少会略过某些他不感兴趣的东西，比如离题的哲学问题或低声说出的冥想……令他感兴趣的，他真正认真聆听的时刻，是大师准备说一句引文的时候，更确切地说，是大师在寻找一句引文的时候。此时，我们的小个子俯下身子，全神贯注，像变魔术一样突然说出这句话。科恩先生脑袋里装着一切。我们从《诗篇》《先知书》，礼拜仪式的文本中引经据典，然后他仓促加入，为了收尾或者说出参考文献。这是他在本课程中选择扮演的角色，这使他感到高兴。

1　《米德拉希》（*Midrash Raba*，或译作"米德拉西"），是犹太拉比对《塔木德》中的《圣经》做的注释。译者注。

因此，大师时不时地寻找，或者假装寻找——为了得到答复的乐趣，他将头微微转向科恩先生或直接呼唤他，回答的话立刻像奇迹一样蹦出来。之后，对于演讲者问过的问题，他就失去了兴趣，那些不再是他的问题了。但是当他感到被询问的那一刻，他很高兴。他开心地笑了。

归根结底，是什么让听众对这些课程感兴趣？是什么把他们带过来的？大概是这些，那种在知识分享的过程中参与的幸福。围绕着一本书进行交流，用这种方式使书保持可读性，并与之保持生动的联系。

这一周是《出埃及记》的情节。学生阅读被称为"苦水"的段落（《出埃及记》13）。上帝指给摩西一些木头。摩西把木头扔进水中，水变甜了。哲学家解释这个教喻的意义：只有通过艰涩的新手期，最后才能苦尽甘来。

每个人都意识到，这里也影射了他自己接近文本的方式，既严肃又愉快，既有木材的粗糙又有水的清甜。

柔 情

身量高大，一双淡蓝色的眼睛，花白干枯的头发蓬乱着，他是一个英俊的男人，非常杰出，有点神秘。他是一位音乐家，会弹奏钢琴，直到遇到了上帝，上帝占据了他所有的时间。从那以后他一直奔波于各个犹太教堂之间，把"经文"（phylactères）介绍给每个他遇见的人，并把福音传播到巴黎各处。

由于他无法下定决心在做完礼拜后抛弃自己的居所，也没有下决心加入班级里的信徒圈子，所以他选择了来回奔波。

多年来，许多最初抱怨此事的常客，最后都只对他进进出出的小游戏感到好笑。围着大师形成了一个圈，学生开始阅读有拉希注释的第一节经文，立刻就听到了他拖着脚走路的声音。他在两把椅子之间犹豫了一会儿，最终还是决定站着，过了一会儿坐下了，但他又原路折回，穿过走廊，从犹太教堂的门溜走了。

他并没有真正被列维纳斯所吸引，这对他的品味来说，也太过于理性了。他几乎对列维纳斯没有任何柔情。

云

在参与课程的"群体"（faune）中，有一对奇怪的伴侣。女的是位盲人，总是衣着鲜艳，头被白色的纱巾覆盖。祈祷期间，她坐在长椅的第一排女士专座，面前有一大本盲文书。我们可以看到她的嘴唇嚅动，她的手指跟着祈祷的节奏滑动。祈祷结束后她坐了下来，就在大师的附近，她的同伴在她旁边。她选择了最好的座位，自得其乐，就像参加聚会一样。课程一开始，她周围的人就不再说话了，她全神贯注地听着，整张脸都朝向讲话者，她的嘴巴张开，好像是为了更好地品味所听到的话。她会毫不犹豫地批评窃窃私语的邻座，自己则时不时地飘过一两句犹太-阿拉伯语的祝福语，或者引用神圣的祷词。

她的同伴不说话。他样貌高贵，肤色红润，有大把干枯花白的胡须，看起来有点野性。他拉长了脸，打扮成了"哈西德犹太人"的样子，黑色的罩袍，戴着毡帽，腰间系着一根粗腰带。他们手牵着手，彼此紧紧相连。她不时地把头转向自己的伴侣。他则什么也不说。

演讲者经常看着她。有时你会觉得他在跟她说话，他选她为自己的见证人或接受者。他和她说话，奇怪的是，在这种时候，她好像也令人困惑地接收到了某些东西，微微抬起脸，点了点头。

有时候，人们可能会有这种感觉，这些课程是专门开给她的。就像本周最后的经文一样："摩西进入了云中，上帝为摩西在云中创造出了一条路。"（《出埃及记》24）

注释之美，哲学家强调道，在于我们要始终在雾中找到一条小路，但与此同时，还要始终保持着一点雾。

法 律

这周是《十诫》（《出埃及记》20）的主题。像往常一样，多年以来，大师都喜欢回想起传统，将前五个诫命与最后五个诫命相对放置，因此第一和第五诫命处于相对的位置。让"我是耶和华，你的上帝"作为"不可杀人"[1]的回声或扩展。上帝出现的方式是将自己铭刻在他人面前，以禁止伤害他人。敬畏上帝，除了敬畏他人，别无他法。

双重意图，这位哲学家评论说，当你说自己"害怕狗"时，这意味着你也"害怕自己"。听众中一名年轻女孩在邻座的耳边小声说："这很有趣，我父亲是一个完全的无神论者，只有在为了保护我的时候才吁求上帝！"

大师选择了摘录中的最后几节经文："所有人都看到了

---

[1] 实际上，不可杀人是第六诫。译者注。

声音。"拉希解释道："他们用他们的眼睛看到了不能听到的东西。"在场的一位音乐家兴奋地喊道："就像在音乐中，我们看到乐谱，然后就听到了声音。"

"摩西就靠近薄雾，在那里，发现了耶和华。"就像犹太教那样，哲学家解释道，必须要消除晦涩之处才能发现神圣的火花。

在课程结束时，他与周围的一些信徒交谈，谈论一本刚刚出版的书，这是一本作品集。在书中，他本人向故乡立陶宛战前的一位大师致敬。"是的，对他来说，除了欧洲，别无其他。欧洲是德国，歌德，席勒……法国，有柏格森，但这可以忽略不计。"

穷　人

"如果看到你恨之人的驴压卧在重物之下，请当心不要抛弃它，而要帮助它。"（《出埃及记》22）演讲者解释道，一切都取决于具体案例。那么基督教里的"爱敌人"是什么意思？正是这样，即帮助他的在重压下卧倒的驴子。

下面是："不要在诉讼中偏袒穷人。"拉希解释说："在审判过程中，不要偏袒穷人；不要在心里告诉自己，他很穷，他应该受到祖护。"哲学家则说："身为无产阶级也是一种无法忽视的人的境况。"

本周选择的《塔木德》文本是从《赐福》的开头摘录的。经典文章——这是为初学者准备的——能让听众们感到舒适。

什么时候我们才能在早上阅读《施玛篇》（即"听着，以色列"那篇，是早晚祈祷仪式中的核心祷告词）？回答是：

"当那一天到来的时候。"但是我们如何认出那一天呢？回答是："只要我们能将蓝绿色从白色中区分开来。"但是《塔木德》的智者有一个更好的标准："从我们能够认出四肘之遥的路人的脸的时候。"

哲学家欣喜若狂，在日光下，仪式、诫命、礼拜，纷纷在他的脸上显现。

为了说

这周，大师选择了摘录的中间部分，这是比撒列建造圣殿的情节（《出埃及记》31）。

"神用这样的措辞对摩西说话"，此处"Lémor"这个词，可以按照法国犹太学博士的经典翻译，就像学生们做的一样，翻译成"用这样的措辞"（En ces termes），但这只是该词的一种可能意思。从字面上看，它的意思是"为了说"（Pour dire）。啊，这个难解释的"Lémor"啊！当哲学家全神贯注时，他可以对这节经文做五到六种解释——这些解释可能是《圣经》中最常见的解释——他总是根据自己的喜好来选择相信哪一种。这一次，他选择了这一种解释："上帝对摩西说话，是为了让他重复一遍。"

学生们接着往下读："我已经命名了比撒列，他是乌利的儿子，户珥的孙子，属于犹大支派，我以我的灵充满了他，使他有智慧，聪明，有知识……"

拉希解释了每种表达。智慧，"指一个人善于倾听并学习别人"；聪明，"一个人可以理解他所学到的东西"；知识，"圣灵"。

哲学家在此处评论道，三种理解模式必须结合起来。纯粹的感性，或者说灵感，无法独自运行，如果没有智慧的话。而智慧本身，如果不学习，也无法运用。三者之间的和谐才能催生出情感，让人生出钦佩之情。真正的艺术品，必须由这三个部分构成。

我们是否会深入探讨到那些破碎的律法板[1]？当他说到这段话时，他从未忘记指出，最初几块碎片被虔诚地保存在会幕[2]（Tabernacle）内，紧挨着后来的碎片。可以想象这样一个圣殿的形象，它承载着整块石头和分散的碎片。完成与中止，认同和怀疑，肯定与裂缝。

清　醒

耶和华如此对亚伦说："当你进入会幕进行服务的时候，你或你的儿子都不得喝葡萄酒或烈性酒。"（《利未记》10.8-9）

这个神圣的戒律，要求以色列的大祭司必须清醒。随后便发生了这样的事情，即亚伦的两个儿子——纳达布和亚比卢之死。他们"没有询问耶和华，就在他面前升起了凡火[3]"。

拉希解释了这种"凡火"代表的意义："他们喝醉后进入了会幕。"

哲学家评论说，这里是对感情过于流露、不能自持和迷

---

1 在《圣经》中，律法板（Tables de la loi）是石碑，上帝在其上刻有给摩西的十诫（参见《出埃及记》）。译者注。
2 犹太人存放约柜和圣物的移动式神殿，也是犹太教徒集会的地方。译者注。
3 上帝因此杀了亚伦的两个儿子。此处暗示醉酒是他们犯罪的原因。译者注。

狂的拒绝。犹太教是一种成熟、清醒的宗教。靠近上帝的方法绝不是一种神秘的黏附，而是对至高者的顺服。不是领圣餐这样的活动。

坏　话

耶和华同时也对摩西和亚伦说："如果某人的皮肤上有肿瘤或斑点，并可能在退化后形成麻风病，就应该将其交给祭司亚伦或他的一个儿子。"（《利未记》13）

他将被隔离，拉希说，就像他本人通过诽谤、恶意和"坏话"（mauvaise langue），让自己陷入孤立一样。

哲学家特别珍惜这位来自香槟的评论者在"坏话"和生麻风病之间建立的这种关系。仿佛这些私下流传的"传闻"突然开始绽放，绽放在脸上，影响了整个身体，甚至衣服和环境。好像在视线范围之外说出的阴险的影射，本身就是麻风病发作的罪魁祸首。

回想一下，在犹太传统中，说粗话、讲"坏话"是有罪的，这同时将三个人拉下了水：说话人，受话人，还有一个被诽谤的人。这三个人均被宣布为必须负责和有罪的。受话人可能在必要情况下提供了顺从的耳朵，或者至少没有缩短聊天的时间。但是，那个被诽谤的人却并不被排除在外。他不在这里，但毫无疑问，我们估摸着，如果他掌握了话头，他绝不会无动于衷，也会说些坏话。在这种情况下，没有人是完全无辜的。

卖　淫

演讲者选择了摘录的结尾，关于一个名叫示罗密的女人，拉希说她是妓女。

"一天，一个以色列妇人的儿子，他的父亲是埃及人，与以色列的孩子们交往。这个以色列妇人的儿子和以色列人在营中发生了争吵。以色列妇人的儿子亵渎了圣名。他们把他带到摩西面前。他母亲的名字叫示罗密，是底伯利的女儿，来自但支派。"（《利未记》24）

他是怎么断定她是妓女的？拉希说，从她的名字看出来的。她叫示罗密，来自"Chalom"（您好），她的父亲底伯利，来自 Davar（话语）。这位法国的释经者解释说："她不停地说话，跟这个人说您好，跟另一个人说您好，跟所有人说您好……"

拉希在这里挖苦了那些饶舌的人。哲学家这样评论道。这些人向所有人说话，但不负责任。言语的冗余、不负责任或者言过其实，是卖淫的开始。

摩　西

摘录同时提起了摩西的死。摩西对以色列人说了这句话，"现在，我已经一百二十岁了，我再也无法进出了"（《申命记》31）。

拉希解释道："'我再也无法进出了'是《摩西五经》中的话。智慧的传统和渊源对他来说已经变得不透明了。"

摩西不再能靠近自己的知识，哲学家评论道。《米德拉希》的记载补充道，在拉比阿克巴[1]的梦中，他在《塔木德》学校见到了摩西。神秘的是，摩西再也不能理解自己说的话了。

需要提到文本的其余部分——"没有人知道他的墓地"——《米德拉希》记载道，就连摩西本人也不知道他埋在哪里。他本人亦不知道自己著作的最后一个字。《米德拉希》建立在这样一条令人惊讶的原则上：注释既是一种忠诚又是一种背叛。

这难道不是哲学家在每周六的课程中所尝试的吗？评论并转化，既遵循评论的传统，又为文本注入了新的生命力。

后　裔

课程非常简短。从一开始，听众们就感觉到他身体不太好。当我们在学校餐厅里喝咖啡的时候，他总一个人坐在敞开的书前。

有个女孩读得很清晰，可以按照他的喜好清楚地分开每个单词。在别的场合中，他准会热情地称赞她。但是在那个时候，我们感到他不在状态，他变得虚弱了。他站了一刻钟，然后就要求离开。

"这些是亚伦和摩西的后裔。"（《民数记》13）拉希评论说："由于某些原因，并没有提到摩西的后裔（只有亚伦的后裔）。但当您将《摩西五经》教给亲戚的儿子时，就

1　拉比阿克巴（Rabbi Aquiba），生卒年不详，第三代密西拿学者中最重要的大师之一。译者注。

像您生了他似的。真正的后裔是自己的学生，即那些我们教导过的人。"

"我一直这么说，"哲学家说，"犹太教的真正后裔，是受过教育的人。"

八 《塔木德》课程

拉比丹尼尔·爱泼斯坦，是"《塔木德》文本"的希伯来语译者。在谈到列维纳斯的时候，他提到列维纳斯曾说到过一种"现象学文本"的《塔木德》，即一种"现象学的《米德拉希》"。阅读每一段的时候，把它们放在超出"苏格亚"[1]的更广阔的上下文中，以此来发现文本中隐藏的视野、被遗忘和忽略的内容，以及被遮蔽的部分。

这确实是列维纳斯的方式。毫无疑问，这应该归功于他的现象学训练——当他开始上《塔木德》课程的时候，他刚完成巨著《总体与无限》；同时也该归功于他经常和令人敬畏的舒沙尼先生交往。

《塔木德》讨厌理论和概念，试图唤起人们的日常生活、商业活动、家庭关系、生与死……"回到事物本身"，那些现象学家们会这样说。但列维纳斯有一天却说，这是"华丽的陈词滥调"[2]。

这些文本一开始并不是写在纸上的，它们的风格现在也没有多大变化，还保留着最初的口口传授的痕迹。因为它们是对话，所以是开放的，没有任何封闭。每个读者都可以参

---

1 苏格亚（Souguia）是一章、一页或一份对《塔木德》的研究。译者注。
2 伊曼纽尔·列维纳斯：《从神圣到圣洁》（*Du sacré au saint*），午夜出版社，1977年，第11页。

与并进入独一无二的人物形象中，进入文本的不可替代性中。不同时空的每个个体穿越历史联系在了一起，他们的注释相互叠加，共同编织了这部著作的生命。

他从舒沙尼先生那里得到的正是这个，即拒绝将其视为一种陈词，或轻率地对待它。介绍或者壮大它的方法，在于深入挖掘、翻转、彻底颠覆。这些颠覆性的阅读并不虔诚，却可以为自己辩护，甚至声称赢得了自由。在他的第一本收录了最初几堂《塔木德》课程的作品的前言中，他写道："有了这种自由，就可以吸引其他学者。没有它，印在《塔木德》书页上的由智慧主导的探索活动，也可能变成连串的啰唆和虔诚的咕哝，在这样一种事先同意的大前提下，我们可以责怪那些《塔木德》学者，尽管他们对书页的熟悉程度令人羡慕。"他在前言中总结道："我们将在这里阅读到的四堂课，仅仅以它们自己的力量呼唤崇高的教喻，这些教喻的内容缺乏绝对性。"[1]

研讨会

在埃德蒙·弗莱根海默[2]和莱昂·阿尔加齐[3]倡导下，1957年，法国的犹太知识分子研讨会诞生了。这个研讨会每年召开一次，由世界犹太人大会资助。从一开始，这两个人

1　伊曼纽尔·列维纳斯：《〈塔木德〉四讲》(*Quatre lectures talmudiques*)，午夜出版社，1968年，第22页。
2　埃德蒙·弗莱根海默(Edmond Flegenheimer，1874—1963)，哲学家、小说家、散文作家。译者注。
3　莱昂·阿尔加齐(Léon Algazi，1890—1971)，原籍罗马尼亚的法国作曲家。译者注。

就邀请了伊曼纽尔·列维纳斯，而他也同意参加。

第一年，他参加了辩论，但并不是两位主讲人之一。

在 1959 年 9 月举行的第二次会议上，他作了关于弗朗茨·罗森茨维格的报告。直到 1960 年 9 月的第三次会议，他才发表了自己第一篇《塔木德》文本，虽然那篇演讲并不叫这个名字。会议由弗拉基米尔·扬科列维奇[1]主持，主题为"犹太法律戒令中的弥赛亚时间和历史时间"。

从 1960 年后，这成为一种仪式。研讨会总是以安德烈·内尔[2]的《圣经》课开始，以伊曼纽尔·列维纳斯的《塔木德》课程结束。哲学家后来将他的课程收录在五本书中，最后一本书在他去世一年后出版。

> 我们可能没有学习过这些文本，我们可能不知道《圣经》与文献的区别：灵感是从所有坎坷和经历中提炼出来的，这些经历都在《圣经》中出现过，但是这些经历中的每个中心人物都呼唤一种解释，这种解释既受文本的严格规定，同时又受到个人与人物的永恒的独特关系的影响。这种独特性，是文本中的发现，也是它的一部分。从这个意义上说，一位伟大的大师教导我们如何阅读教喻："让我们在《妥拉》中找到自己的位置。"[3]

列维纳斯在这里提到的"大师"，是舒沙尼先生，后者

1　弗拉基米尔·扬科列维奇（Vladimir Jankélévitch, 1903—1985），法国哲学家和音乐学家。译者注。
2　安德烈·内尔（André Neher, 1914—1988），作家、哲学家。译者注。
3　伊曼纽尔·列维纳斯：《〈塔木德〉新讲》（*Nouvelles lectures talmudiques*），午夜出版社，1996 年，第 40 页。

让他阅读了《塔木德》，并让他了解到，必须阅读这些旧的论著。

舒沙尼先生的另一个学生沙洛姆·罗森伯格[1]，也以自己的方式说道："这些文本对我们来说就像一封来自远方的情人的信，我们一直小心保存，满怀信念地拥抱它，千百次翻来覆去地看。这些印在我们灵魂上的文字，塑造了我们的灵魂，并让我们的灵魂自黑暗时代开始就随着它一起律动。"

犹太大学联盟主席，心脏病学家阿迪·斯特格教授回忆道："可以说，几乎在联盟时期之前，通过世界犹太人大会在战后赞助的犹太知识分子研讨会，我就对列维纳斯有了深入的了解。这些会议是一个重大事件，因为在战后，包括知识分子在内，所有人都处在窘迫和沮丧状态下，这些会议起了复苏的作用。这有点像某种挑衅或复仇。《塔木德》课程有一种特殊的风格，在这个意义上，这种介绍犹太教的方式是非常新颖的。这是一种脱离文本又复归文本的研究方法，是犹太教的基础。列维纳斯分发了《塔木德》段落的油印本，他分别用希伯来语和法语作了评论，以至于那些根本不懂希伯来语的人，都可以阅读映入他们眼帘的文字。这很重要，因为伊曼纽尔·列维纳斯的演讲并不是研究文本中的词句，而是研究文本本身。安德烈·内尔的《圣经》课则要更传统。大家都在引用《圣经》。无论是知识界还是非犹太世界都了解《圣经》。但是《塔木德》是完全被忽略的东西，只留给了英勇的长胡子犹太人，他们被限制在波兰或摩洛哥。用法语，在公开场合研究《塔木德》，与那些来自东欧或马格里

---

1 沙洛姆·罗森伯格（Shalom Rosenberg，1935— ），生于布宜诺斯艾利斯，耶路撒冷希伯来大学名誉教授。译者注。

布的古老犹太人的研究方法是一样的，这是一个非同寻常的看法。当我第一次听到这个消息时，我非常不知所措，但也深受触动。我发现自己处在一个知识的国度，虽然使用的是另一种语言。那是一次别开生面的演讲，来自一位哲学家，但他丝毫没有背离我所知道的《塔木德》学说。这本身就是一个巨大的事件。列维纳斯教给我的——这让我震惊，就像我在《塔木德》学校中学到的一样——就是不追求护教主义，不做卫道士，而是遵循'有人说'[1]的传统。他让听众自己推理得出结论。这当然是一种建构的、定向的、充满智慧的话语，他从不把自己的解释强加给别人。这些年来，他的教学具有革命性，同时产生了巨大的影响。"

这些会议通常在东方以色列师范学校举行，有时在拉希中心，后来在巴黎大学或索邦大学的沙龙中。有很多人聚集在这里。以至于有一天担任会议主持的拉比乔西·艾森伯格[2]说："我很高兴能担任主持，因为这是确保我能有位置的唯一方法！"

《塔木德》课程有点像大型弥撒。它注重反馈，并锚定在文本中。同时，这也是一种奇观，是一种具有规则的阶段性练习。《塔木德》的页面用希伯来语写成，并配有法语翻译。演讲者首先将文本分成小段，然后再分别对每部分进行评论。一次，在分发完文本后，他对听众说："别把它拿开！"书面文字不应与口头评论分开。"当注释者的声音沉默时，文本就会又回到静止状态，它再次变得神秘、奇怪，甚至经常

1　当一条教令需要匿名宣布的时候，犹太拉比们往往会用"有人说"（Yesh Omrim）起头，这表现了《塔木德》中的矛盾思想。
2　乔西·艾森伯格（Josy Eisenberg，1933—2017），作家、制片人和电视导演。译者注。

会变为荒谬的陈词。在这种情况下，谁敢相信注释者的声音曾在听众耳中轰鸣了很长时间？"[1]

演讲者对所分发文本的艰涩性一点也没有不满意，甚至很高兴法语翻译可以增加这种艰涩感，因为法语翻译可以使他"从干巴巴的文本中得到一点水"。他使用的一个比喻是，"就像锤子撞击岩石并迸发出火花"。或者——这是我个人在父亲家中听他的布道所想到的——这应该感谢拉比沃罗欣的哈依姆，而非列维纳斯："就像那些火炭，我们吹一口气就会变成火焰，而如果吹气的时间太短，则会变成灰烬。"

评论取决于时代、语境和所处地点，就好像注释只不过是一个时代通过与另一个时代相连而理解意义的可能性。

注释并不因为历史学家和语言学家的见解而固定，也不取决于撰写这些文字的时代。它本身就充满着智慧、幽微之处和灵性。有时候，它并不轻视与时事忽然发生的联系，或者是发生在这些古老的、千年之前的文本与我们在电视上听到的当天新闻之间的突然的勾连。

二十三节课

在 1957 年的第一届研讨会上，列维纳斯没有专门发言，只留下了几句话，这几句话被让·哈尔佩林[2]虔诚地保留了下来。他是艺术家，数十年来一直是会议的先驱者，同时也是列维纳斯最亲密的朋友之一："犹太教不是一种宗教，希伯

---

1 伊曼纽尔·列维纳斯：《〈塔木德〉四讲》，第 31 页。
2 让·哈尔佩林（Jean Halpérin, 1921—2012），瑞士艺术家、学者。译者注。

来语中不存在这个词，它的意思远不止于此，它是对存在的一种理解。犹太人将希望的思想和未来的思想引入了历史。柏拉图展示了一个理想中的城邦的蓝图，但是几乎没有任何迹象表明它可以实现。而犹太人认为他们对他人的义务优先于他们对上帝的义务，或更确切地说，他人是崇高之声，甚至是神圣之声。道德是对上帝的一种视见，尊重上帝的唯一方法就是尊重你的邻人。"哈尔佩林评论说："我发现这绝对具有象征意义，因为在列维纳斯的第一句话中，我们就可以简短地知道他对犹太教的认真对待，对与上帝的关系以及对与他人关系的思考。一切已在此句中体现。还是在1957年，在第二届研讨会上，他提到我们对以色列声音的期待，向我们指出今天该如何生活，要寻找正义，以及我们对真正的犹太思想的需求。好像这是一篇想要宣布未来40年内将要发生的所有事情的声明。"

羞怯和大胆。道德与政治。弥赛亚主义和历史的终结。饶恕。诱惑。以色列。这个世界需要犹太人吗？犹太教与革命。以色列的青年。犹太人和世俗化的社会。安息日。以色列的孤独。战争。西方模式。穆斯林团体。宗教与政治。社群。现在的《圣经》。以色列，犹太教和欧洲。偶像崇拜。图书中心（Zekhor），记忆和历史。七十个国家。金钱。国家问题。审慎……

从1957年到1989年，紧随其后的研讨都是类似这样的主题。列维纳斯参加了几乎所有活动，只有三场例外。在那里，他上了二十三堂课，几乎连续参与了筹备委员会，直到最后，即使他体力衰弱，也还是参加了制定主题的会议。

让·哈尔佩林说："我必须说，我们曾将第三十六次研讨会的主题献给列维纳斯，这次会议的主题是'艰难的正义，在伊曼纽尔·列维纳斯的足迹下'，但在此，我们不仅仅是为了纪念或尊重他出现在我们中间，而是要在他为我们带来的东西中复现他。他的思想展现了基本的东西。在此，我做了一个有关列维纳斯的汇报和几次会议的演讲。我又温习了他的二十三节课。每次，他的研究方法，他的主题，他细心回应的问题，都令我感到惊讶。他不仅花费了数周甚至数月的时间来思考《塔木德》，并选择去阐明研讨会提出的问题，而且还亲自着手翻译将要评论的文章。当他听说他的话，被速记员或通过磁带记录下来了，他不仅对自己所表现的思想，甚至对自己的用词，都保持着绝对一丝不苟的态度。因此，在他的生活和工作中，对他来说，这些课程占有非常重要的位置。我相信，在列维纳斯关于犹太思想这方面，这些课程占据着中心位置。"

他如何选择他要讲的《塔木德》书页呢？有一天，他跟巴黎综合工科学校的教授克劳德·里夫林[1]（此人也是研讨会筹备委员会成员）说，他正在从迈蒙尼德所注释的《妥拉》中的《密西拿》篇章中寻找符合研讨会主题的内容，并且他在讲课中要追溯到迈蒙尼德这个源头。因此，从一开始他就和《塔木德》保持着一种偏斜、间接和遥远的关系，并且随着课程的进行，这种关系似乎越来越明显。

1996年，研讨会的主题是"犹太教有存在于世界上的必要吗？"。他从犹太法律戒令中选择了一个段落。《密西拿》中谈到了犹太法庭[2]的规则以及成员们应该如何坐下。"犹太法庭形成一个半圆，使成员可以互相看到。"那我们从哪节经文中可以得到呢？《革马拉》中问道。"我们从《雅歌》

1　克劳德·里夫林（Claude Riveline，1936—　），组织管理学教授。译者注。
2　犹太法庭（Sanhedrin）（36b-37a）见《〈塔木德〉四讲》，第151页。

中可以看到：你的肚脐就像一个充满香甜饮料的圆杯，你的身体就像磨碎小麦的磨盘，上面镶有玫瑰。"

法庭和司法机关建立在色情文学上？这是哲学家首先要面对的诘问，也成为他日后"面孔的集合"（assemblée de visages）的哲学宇宙发展形成的先声……

在关于"西方模式"的座谈会之际，他查阅了圣洁诫令[1]中的文本[2]，该文本涉及圣殿的家具和"圣洁的面包"（pain de proposition），它必须放在桌子上，永久地（en permanence）。哲学家沉迷于"总是"（toujours），以及可以归类于"总是"范畴的那类东西……

阐释是一种论述，是一种努力，是对词语的暴力。就像关于安息日的论述[3]中所记载的一样，这部分内容曾在1964年关于"诱惑"的研讨会上被讨论。它记载道，"萨杜基耶（un saducéen）看到拉巴（Raba）埋头学习，他将自己的手指踩在脚下，用力摩擦，直到鲜血喷涌而出"。列维纳斯评论道："摩擦以使鲜血喷涌可能是一种方法，要摩擦文本让它所隐藏的生命显现出来。"

开放的辩证法，与鲜活的研究密不可分，文本激发问题而不是强加解决方案。这些文本中隐藏着完整的学问，只有那些懂得如何摩擦的人可以接近。

1　圣洁诫令（traité Menahot）是《密西拿》六个诫令中的第五个。它包括11篇论文，其主要目的是讲如何在耶路撒冷圣殿进行礼拜。译者注。
2　伊曼纽尔·列维纳斯：《超越经文》（*L'Au-delà du verset*），午夜出版社，1982年，第29页。
3　安息日（traité Chabbat，88a和88b）见《〈塔木德〉四讲》，第67页。

革命和咖啡馆

会议的主题往往与时事相关。1969年主题是"犹太教与革命"，列维纳斯在开幕之初就说，他害怕在场的人中有更好的《塔木德》的专家。除此之外，在那一年，他不得不担心犹太教的"抗议者"。

但他笑着补充道："很明显，这不是同一群人，他们内部有很多矛盾。"哲学家从巴巴·梅茨亚篇[1]中选择了一段话。《密西拿》记载道，雇主应该遵守当地惯例，不应强迫雇员提早开工，而延时下工。《革马拉》提出了这个问题，即雇员上下班所需时间的问题。我们根据《诗篇》中的一段经文可以回答：上班路上的时间算在雇主头上，但下工的时间要算在雇员自己头上。

列维纳斯继续往下讲，差不多位于同一段话。这是拉比艾来扎·巴·扎多克，也就是拉比西蒙（Shimon），和一位负责逮捕小偷的官员的对话。"来吧，"拉比艾来扎说，"我会教你怎么做，四点左右去旅馆，如果您看到一个酒鬼正拿着杯子打瞌睡，那么调查他。如果他是学者，他就是早起准备去学习。如果是日间工，那么他是很早去上班。如果是夜班工人，那么他很可能刚刚完成缝衣针制造的活计。如果他这些身份都不是，那么他就是小偷，您可以阻止他。"

在咖啡馆这个主题上，哲学家同样写出了一页雄辩的、令人惊讶的论述，咖啡馆被描述为"一间开放式住宅，与街道处在同一层，是一个简易社交的地方，人们相互之间没有

---

1 对《塔木德》和《革马拉》的注释。巴巴·梅茨亚（Baba Metsia，83a-83b），在《〈塔木德〉新五讲》，第11页。

责任。人们去那里不是出于必要。人们坐下休息并不因为疲劳，他们喝咖啡，也并不是要解渴……对于一个'非社会'（non-société），对于一个没有团结，也没有共同利益的社会，一个游戏的社会来说，咖啡馆不是一个地方（un lieu），而是一个'非地方'（non-lieu）。咖啡馆，是一家游戏厅，是游戏进入生活并化解生活的起点。这是一个没有昨天，没有明天，没有责任，没有认真，消遣的、解构的社会"。

整整一页的内容，是终极的谴责，是他对1968年"五月风暴"的回应吗？是发现拉丁区已经注定要成为罪犯尸体示众场？还是他考虑到了战后的萨特和圣日耳曼德佩区的存在主义帮派？

关键是，这不是他的世界，这里没有他的位置，这不是他喜欢的类型。我们从未见过他坐在咖啡馆的露台上。他已经在师范学校见过太多在那里浪费时间的人。无论什么情况，这种指控都不会终止："我不在咖啡馆的角落打仗，也从未听过巴黎咖啡馆的老板们对我提出禁令。但是咖啡馆只是生活形式的一种实现，它在一种本体论的范畴中发展，而拉比艾来扎·巴·扎多克，即拉比西蒙，在他那个时代的原始旅馆里谈论的，正是这种范畴。这种范畴，在西方是根本性的，或许在东方也是，但却被犹太人拒斥。"

即使作为本体论类别，它的特征也显得很奇怪。越来越多的《圣经》场景，尤其是几个族长的浪漫遭遇，都以泉水为背景。毫无疑问，泉水旁比小咖啡馆中更具诗意，不会显得游手好闲，更不会散布旅馆中可能发生的罪恶，尽管……

顺便提一句，在同一次会议上，伊曼纽尔·列维纳斯读了一封匿名信，他特意隐去了写信人的名字——但每个人都能识别出那是莫里斯·布朗肖——仅指出后者在文学界有举足轻重的地位，并且也曾参与过 5 月 6 日的运动。这位享有盛誉的书信作者坦言自己与一些左翼小团体保持着距离，因为他们对以色列表现出敌意，并希望他的朋友知道这一点。

战　争

1975 年 11 月，在赎罪日流血事件[1]过去两年之后，会议的主题是："面对战争"。

列维纳斯选择评论不与主题直接相关的文本，取自《巴巴卡玛篇》[2]中与火灾有关的教条。文本具有特殊性：它涉及哈拉卡，一条法律，一条诫命，以及教导行为的戒律。但是，哈拉卡很快就会变成阿加达[3]（Agada），这是一个将诫命体系化的过程，列维纳斯认为这个过程是"在《塔木德》思想中，表现出了哲学性，这种哲学性，正是正统的犹太教所要表现的"。像往常一样，他在括号中补充自己遗漏的要点。他补充说："对我来说，哲学衍生于宗教。哲学常常被宗教称为衍生物，并且它确实可能是'宗教的衍生物'。"——这种思想经常以各种形式出现在他的哲学中，这种哲学只能将我们带到它无法进入其中的神秘主义的门前。

1　指 1973 年 10 月 6 日，埃及和叙利亚军队对以色列发动的突袭。译者注。
2　《巴巴卡玛篇》（*Baba Kama*）是《密西拿》和《塔木德》教条诫令的第一篇论文。它构成了教条诫令的第一部分，涵盖了侵权责任和赔偿的各个方面。巴巴卡玛（60a-60b），在《〈塔木德〉新五讲》，第 149 页。
3　指在《塔木德》中，不属于哈拉卡（Halacha）的其他事物，因此是不具有约束力的（例如，传奇故事、占星术）。译者注。

"《革马拉》解释说：'拉夫·阿西[1]和拉夫·阿弥（Rav Ami）坐在拉比叶扎克（Rabbi Ytzhak）面前，这位拉比是个铁匠。一个问他哈拉卡，另一个则问他阿加达。当他开始阅读哈拉卡时，拉夫·阿弥会阻止他。当他开始阅读阿加达时，拉夫·阿西又阻止了他。所以他对他们说：'我给你们讲一个寓言故事。有个人，他有两个妻子，一个年轻的和一个年老的。年轻的那个扯掉了他的白头发，年老的那个扯掉了他的黑发，以至于他两种头发都失去了，变成了一个秃子。'"

列维纳斯觉得这个寓言很好笑。"我知道秃头不是退化，只是头顶上光秃秃的。"他带着幽默感说。这种幽默感，他只保留在这些研讨会中，在他关于《塔木德》的著作中，却无处可寻——他并没有将它贯彻到底。也就是说，他在传统与现代之间的态度是矛盾的。这种矛盾冲突也存在于那些想要铆紧法律（即使法律已经失去了色彩）的人，和那些崇尚创新（即使创新会导致价值漂移）的人之间。列维纳斯说："这种年轻人和老年人的划分做法，这种革命者和传统主义者的区分，是必须要受到谴责的。既要反对崇拜传统又要反对崇拜现代。在这两种情况中，灵魂都失去了主权。"

在他的每次发言中，他都痛苦地想起自己开始学习《塔木德》的时间比较晚，是在一位大师的强烈影响下才开始的。他只是一个业余爱好者，一个"星期天的《塔木德》学者"。他不时地向其他人致敬，尤其是向舒沙尼先生。在其他时候，他也会谈到内森博士的在场让人放心。

有时他会射出几根箭，朝向"年轻人"（灿烂，辉煌）、

1　拉夫·阿西（Rav Assi）或阿西，是第一代阿莫拉学者。阿莫拉，即犹太教律法学者，《塔木德》的编集者。译者注。

巴黎（总是引领时尚潮流）、"巴黎知识分子"（某种烦恼的标志）、《世界报》（意见），但箭矢的尖锐性总是因其幽默的特点而淡化。

有时他会攻击那些怀疑者、嘲笑者和那些"我们没必要和他们对话"的人。在这种情况下，弗拉基米尔·拉比诺维奇[1]经常发现自己会被训斥，成为提出反对声音的人，但同时又是这些研讨会必不可少的对话者。

作为地方法官和文学评论家，业余滑雪者，这位拉比亲切而且风采出众，一出场就能引起会议的震动。他的首要目标是安德烈·内尔，对他而言，此人象征着东正教派。但他尊重列维纳斯，尽力不正面攻击他，但是他乐于使用嘲讽，他的愤怒是少有的并且非常可怕。此外，最近几年，他不再留情，在犹太社群中狠狠谴责内森主义者、阿什肯纳兹主义者、维萨主义者，甚至列维纳斯主义者……

因此，列维纳斯不可避免地会与拉比有一些非常生动的交流。列维纳斯喜欢他。这个风度翩翩的异议者刺激着他。一旦他责备某个人话语非常"晦涩"，对文本的起源比对文本的解释更感兴趣时，他说的一定是拉比。或者委婉一点说，后者象征着这样的思想流派。列维纳斯有别的选择。他本可以选择阿尔伯特·梅米[2]或罗伯特·米兹拉希[3]那样的人作为研讨会中的对话对象。但他没有，总是拉比，充当着持怀疑或敌对态度的对话者，或者是必须说服的友好的审查员。

---

1 弗拉基米尔·拉比诺维奇（Vladimir Rabinovich, 1906—1981），祖籍立陶宛，法国地方法官和作家。译者注。
2 阿尔伯特·梅米（Albert Memmi, 1920—2020），突尼斯作家和散文学家，于 1973 年获得法国国籍。译者注。
3 罗伯特·米兹拉希（Robert Mizrahi, 1926— ），法国哲学家，斯宾诺莎专家。译者注。

至于会议主题的选择，通常是由筹备委员会决定，但通常列维纳斯的建议会被采纳，就像柏林墙倒塌的第二天，那天也是他最后一次在委员会露面。克劳德·里夫林（Claude Riveline）回忆说："进步的想法受到了不可弥补的损害。他有一个很好的说法：'我们有一个时钟，它刚刚坏了。时间失去了它的方向 / 时代失去了它的东方[1]。'他还说：'现在是几点了？'这些是他喜欢的说法。最终我们选择了主题：迷失的时间。"

列维纳斯参加了最后一次会议——那是在 1989 年，主题是"记忆与历史"。他把自己演讲的一半献给了持不同政见的作家瓦西里·格罗斯曼[2]，他是不朽的著作《生活与命运》（*Vie et Destin*）的作者。列维纳斯是在生命的最后时期才发现这本书的，他阅读了俄语原文，这本书给他留下了深刻的印象，并在此刻变得非常重要。

让·哈尔佩林说："正是在这些会议上，他最好地表达了自己的犹太教思想。这也是他让自己被理解的最好的地方。在不同的背景下出现了几篇不同的文章，他们都试图将列维纳斯定义为犹太思想家。但是，他不太喜欢这个标签，他不想把自己局限于一个宗教思想家。他渴望被人当作或者视为思想家，仅此而已。但是这并不能阻止他的思想实际上常常被视为犹太思想，因为他完全受到犹太教教育，受到 Ahavat Israël（爱邻人）和他一直拥有的犹太知识的启发。而且，当您打开《总体与无限》《别于存在》或《他人的人道主义》

---

1 temp 既有时间之意，又有时代之意。Orient 既可以指方向，又可以指东方。译者注。
2 瓦西里·谢苗诺维奇·格罗斯曼（Vasily Semionovich Grossman，1905—1964），苏联作家。译者注。

（*Humanisme de l'autre Homme*）时，您会发现有些篇章或段落没有参考文献或没有脚注，但在阅读它们时，您会发现它们实质上是一些基本的犹太思想，由列维纳斯在他的哲学著作中呈现了出来。"

一次会面

那是一个星期天。拉比阿丁·斯坦萨兹（Adin Steinsaltz）在巴黎，为了出版他的一本书。我有个主意，把他引荐给伊曼纽尔·列维纳斯。这个主意听起来令人惊讶。这两个人彼此不认识，但他们都阅读过彼此的书，相互欣赏，只是从来没有见过面。

采访是在我家里进行的，我给两人上了茶，还提供了一些精心挑选的点心，这是我在罗西（Rosiers）街上的一家糕点店买的。两人之间的气氛有点冷。斯坦萨兹在吸烟斗，并用眼角的余光窥视他的对话者。列维纳斯则彬彬有礼，专心致志，小心地在希伯来语《圣经》中选择他要说的话。他们可以谈什么呢，两个《塔木德》大师，直到星期天下午才在一个巴黎人的公寓里第一次见面？他们会选择谈论哪些话题呢？我们或许可以猜到，是那一周所要讲授的《塔木德》的片段。

斯坦萨兹言辞辛辣，是个破坏分子，这就是他的性格，此刻他沉迷于自己最喜欢的活动——悖论中。"勇于探索《塔木德》片段的人，是知识分子！"他断言似的说道，并用人的"美丽的灵魂"来举例说明，但这些并没有引起哲学家的热情。他只是面带有趣的微笑。这是相互观察的阶段。显然，我的两个客人在互相试探。

"您不吃蛋糕吗？"我鼓起勇气说，并把头转向斯坦萨兹，补充道，"您知道，我是在离您酒店不远的一家糕点店里买的，在那里我们认识了您，这些是专门为您准备的！"他回答道："我正要吃。我觉得让您感到难堪比吃不洁的食物罪过更大。"很长时间以来，我都牢记着这个漂亮的回复，这是一堂如何与有信仰的人打交道的人情世故课，那些追求时髦的年轻人应该将它作为范例思考一下。这里只是顺便一提。

斯坦萨兹开始谈论自己，谈论他的知识，他的数学研究，特别是对希尔伯特[1]的研究。"希尔伯特认为应用数学与纯数学之间存在区别，那是两个彼此无关的世界。"列维纳斯回应道："这是一个可以捍卫的立场。胡塞尔也是如此认为。"

谈话又转向舒沙尼，这位神秘人物是列维纳斯的导师，是他将列维纳斯带入《塔木德》的研究中，同时也让他开始研究数学。斯坦萨兹说，他在童年时代就对此人有所了解。（"我可以猜到，"列维纳斯喊道，"我知道那间公司。"）斯坦萨兹在以色列曾经见过他，舒沙尼在20世纪50年代回去过，并且和斯坦萨兹的父亲有过一场长时间的会面。"很长时间以来，我都认为导致舒沙尼很神秘的原因是二战中对犹太人的大屠杀。但我父亲向我解释说，与这件事无关。战前他就认识他。"

提到了他的导师，这让列维纳斯恢复了生气。他开始说这件奇怪的事情：直到公元4世纪，拉夫·阿奇[2]出现，人们才开始整理和撰写《塔木德》，在此之前，人们仅仅将整个《萨斯》（Le Shass）——《塔木德》的三十六篇论文——

---

1 戴维·希尔伯特（David Hilbert，1862—1943），德国数学家。
2 拉夫·阿奇（Rav Achi，352—427），最著名的阿莫拉之一。译者注。

存储在他们的大脑中，完全只存储在他们的头脑中。只依靠记忆形成的独特知识海洋，已有好几个世纪的历史了。最终才决定记录下来。后来由拉希的注释阐释清楚，又被翻译成希伯来语，并由那个站在我们面前叼着烟斗的男人评论。

斯坦萨兹说："在大学中，我们坚持像呈现新事物那样呈现一些旧事物。我尝试在我的评论中说一些新东西，同时尽力使它们以旧事物的面貌呈现出来。"

列维纳斯说："大学有不同的年级。在某些年级，确实像你说的那样。"

斯坦萨兹刚结束了一趟去美国的旅行。"这的确很累。我不得不上十三堂课。每堂课都不同！"

列维纳斯说："我认为在那里也能见到舒沙尼的痕迹！"

我记得那天下午有朋友打电话过来，他说："我留你一个人在这里，你在两座高山之间。"他这种说法是《塔木德》式的。在关于智慧和聪颖的教育中，可以将《塔木德》学者们区分为巴基（Baki）——"仅仅了解的人"，哈里夫（Harif）——"思维敏锐的人"等。在分类的顶部，是欧克·哈瑞姆（Oker harim），即"推动高山的人"。

当我再回到客厅时，我的两位嘉宾开始了一次关于语法、美德及其变体等的非常列维纳斯式的交流。法语中您和你称谓的语言游戏，英语中的你字所表现出的距离感，德语中对应法语"他"这个称谓的人称代词所表现出来的仪式感，还讨论了希伯来语。

斯坦萨兹有点讽刺地说："法国人热爱说话，有大量的表达！"列维纳斯则说："请原谅我说话像一个被同化者那样，但是法语有一种奇妙的感觉，一种特别的优雅。"

斯坦萨兹说："我曾经写过一篇文章，是关于犹太人在他们居住的每个国家中恢复其民族文化精髓的。这并不是使每个人看起来要像这样或那样，而是必须在他们每个人的身上汇集整个民族的精神。"列维纳斯听完脸上闪着光："是的，那是笛卡尔和帕斯卡尔！"

在这次会面中，毫无疑问谈到了法语版的《塔木德》。这项工程尚未开始。但是这两个人却提到了一些翻译问题——"斯坦萨兹体"在美国出版并大获成功。

《塔木德》的翻译？我们所有人都应该非常感激那个对《塔木德》在法国的复兴做出重大贡献的人。怎么可能对斯坦萨兹的做法无动于衷？"伟大的作品，"他补充说，"翻译《塔木德》的难处是如何在明晰中保持它的不透明性，要知道明晰性永远不能驱散围绕着它的迷雾。"

那个拿着烟斗的男人点了点头，正在想着也许有一天人们会在纸上批判他。

第二部
面孔

Visages

一 摆渡者与流星

　　面孔，专有名称和启发性的人物。伊曼纽尔·列维纳斯的命运也将在会议、对话和辩论的过程中确定。在这个当时没有职业的、处在大学体系边缘的哲学家身边，两个自由而神秘的人物起着决定性的作用，尽管他们的贡献并不相同。形而上学家让·瓦尔[1]和《塔木德》学者莫德沙伊·舒沙尼（Mordechaï Chouchani），分别以自己的方式，不同程度地启发了哲学家和他的作品，以至于即使以一种谦虚的方式，他也会毫不犹豫地强调自己受益于他们。在某种程度上，与这两个人的深厚友情，影响了这一时期伊曼纽尔·列维纳斯的思想。

　　1947年，在《从存在到存在者》出版时，让·瓦尔曾邀请列维纳斯到哲学学院进行了一系列的演讲。此时已经是战后，列维纳斯也已经出任东方以色列师范学校校长。他实际上已经放弃了学术生涯。婚后，他的女儿西蒙娜于1935年出生，所以他不得不设法谋生。最重要的是，曾在索邦大学呼风唤雨的莱昂·布伦什维格，列维纳斯本人也上过一阵子他的课，他劝列维纳斯打消通过会考的念头。莫里斯·德·甘

1　让·安德烈·瓦尔（Jean André Wahl, 1888—1974），法国哲学家，索邦大学教授，主要研究领域为哲学史。译者注。

让·瓦尔，慈爱的大师　　　　　　　舒沙尼先生，知识的冒险者

迪亚克，他在达沃斯的同伴，甚至这样对年轻的哲学家说："您有口音，这将让您永远无法通过会考中的口试。"因此他就退出了那些考试。尽管如此，列维纳斯还是继续在哲学期刊上发表文章。他经常参加加布里埃尔·马塞尔举办的晚会和研讨会，《形而上学》杂志的作者们每周五都要在后者的家里碰面。这位信仰基督教的哲学家在戏剧和绘画中轮流尝试，然后表现出一种不同于萨特的与信仰有关的存在主义。这有点类似马丁·布伯，他发明了一种关系哲学，尤其是相互关系，对此列维纳斯不会无动于衷。这位东方以色列师范学校的年轻校长在图尔农（Tournon）路的年长大师的沙龙中找到了一个绝好的反抗传统的环境，远离了大学的沉闷，并倾向于一种自由主义的哲学立场。

列维纳斯还上了亚历山大·科耶夫（Alexandre Kojève）在高等实验学校的课程。科耶夫在法国受到了与在俄国截然不同的待遇。这位俄国思想家在访问德国后被法国接受，并风靡整个巴黎。他设置了重读黑格尔的课程，由雷蒙·格诺[1]担任主编，并吸引了诸如萨特、凯洛斯[2]、巴塔耶和拉康等众多人士。他从马克思和海德格尔开始，讲述了主奴辩证法所产生的无数种变体，这影响了几代学生；他的研讨会，对很多人来说都是一件大事。在科耶夫的研讨会上，列维纳斯向大家展示了他如何在达沃斯论坛举办后的几年里，随时了解哲学世界正在发生的事情，那就是通过与同时代的人接触来构建自己的思想。

最后，列维纳斯参加了法国哲学学会[3]的工作，在那里经常见到让·瓦尔。这两个男人彼此非常不同，不属于同一代人，但却建立了牢固的友谊。

耶稣会神父泽维尔·蒂利埃特[4]，任教于巴黎天主教大学和罗马的格列高利大学，他在让·瓦尔的指导下为自己所写的关于谢林的论文辩护。泽维尔既认识列维纳斯，也认识让·瓦尔。他描绘了前任导师略带讽刺并饶有趣味的肖像，“他围着围巾，长长的外套拖到脚上，戴着一顶凹凸不平的帽子，脸像猫头鹰。他看起来像个流浪汉”。在那座列维纳斯去过几次的哲学学院中，我们也可以看到瓦尔面对着一摞纸弯下腰，飞速地问几个简短的问题，就像黄蜂射出蜂刺似的，不等旁人回答，便喃喃自语道：“是的，是的！”……

---

1 雷蒙·格诺（Raymond Queneau，1903—1976），法国诗人、小说家。译者注。

2 罗杰·凯洛斯（Roger Caillois，1913—1978），法国作家、哲学家。译者注。

3 法国哲学学会（société française de philosophie）是由泽维尔·利昂和安德烈·拉朗德于1901年建立的知识分子协会。译者注。

4 泽维尔·蒂利埃特（Xavier Tilliette，1921—2018），法国哲学家、神学家。译者注。

诗人—形而上学家

瓦尔的脾气有点古怪，他是哲学家、哲学史学家和业余诗人，在法国的大学中占有一席之地。在存在主义运动中，由于具有艺术家的气质，他略有点离经叛道，经常参加超现实主义的展览，并用法语和英语写诗。他把克尔凯郭尔引入法国，讲过几节关于海德格尔的课，并继布伦什维格之后，在索邦大学担任形而上学和通识哲学的教授。

蒂利埃特说："瓦尔与列维纳斯之间的友谊伴随着年龄差异，因为两人相差十七岁。但他们之间仍然平等。我想说，这种感情非常动人。"列维纳斯经常去瓦尔家里。蒂利埃特甚至记得有段时间列维纳斯在教瓦尔希伯来语。"瓦尔夫人一定希望她的丈夫能信奉某种宗教。如果他不想当天主教徒或新教徒，那就由他去了，他可以当个真诚的犹太教信徒。她希望他学习希伯来语。但那没奏效。让·瓦尔很倔强。"他学习过多种语言，能用希腊文阅读索福克勒斯和埃斯库罗斯的悲剧，能用流利的英语和德语读写，但他对学习《圣经》的语言有些反感。

再没有什么能比让·瓦尔在战争中的行动更好地表现他的离经叛道，他的反叛精神。那真是史诗般的。他表现得粗鲁而大胆。起初，他拒绝佩戴黄星[1]。他被官方"要求退休"，实际上就是被开除出了大学。但他仍然以自己的方式继续任教，将年轻人聚集在美术街旅馆的房间内研读文本，包括海

---

[1] 黄星（l'étoile jaune），又名犹太星，是在纳粹德国统治期间，欧洲国家内的犹太人被逼戴上的识别标记。译者注。

德格尔的文本。

然后，在 1940 年 7 月，一个美好的早晨，他去见了盖世太保，这就相当于把自己扔入了狼口。他在那里被迫等待，这激怒了他，于是他闯入办公室，以挑衅的姿态把一摞书扔在桌上，这让他当场被捕并被转移到德朗西（Drancy）。他在那里待了几个星期。

根据他在索邦大学的同事甘迪亚克的说法，瓦尔能重获自由，多亏了某位名叫吉莱（Gillet）的前哲学教授的干预，当时，此人已经进入贝当元帅的政府一段时间了。瓦尔以前的学生，也是这次干预的发起人皮埃尔·布唐[1]将他安置在摩洛哥，随后帮助他前往美国。

1941 年秋天，蒂利埃特讲述了瓦尔从德朗西获释的这段插曲，这是他从扬科列维奇那里听到的。大家并非毫无困难地将瓦尔从囚禁中解救出来。他准备即刻前往美国。他的朋友们围着他，为他庆贺。其中的一位动情地说："教授，你该是多么满足啊！"而他波澜不惊地简短答道："够了，是的！"

战争结束后，瓦尔从美国返回，他已经结婚，并育有三个女儿和一个儿子。正是在这个时候，他创立了一个机构，据说是继承了由哲学史学家和中世纪神秘主义历史学家玛丽-马德琳·戴维[2]在战前所创建的社团。这个机构在拉丁区举行会议，吸收会员，就在库亚斯（Cujas）街，索邦的对面。

---

1 皮埃尔·布唐（Pierre Boutang，1916—1998），法国哲学家、诗人和翻译家，也是一位记者。译者注。
2 玛丽-马德琳·戴维（Marie-Madeleine Davy，1903—1998），法国历史学家、哲学家。译者注。

在哲学院

瓦尔找到了一个新名目来承载这些会议，那就是创立哲学学院。哲学学院，这个词同时也代表一个地方，一间面朝圣日耳曼德佩教堂的出租房。他的想法是要创建一个可供哲学家、作家和艺术家聚会的有活力的论坛。论坛的形式也没什么新奇之处，就是由一位演讲者向听众讲话。让·瓦尔出席会议，不过是以他自己的方式。在这里没有什么传统，只关注细节，从一种观点转到另一种观点，混合各个流派……每周举行一次，持续两个小时。米歇尔·布托尔[1]负责在入口处收取入场费。开始的那几年，我们能看到那里大排长龙，加布里埃尔·马塞尔、让-保罗·萨特、亚历山大·科瓦雷、弗朗西斯·詹森[2]、弗拉基米尔·扬科列维奇、雅克·拉康……有时那里没人或观众稀少。其他时候，例如萨特在1946年做《存在主义是一种人道主义》的报告时，房间里挤满了人。

列维纳斯应邀在那里举办了四次研讨会，这促使了《时间与他者》[3]的出版。他在开始时说："举办这些研讨会的目的是为了证明时间不是一个孤立而单独的主体的行为，而是

1　米歇尔·布托尔（Michel Butor，1926—2016），法国当代作家。译者注。
2　弗朗西斯·詹森（Francis Jeanson，1922—2009），法国政治活动家。译者注。
3　四场讲座中的两场首先出现在《选择，世界，存在》（Le choix, le monde, l'existence）中，由让·瓦尔出版（格勒诺布尔，巴黎，Arthaud出版社，1947年，第125—129页），同时收录了让娜·赫施（Jeanne Hersch）、阿尔方索·德·瓦尔亨斯（Alphonse de Waelhens）和让·瓦尔本人的作品。随后，出现在《时间与他者》的序言中。

处在主体与他者的关系中。"[1]

蒂利埃特是这些会议的忠实信徒之一,他回忆道: "列维纳斯只是个名字。实际上,我们并没有想到他将会写出一些这么重要的书,成为法国哲学的荣耀之一。他曾经写过一本与胡塞尔的直觉有关的书,非常法国化,非常清晰,与他后来采用的书写方式截然不同。在《别于存在》一书中,他的风格变得矫揉造作。如果您愿意的话,可以说,他已悄然成为一位处于边缘的法国哲学家,这是因为他不属于学术体系。但无论如何,他就像布莱斯·帕拉因[2]或莫里斯·布朗肖一样。"

但是,我们可以料想,这种大学职业生涯的匮乏恰恰使成熟期的列维纳斯处于一种高度孤独的状态,因此,不仅他的思想,还有他的语言,都被迫求新求变。这种创新,一方面是因为个人经历,另一方面是因为自身哲学思想的变化。

最初的这些会议没有给蒂利埃特留下难忘的回忆。"他曾努着嘴,说话含混不清,但他设法吸引住了听众。总的来说,他并不是一个出色的老师,除了最后的时候,尤其是在一堂关于死亡的课上,这堂课还是我朋友通知我去上的。在这些研讨会上,我们的目光都停留在他的嘴唇上,他有一些说法说到了点子上,但我们却很难掌握。他的语言很有趣,但是是一种人造的语言,有点像神话般炫目,后面跟着俄文、德文和希伯来文。这是一种有点累人的矫揉造作,伴有令人震撼的声调。他的写作方式也足够独特,自成一派。简而言之,

---

1 《时间与他者》(*Le Temps et l'Autre*),Fata Morgana 出版社,1979 年,第 17 页。

2 布莱斯·帕拉因(Brice Parain,1897—1971),法国哲学家、散文家。译者注。

这是一种艺术家式的写作方法。但我想，在他一生中，他所创造的这种写作方式——完全不像布朗肖，布朗肖是以另一种方式写作的——非常有趣。这是他哲学的一部分。"

从论文到告别

瓦尔使哲学学院活跃了近二十年，但直到60年代初，我们才在那儿看到列维纳斯。

1947年以后，随着对文献的研究不断深入，围绕着后来被公认为大师的舒沙尼，列维纳斯在研究《塔木德》和系统阅读黑格尔时，都被犹太教思想所主导。他不再写作，或者很少写作。这是《总体与无限》成熟的年份，这是一本伟大的书，雅克·罗兰认为可以在《从存在到存在者》《时间与他者》中找到其雏形。

但是瓦尔再次找到列维纳斯，让他去为自己的论文答辩。这件事发生在1961年的索邦大学。他的论文和那个时代占主导的社会学和马克思主义的作品存在着距离。更进一步说，那是一种未知领域自发展开自身的过程。瓦尔说："我们要去评判一篇论文，然后再写一些关于这篇论文的其他论文。"蒂利埃特说："这证明了瓦尔良好的判断力，他没有错。"哲学家安德烈·雅各布曾是列维纳斯在奥特伊街的邻居，同时也是他在南特时的同事。雅各布也参加了这次答辩。雅各布还记得其中一句评语："这不只是一本书，而且是一部杰作！"

《总体与无限》一书，正是献给让·瓦尔夫妇的。该书于1963年问世，受到了一位名叫让·拉克鲁瓦的作家的赞扬。

列维纳斯在索邦大学的课堂上

他特意在自己的《世界报》专栏中撰写了一篇充满着溢美之辞的长文。拉克鲁瓦着重写道："人们在阅读这部作品时所产生的奇异和不自在的印象，实际上是一种油然而生的钦佩。毫无疑问，这源于它既有现代性又有传统性的品格。宗教思潮作为一种灵感充溢全篇，但这种思潮又从未被揭露出来。笛卡尔和康德式沉思的核心被抓住了，并被转化为存在的术语。存在之光有时会沦为铿锵而空洞的话，但由于被'人'和'超越'的双重热情赋予活力而一直存在。这种哲学有一种风格，如果有风格指的是内容和形式的完美匹配的话。"[1]

十年后，在《别于存在》出版时，拉克鲁瓦重新拿起了笔。他以同样的确定性来对待和一种新型话语的相遇。

---

1 让·拉克鲁瓦（Jean Lacroix）：《他者与分离》（*Autrui et la séparation*），《世界报》，1961年1月19日。

因此，瓦尔是发现者、激发者、摆渡者。他被描述为一个很容易爱上别人，同样又可以轻易抛弃所爱之人的人。有一天，他说："我不知道自己现在是否能对加布里埃尔·马塞尔和颜悦色。"——这位无法归类的哲学家恰恰是列维纳斯的对跖者，但他后来却为此人辩护。甘迪亚克说得好："列维纳斯或许会思念瓦尔，但我不知道瓦尔是否会思念列维纳斯。"任何这样的联系，都不会忽略双方的交互性。出于对年长大师的感情，年轻的哲学家总是带着感激来谈论他，并在追悼会上将自己的风格发挥到了极致。瓦尔的葬礼是在 1974 年。这个人听凭自己丧命，拒绝进行白内障手术，并且在生命的最后几年，一直将自己关在房间里，穿着长外套和睡衣。他曾希望有一名牧师或拉比来主持自己的葬礼。但并没有拉比，而是伊曼纽尔·列维纳斯在他的墓前发表了讲话。

二十年后，极度衰弱的列维纳斯夫妇又在一次追悼会上表达了对这位已故的哲学家的敬意。这次的追悼会是在瓦尔的女儿比阿特丽斯家举办的。

流浪汉与先知

从瓦尔到舒沙尼，从哲学家到《塔木德》学者，他们俩互相不认识，但我总被这两个在伊曼纽尔·列维纳斯的人生中留下烙印的摆渡者的某种外表的相似性所打动。他们都有着蓬松的头发，打着歪歪斜斜的领带，戴着皱巴巴的帽子，等等。但是否还有其他我们不知道的相似之处？这两个人虽然属于两个世界，却明显地属于同一个时期，并相互碰撞。

当有人试图让列维纳斯谈论舒沙尼时，他从不啰唆。战争结束后，列维纳斯通过内森博士认识了舒沙尼，在自己家里接待他，并在东方以色列师范学校为他拨出了一个房间，就在他自己房间的正上方。他本人则在近三年的时间里，在夜晚跟随舒沙尼学习。

我们对这个人的生平了解不多。我们不知道他的名字——舒沙尼不是他的真名；不知道他的籍贯，他出生的地方，长大的地方；也不知道他在哪里接受过教育。我们所知道的关于他的一切，都是碰到过他或者仅仅和他在路上偶遇过的人的证词。他是一个有着非凡记忆天赋的人，知识渊博，不仅在犹太教和犹太资料领域，而且在数学、物理学、哲学、语言、艺术等方面也同样如此。他一生都活得像个流浪汉，没有固定的住所，总是从一个城市流浪到另一个城市。他从纽约流浪到了斯特拉斯堡，再从斯特拉斯堡到巴黎，然后又从耶路撒冷到了乌拉圭的蒙得维的亚。他以匿名的状态去世，墓志铭是这样的："他的出生和生活都和神秘密不可分地缠绕在一起。"

他到处走，围绕着他的总是一些学生组成的小团体，他教授他们《圣经》或《塔木德》课程来换取自己的食宿，有时会得到一笔钱。在世界的各个角落，他都有信徒——包括作家和诺贝尔和平奖获得者艾利·魏瑟尔[1]——到处都有人保留着关于他的无与伦比的博学和教学的记忆。

这个人到底是谁呢？他的一生活得像流星一样，所有弟子四散在世界的各个角落，而他今天仍然像一位犹太的皮

---

1 艾利·魏瑟尔（Elie Wiesel，1928—2016），作家、教师，诺贝尔和平奖得主，大屠杀的幸存者。作品《夜》描述他和家人在纳粹集中营的遭遇，影响力和《安妮日记》齐名。译者注。

科·德拉·米兰多拉[1]。

　　我不久前曾经尝试过以最微不足道的方式来调查舒沙尼的奥秘，关于他的存在、籍贯，甚至名字。萨缪尔·魏格达，这位犹太哲学家责备我，因为我在书中过多地关注了这个人的谜团，而不是他的教诲，我的调查更多地关注问题而不是答案。[2]是的，我承认这是真的。我唯一的悲伤就是想到这本书将要出版了[3]。因为我一直期望会有一些其他的证据，但我失望了。什么也没等来，没有任何新的证据可以改变我们对这位非凡的异族大师的看法。我收到了数百封信，来自法国、比利时、乌拉圭、以色列、希腊，甚至日本，但只是重复着我早听过上千遍的事情，有些甚至加剧了难题。有个人给我发了一封长长的电子邮件，向我讲述了他1942年在泰拉松地区与舒沙尼见面的事情：舒沙尼居然对发生在欧洲的事情了如指掌，他们进行了一场关于艺术的漫长且激情澎湃的对话。另一名20岁的女孩告诉我，在亨利·米勒的丛书中，有一页画着一个酷似舒沙尼的人。我急忙去查看，却发现自己处在新的错误道路上。那些电影制片人对人物角色很感兴趣，有些专家建议我分析笔迹。许多记者建议我改变调查方向，另辟蹊径，向我的对话者提一些其他问题。

1　乔瓦尼·皮科（Giovanni Pico，1463—1494），也称皮科·德拉·米兰多拉，意大利文艺复兴时期哲学家。译者注。
2　萨缪尔·魏格达：《〈塔木德〉的一个现象学视角：列维纳斯作为〈塔木德〉的阅读者》（*A Phenomenological Outlook on the Talmud, Levinas as a Reader of the Talmud*），《现象学质询》（*Phenomenological Inquiry*），第24卷，2000年10月，在世界高级现象学研究和学习中心主任安娜-特蕾莎·蒂米妮卡（Anna-Teresa Tyminiecka）的支持下发表，Belmont出版社，马萨诸塞州，第117页。（萨缪尔·魏格达 [Shmuel Wygoda，1953—]，哲学家。译者注。）
3　让-克劳德（Jean-Claude）：《舒沙尼先生》（*Monsieur Chouchani*），Lattès出版社，1994年。

在以色列，约拉姆·布鲁诺夫斯基（Yoram Brunovski）曾在《国土报》[1]上发表过一篇长篇书评，产生了一定的影响。阿夫拉罕·奥伦（Avraham Oren），斯特拉斯堡人，现居斯德·埃利亚侯[2]，在自己的专栏中记下了关于这个基布兹[3]的回忆。他写道："在我们这个集体社区中，很少有人会记得曾在一个炎热的夏季来到这里的那个脾气古怪的人。在那个特别困难的时期（20世纪50年代），基布兹的秘书很细心地为他找到了一个收容处。他坐在其中一个营房里，浑身是汗，给一小群听众讲解《妥拉》。我们成功地说服了他，让他向更多人讲课，这就是他在文化中心的那几个晚上所做的事情，他当时用的是手抄本的《玛拉基书》。他的生活方式很奇怪。他非常在意自己的饮食，对听众异常严厉。但对于那些勇攀高峰之人来说，这却是一次难忘的经历。这个人精通《圣经》，两个版本的《塔木德》，《米德拉什书》，《光明篇》，迈蒙尼德的著作……

"他和我们一起阅读关于《塔木德》的论文，无论是什么，并且在每一页的页眉上校正我们对拉希或托萨菲斯特[4]们这样或那样的评论。这样过了一段时间后，这个男人忽然失踪了，就像他来的时候那样突然。他仍然能够在其他地区创建学习的团体，比如在萨阿德或者比洛·叶扎克[5]。有人想要

1　《国土报》（*Haaretz*）是以色列的主要报纸之一，持左派政治观点，与以色列工党立场相近。报社位于以色列特拉维夫，于1919年创刊。译者注。

2　斯德·埃利亚侯（Sdé Eliahou），以色列北部的一个宗教集体庄园。译者注。

3　基布兹（kibboutz），以色列的合作居留地，尤指合作农场。译者注。

4　托萨菲斯特（Tossafiste），专职从事研究和注释《塔木德》的犹太教拉比。译者注。

5　比洛·叶扎克（Beerot Ytzhak），以色列中部的一个宗教集体庄园。译者注。

把他安顿到国家教育中心的高级职位上，但在那里，和在其他地方一样，他拒绝安定下来，仍然继续在各大洲间流浪。

"直到他去世，没有人能够确切地知道这个舒沙尼是谁。我还记得，在第二次世界大战之前，他在法国的斯特拉斯堡出现过。纳粹大屠杀之后，我们接收来自集中营的难民时，发现他是其中一员……他几乎能讲犹太人在欧洲熟悉的所有语言。他在文学、科学方面，尤其是关于数学的知识，是非凡的。"[1]

但是他的教学内容呢？他关于犹太教的远见呢？他对文本的处理方式呢？

谜的踪迹

舒沙尼教诲的唯一踪迹，存在于列维纳斯的书中，在那些《塔木德》课程中，在那些拉希课程中。这些是渗透着舒沙尼精神的文本。

列维纳斯从舒沙尼那里得到了什么？他经常以悖论的形式流露出：《圣经》是以色列特有的，是《塔木德》把它从犹太民族带到了世界。

列维纳斯欠舒沙尼什么呢？他把这一点透露给了弗朗索瓦丝·波里埃："在我的犹太生涯中，当然，大屠杀的历史发挥的作用，要比与这个男人的碰面重要得多，但遇见这个

1　出自斯德·埃利亚侯的基布兹第 497 期公报，转引自泽夫·列维（Zeev Lévy）的《哈尔·维哈哈》（*Haaher vehaahrayout*），éditions Magnès de l'université hébraïque de Jérusalem，1996 年，第 17 页。

男人，使我重拾了对那些书本的信心。"[1]

列维纳斯并非为了莫迪凯·舒沙尼而远离了让·瓦尔。他把他们视为一个整体，处于同一时期。但同样也可以肯定，围绕着这个来自别处的人做出的研究，这些饱含发现和困倦的夜晚，注定将使他的生活和工作走向不同的方向。并非是我们所想的那样，或者说这种想法不够精确：我们总是想把这一刻混同于列维纳斯的"回归犹太教"，认为舒沙尼已将他带回了自己的根源中，使他的作品发生了转向，让他从世俗生活中撤离出来。而这是不正确的。

列维纳斯一直对自己的犹太教传统感兴趣。"这就像我自己的实存一样。"他如是说。他从未真正地离开过。毫无疑问，在1923—1933年，我们可以观察到某些东西正在远离。1923年是他到达斯特拉斯堡的时间，1933年对他来说是决定性的时刻。仅仅在这段时间里，他才较少读犹太书籍，他学习法语，正处于初学哲学的阶段。但是，即使是将这段斯特拉斯堡时期包含在内，每年夏天他回到立陶宛之后，就会在那里重新发现他的犹太根源，他的家人，以及他的家庭中的犹太教藏书。因此，那一时期确实是存在过一定的距离，但仅仅是距离而已。从来没有什么"彻底的中断"，更没有什么"真正的回归"。[2]在这连续性的过程中，只有两次波折，两次震动，锣鸣声只响起了两次：1933年希特勒上台，1945年与舒沙尼会面。

而且，对于雅克·罗兰来说，这两件事对伊曼纽尔·列维纳斯生活和工作的影响并不一样。"这一点我深信不疑，

---

1 弗朗索瓦丝·波里埃：《伊曼纽尔·列维纳斯，您是谁？》，第130页。
2 同前，第80页。

因为当我写了一封描述他生平的信寄给他时，他并没有在这一点上提出不同的意见。1933年对他来说是决定性的。那是一种恐惧。希特勒本人掌权，这对于他这名犹太人来说不同寻常。因为这不仅意味着他落入了几个世纪以来一直肆虐的基督教反犹主义魔爪，同时，这也不可避免地同他的犹太教信仰相违背，还有海德格尔的背叛……因此，如果我们想谈谈回归的问题，那是在1933年就发生了的。相反，在1945—1946年，他为自己和其他人分配了一项任务，那就是重建法国犹太教精神和知识传统。我认为正是在这一刻，他意识到有必要回到《塔木德》。他在少年和青年时期曾阅读过《圣经》，但在回到《塔木德》这项艰巨的任务面前，复兴《圣经》的传统已经变得无足轻重。但我必须为他补充一点，他在《〈塔木德〉四讲》的导言中所作的宣言已十分清晰，那就是《塔木德》提出的重大问题，与哲学的重大问题之间没有根本的区别。严格来说，二者属于同一智性领域。"

瓦尔和舒沙尼。诗人和先知。大学教员和街头浪子。毫无疑问，这是列维纳斯的两个侧面，也许是两种诱惑。无论如何，这两个人在他的生命中都占据了重要地位。因为一个是他学院职业生涯的开始，另一个则修正了他对童年时代就掌握了的希伯来资源的看法，从而为他开辟了新的道路。作为一个既去犹太化又深深扎根于犹太传统的人，既是哲学家又是《塔木德》学者的人，伊曼纽尔·列维纳斯被邀请去打开自己的路径，而他或许会综合双重精神。

二　坏天才

　　"他出生了，工作过，然后死了。"这是海德格尔在关于亚里士多德的课上说的。如果我们将这句话用到他自己身上，这位弗莱堡的哲学家可能同样会喜欢。而且，在一定程度上，他的许多法国仰慕者都对这句话表示赞同。他们称赞他的作品，将它们捧上神坛，对于传记中的那些"意外"则漠不关心。与纳粹主义同谋？加入纳粹党？出任校长的插曲？当然这些只是人生经历中的意外，是一时失足，一种愚蠢。而且，海德格尔只在 1933 年到 1934 年间担任弗莱堡大学的校长，后来他就辞职了。这是在法国广为人知的海德格尔的哲学财富的立足点。关于《存在与时间》作者的政治问题的辩论从未结束过，而且每年都在增加。在法国，对海德格尔的接受史是混乱的。他同时担负着最好和最坏的议论。就像多米尼克·贾尼科在超过一千多页的厚厚的两卷本中就这个问题所揭露的那样[1]，海德格尔在法国的接受史同时混杂着激情与误解，从战后初期威严扫地，被撤销了在德国的

1　多米尼克·贾尼科：《海德格尔在法国》（*Heidegger en France*），Albin Michel 出版社，2001 年。（多米尼克·贾尼科 [Dominique Janicaud，1937—2002]，法国哲学家，以对海德格尔哲学的批判性态度而闻名，曾担任尼斯索菲亚安提波利斯大学思想史中心的主任。译者注。）

185

马丁·海德格尔，必不可少但又永远不能原谅的人。

教席，到法国知识分子的来访，与让·波弗瑞[1]和勒内·夏尔的友谊，他到法国的几趟旅行（巴黎、瑟里西、普罗旺斯的艾克斯、索尔）……直到 80 年代末的法里亚斯事件，这件事在朗代尔诺的哲学界引起了骚动，这次骚动的影响甚至超出了该地区。年轻的智利学者维克多·法里亚斯曾是海德格尔的学生，后来成了柏林自由大学的老师，他就此事进行了调查，其结果是令人难以忍受的：马丁·海德格尔加入纳粹党并不是迫于环境，他的辞职也不是出于抗议。他和国家社会主义的联系由来已久。[2]

1　让·波弗瑞（Jean Beaufret, 1907—1982），法国哲学家，以与马丁·海德格尔的友谊而闻名。译者注。

2　参见维克多·法里亚斯：《海德格尔与纳粹》（*Heidegger et le nazisme*），Verdier 出版社，1987 年。（智利历史学家维克多·法里亚斯[Victor Farias, 1940—] 在 1987 年出版了充满争议的《海德格尔与纳粹》一书，该书质疑一些学者对海德格尔的维护，并指出海德格尔和纳粹的关联比人们想象的更大。译者注。）

之前和之后

尽管在将现象学介绍到法国中扮演了重要角色，伊曼纽尔·列维纳斯从来不是一个根深蒂固的海德格尔主义者。在50年代，瑟里西拉萨尔地区邀请这位德国哲学家来讲学，此时他正处于自己享誉全球的十年中。列维纳斯缺席了。他既没有参加，也没有受到邀请去参加海德格尔1968—1969年在索尔举办的研讨会。他从来没被算入信奉者中，甚至总是小心翼翼地避开他们。

列维纳斯的弟子兼朋友雅克·罗兰记得，有一天，他听列维纳斯谈到了马丁·海德格尔："如果战后我遇见了他，我不会和他握手。"让-吕克·马里翁对海德格尔有这样的观点："您还指望什么呢？所谓虚无主义，就是这样。海德格尔是本世纪最伟大的哲学家。但他站在了纳粹党那边。在我们生活在其中的这个时代。"至于保罗·利科，他谈到海德格尔时则说，"永久处于论战关系中"[1]。钦佩和排斥混杂在一起，既着迷又憎恶，极端的亲近又绝对的决裂，列维纳斯经常表现出这种自相矛盾，并强调正是因为那是海德格尔，所以他才更不会原谅。很快，他就要知道所有的一切了，其实他早就已经全部知道了。当维克多·法里亚斯的书出版时，人们去询问列维纳斯的意见。他回答道："法里亚斯的书出版后，一些细节变得更清晰了，但从本质上来说，没有什么

---

1 《改革》（Réforme），1996年1月6日。

是前所未闻的。"[1] 而且，在接受《新观察家报》[2]的采访时，他指出，他早就知道或猜想出海德格尔的亲纳粹立场，"也许甚至在1933年前"[3]。

同样是在80年代，意大利哲学家乔吉奥·阿甘本（Georgio Agamben）来当周六早上《圣经》课的助教，这门课由雅克·罗兰主讲。在课程的最后，两个人免不了进行讨论，列维纳斯问访客："阿甘本先生，您在60年代末参加了海德格尔在索尔的研讨班，他是个什么样的人？"阿甘本回答："我只能告诉你我所看到的。我看见了一个温柔的男人。"列维纳斯则说："您知道，我在1928—1929年也与他相识，但我见到的是一个强硬的人。您这样告诉我，我应该相信，但实在不能说服自己，这个男人是温柔的。"阿甘本稍后对罗兰说道："必须说在那个时候列维纳斯对海德格尔的看法就已经注定了！"

对于列维纳斯而言，正如海德格尔那样有过"前期"和"后期"，但说到那比地狱更糟糕的失败，却不仅仅是一个国家或一个政权的失败，而是普遍地朝向"所有人"和每个人。不同于汉娜·阿伦特式的恋爱关系，在整个过程中，列维纳斯都怀着一种爱慕的迷醉，从学生时期在达沃斯的热情，到经过被囚而在成熟期产生的痛苦。这个犹太人跨过海德格尔，开辟了自己的道路，并向他提出有比对存在的遗忘更重要的

---

1 《不同》（*Autrement*），第102期，1988年11月。
2 《新观察家报》（*Nouvel Observateur*），是一家法语新闻类周刊杂志，总部位于巴黎。创立于1964年，其新闻覆盖范围包括欧洲、中东和非洲的政治、商业及文化问题，被称为"法国吃鱼子酱的左派人士的半官方机构"。译者注。
3 《作为对恐怖的赞同》（*Comme un consentement à l'horrible*），《新观察家报》，1988年1月22日。译者注。

问题。这种关系并没有被会面、交流，甚至是争议所滋养，一直没什么变化。这位伦理学家的目光，包括他关于"义务"这个概念的看法，都只能在书中诘问那位哲学天才。

怒　气

在这个问题上，人们会惊讶地看到列维纳斯很少情绪激动，仅有一次例外。现任波士顿大学哲学教授威廉·J. 理查森[1]以自己的方式，在 1993 年 5 月 20 日至 23 日在罗耀拉大学举办的国际学术讨论会上——这次会议是由阿德里安·佩佩扎克[2]策划的，讲述了这件事。他从与列维纳斯的会面开始讲起。那是在 1963 年。理查森刚刚在马蒂努斯·奈霍夫出版社出版了一本书，这本书的标题是《海德格尔：从现象学到思想》[3]，此书是他在比利时鲁汶大学答辩论文的修订版。结果是他受同一所大学邀请，出席申请副硕士（maître-agrégé）头衔的答辩，这个学位相当于法国或德国的博士。因此，他必须在国际答辩评委面前公开答辩。答辩者可以提出答辩评委人选的建议，建议被采纳后，将以大学机构的名义发送邀请函。对伊曼纽尔·列维纳斯的提名立刻获得了同意。

和列维纳斯的第一次会面是在他家里。这位法国哲学家

1　威廉·J. 理查森（William J. Richardson, 1920—2016），美国哲学家，是最早对马丁·海德格尔哲学进行研究的美国学者。译者注。
2　阿德里安·佩佩扎克：《伦理学作为第一哲学》（*Ethics As First Philosophy*），劳特里奇出版社，1995 年，第 123—131 页。（阿德里安·佩佩扎克[Adriaan Peperzak, 1929—]，荷兰教育家、编辑和作家。译者注。）
3　威廉·约翰·理查森：《海德格尔：从现象学到思想》（*Heidegger: Through Phenomenology to Thought*），海牙，Martinus Nijhoff 出版社，1963 年。

礼貌地让理查森把书留给他，让他读一下，然后告诉他自己的回复。

第二次会见同样礼貌。列维纳斯同意担任答辩评委。但他坚持地告诫道，自己不是海德格尔的朋友，他要保留言论自由。理查森回答："这就是我们邀请您的原因。"

会议举行得很庄重。轮到列维纳斯时，他再次展示出——用理查森自己的话——异常的友好。每个人都期望一场粗鲁的攻击，但是，他唯一做出的批评针对的是"非常学术性"的特征，文本太"说教性"了。但是，哲学家以问题的形式补充道，他想知道为何一个有信仰的基督徒要"花那么多的时间学习海德格尔"！

答辩结束后，在大学校长的住处举行了招待会。理查森，按照他的说法，从一个人走向另一个，和他们握手。忽然，他感觉有人出现在他的背后，并用力拍了拍他的肩膀。他回头，看到了列维纳斯。他向列维纳斯伸出手，再次感谢他的出席和讲话。但列维纳斯无视了他伸出的手，而是直直盯着他的眼睛，对他低声说道："我正和我的老朋友们谈论您这本让他们发笑的书。我想您一定很想知道我们为什么笑。您还记得在您书中有一处写道：1943 年，那是他思想上丰产的一年？""是的，我记得！"理查森回答。"好吧，在 1943年，我的父母在一个集中营里，而我在另一个。那真是一个丰产的年份！"说完这句话，列维纳斯就转身走了。

理查森傻眼了。他看到了一个生气的人，与一个小时前还在答辩席礼貌地听他演讲的学者截然不同。"如果他想发动攻击，为什么不在答辩的时候这么做？如果这样，将会在学界内发生一场真正的对抗！相反，他却等到了会议结束！"那天，理查森感觉有点"不自在"，他提出了一个问题："应该将这种'失态的瞬间'放在列维纳斯思想的什么地方？我们应该如何看待它？"

今天他还被问起这桩旧日的逸事，再提到它也几乎还是用同样的话。"过去了的时间并没有改变我对列维纳斯的判断。他是一个令人敬佩的人，也是一位重要的思想家。在我看来，这件逸事仅仅表明了他思想中的一种欠缺，没有考虑到人类现象特有的一个因素，即无意识。关于这本书的那次会议提供了一个机会来揭示他的这种欠缺。"

奇怪的领悟！他说的是什么无意识？是列维纳斯的？还是他自己的？

我们很容易就可以想到，对列维纳斯来说，读一本七百多页的关于海德格尔思想演变的著作——这本书除了以玩笑的形式写下的"丰产性活动"（activité prolifique）一词，丝毫没有提及海德格尔的政治立场——是一种怎样的折磨。理查森却更喜欢做一些精神分析的普遍思考，而不是站在列维纳斯的立场上看待这个问题。因此他无疑是在"无意识"地——就像他喜欢说的那样——加倍了那时他被谴责的麻木不仁。

这是列维纳斯罕见的"暴力发泄"之一。这个因过于审慎而受到批评的人，有时也知道该如何表现得粗暴。无论如何，这一插曲揭示了过往的痛苦总是鲜活的，从来没有真正平息。

矛盾的关键

这位海德格尔在法国的引介者，绝不会否认曾对《存在与时间》的作者大加赞赏。他永远不会让对这个男人的批评涌到这本书上。此书在他眼中仍然是一座纪念碑。同时，他不顾一切地对自己弗莱堡时的教授所做出的责备，永远也不可能在后者的哲学和其所坚持的国家社会主义之间做出任何明确的、充足的区分。这个人和他的作品纠缠在一起，这种纠缠，事实上，他从来没有原谅过。

雅克·罗兰说："可以肯定的是，列维纳斯一直认为自己遇见了两位天才，是一件喜忧参半的事。一个是海德格尔，另一个是舒沙尼。他说两位天才。即使那人伤害了他，他也从未改过口。"他补充道。列维纳斯 1932 年在《哲学杂志》（*La Revue philosophique*）上发表了自己的第一篇关于海德格尔的重要文章《马丁·海德格尔与存在论》（*Martin Heidegger et l'ontologie*）——这篇文章后来重新被收录进了《发现存在》（*En découvrant l'Existence*）。他曾宣布要写一本关于海德格尔的著作，但在 1933 年之后，撰写这本书对他来说显然不再可能。

早在 1935 年，在一篇名为《论逃离》（*De l'évasion*）的短文中——这篇文章最早出现在《哲学研究》（*Recherches philosophiques*）中，由亚历山大·科瓦雷、阿尔伯特·斯派尔（Albert Spaïer）、让·瓦尔、加斯东·巴什拉共同指导——尽管海德格尔的名字没有出现，但正如罗兰所暗示的那样，海德格尔和列维纳斯间的冲突已经明显存在了，虽然以一种潜在的形式。罗兰重新发表了这篇文章，并配以注释，还附了一封列维纳斯的来信。

1947 年，列维纳斯出版了自己的第一部个人专著，《从存在到存在者》。在其中他运用自己的概念，记述了自己的沉思，这些沉思的灵感来源是海德格尔的哲学。但他又补充道，它们是由"一种需要离开这种哲学氛围的迫切需要"[1]引起的。

然后，在《发现存在》一书的序言中——此书收编了一些论述胡塞尔和海德格尔的文章，他指出在1939—1945年之后，这些研究并非旨在为"一种并不总是能保证其智慧性的哲学"[2]辩护。

战争之后，即使海德格尔主义在法国某些圈子中取得了胜利，列维纳斯直到最后也没有停止保持谨慎。他知道他所知道的那些东西，从没有打算否认自己对于将**动词性存在的音色**（sonorité du verbe être）交给整整一代人的那个人所欠的债。但他同时也说，从此处出发，他必须**离开存在**（sortir de l'être）。

在接受法国犹太月刊《拱门》采访时，他说："承认我对这位哲学家的钦慕总是让我感到羞耻。大家都知道海德格尔在1933年做了什么，尽管只持续了很短的时间，尽管他的追随者们（其中许多人还非常受尊敬）忘了这一点，但对我来说，这是不能忘的。我们什么都能做，就是不能当希特勒主义者，即使是不经意的。""他是这种情况吗？"列维纳斯回答道："我不能告诉您这是否出于不经意，而在某种日耳曼文化和某些圈子中，在多大程度上他不属于那些对我们具有深刻异心和敌意的事物？"[3]

这种思想家和斗士间的矛盾同时显露在列维纳斯身上，让他觉得痛苦。前者让他充满热情，后者则让他厌恶。但他

1　伊曼纽尔·列维纳斯：《从存在到存在者》，1977年，第19页。
2　伊曼纽尔·列维纳斯：《与胡塞尔和海德格尔一起发现存在》，Vrin出版社，1974年。
3　《拱门》，1981年11月。

仍然试图在两者之间保持一种不偏不倚的立场。

死亡的未来

1961 年，列维纳斯在《犹太信息报》[1]上发表了一篇题为《海德格尔，加加林和我们》（*Heidegger, Gagarine et nous*）的文章，该文后来被收录进了《困难的自由》。列维纳斯抓住苏联太空探索将第一个人送入了太空这件事，来发展自己对技术的反思。这里面他用了地方性天才、扎根于世界、神圣的树林以及其他形象，在它们后面隐约可以看见那位托特瑙堡隐士的影子。

> 技术使我们脱离了海德格尔的世界和地方性的迷信。从那时起，一个机遇出现了：可以看到人离开了他们被固定于其中的环境，让人的脸在赤裸中闪耀。比起田野和树木，苏格拉底更喜欢可以跟人相遇的城市。犹太教是苏格拉底之教诲的兄弟。[2]

人们批评他将海德格尔的某些技术思想形式化了。但是，面对前苏格拉底时期的思想家，看到由柏拉图这位大师开始的某种衰落，人们无法想出一种更严厉的回应，形

1　《犹太信息报》（*Information juive*）创刊于 1948 年 10 月，由雅克·拉撒路（Jacques Lazarus）创立。译者注。

2　伊曼纽尔·列维纳斯：《困难的自由》，第 301 页。（苏格拉底的教诲，指哲学。这里是说哲学和犹太教思考同样的问题。译者注。）

成更好的联盟。

同年，列维纳斯出版了他的主要作品《总体与无限》，这使得他与海德格尔的分离得以圆满结束。"事实上，"多米尼克·贾尼科写道，"直到生命的尽头，他永远不会停止摇摆于微妙的敬意和毁灭性的批判之间。"关于这本书，他补充道："这是一本澄清性的著作，对海德格尔的彻底背离起到了绝对核心作用。"[1]

1979年6月，理查德·卡尔尼和约瑟夫·奥利里在巴黎举办了一场有关"海德格尔与上帝的问题"的活动。他们汇聚了这位德国哲学家的信徒，包括让·波弗瑞、弗朗索瓦·费迪耶、弗朗索瓦·维赞……列维纳斯、利科、马里翁、杜普、布雷顿、格里施[2]等人也参与了讨论。对抗发生在巴黎的爱尔兰学院。双方高度紧张。组织者将这次会议的对抗置于希伯来主义和希腊主义的"双重归属"标志下。

利科定下了基调："在海德格尔身上经常让我感到惊讶的是，他似乎系统地避免了与希伯来思想障碍的对抗。他从福音和基督教神学出发，但总是回避希伯来部分，这和希腊话语体系是绝对异在的。他回避了和他者、正义有关的伦理思想维度。这一点列维纳斯已经说过太多次了。"

列维纳斯沿着他的轨迹发表了评论，他想知道，为什么

1　多米尼克·贾尼科：《海德格尔在法国》，第202页。
2　理查德·卡尔尼（Richard Kearney, 1954— ），爱尔兰哲学家和公共知识分子，专门研究当代欧陆哲学。约瑟夫·奥利里（Joseph O'Leary, 1949— ），爱尔兰罗马天主教神学家。弗朗索瓦·费迪耶（François Fedier, 1935—2021），法国哲学家。弗朗索瓦·维赞（François Vezin），法国翻译家，哲学教授。让-皮埃尔·杜普（Jean-Pierre Dupuy, 1941— ），法国工程师和哲学家。斯坦尼斯拉斯·布雷顿（Stanislas Breton, 1912—2005），法国神学家和哲学家。让·格里施（Jean Greisch, 1942— ），卢森堡哲学家。译者注。

"这里有存在而不是什么都没有",是否不应该用一个代替另一个。"反本质,反本质性,甚至反自然本身:存在是正义的吗?这是个坏念头。一个最受压制的问题,甚至比寻求'存在'含义的问题还要古老。"[1]

实际上,利科在这里回应的是海德格尔几年前曾在塞里西拒绝回答他时的沉默。当时,这位哲学家和新教解经者大胆揭示了一个问题,即《圣经》中的上帝在存在论的视域下是如何形成的。特别是在《出埃及记》中,上帝说:"我就是我所是。"(Je suis celui que je suis.)这恰恰是列维纳斯所能完美理解的。

但是,除了《圣经》中的上帝和存在的相遇外,还存在着一种更鲜活的东西,那就是善,在"存在之上"。伯恩哈德·卡斯珀曾在荷兰组织了一个座谈会。列维纳斯像往常一样,绕道列日和马斯垂克前往,就是为了避免穿越德国。让·格里施(Jean Greisch)曾和他同路,发现自己和列维纳斯夫妇处于同一个车厢里。他说:"我现在还能听到列维纳斯对我说的话,就像发生在今天那样。他和我分享了他的惊讶,那是一种思想者可以想象到的,面对某事实际上是一无所有的惊讶,这是形而上学的根本出发点。然后他补充道,在他的眼里,在像我们这样残忍的土地上,诸如善良、奇迹之类的事情可能永久令人惊讶。"

这种矛盾关系的最后踪迹可以追溯到 1987 年 3 月。在国际哲学院任教的米格尔·阿邦苏尔[2],请列维纳斯谈谈海德

1　《海德格尔和上帝的问题》(*Heidegger et la question de Dieu*),在理查德·卡尔尼、约瑟夫·奥利里的主持下整理,Grasset 出版社,1980 年,第 239 页。
2　米格尔·阿邦苏尔(Miguel Abensour, 1939—2017),法国政治哲学家。译者注。

格尔。列维纳斯首先讲述了他在青年时期产生的钦慕之情，"今天仍不可抗拒"，再次向这种"最伟大但也最鲜为人知的哲学智慧"致敬。在赞词之后，他一如既往地提到了"和国家社会主义相联所产生的不可逆的憎恶，那位杰出人物，无论是以这种方式，还是那种方式，无论哪种方式，他都参与其中"。

轮到他发言时，列维纳斯发表了题为"为……而死"的讲话。他引用了《撒母耳记》中有关扫罗和约拿单之死的段落（II，1.23）："绵延在他们一生中的珍爱和亲密，使他们不会被死亡隔开，这感情比鹰更轻盈，比狮子更强壮。"不同于海德格尔的分析，他评论道："死亡不是终点，它不能使一切消失，人并不总是一个人死。一个人可以为了另一个人而死，并且在某种程度上，我们总是为另一个人而死。"

在人类中，存在着这种超越动物性生命活动的可能，并以"在爱中死亡的未来"作为结束[1]。

1　《海德格尔：公开的问题》（*Heidegger, questions ouvertes*），是对 1987 年 3 月在巴黎举行的会议的记录，Osiris 出版社，1988 年。关于列维纳斯的文本引自《在我们之间》（*Entre nous*），Grasset 出版社，1991 年，第 219 页。

三 副本和反面

　　1964 年，《形而上学和道德杂志》刊载了雅克·德里达的一篇题为《暴力与形而上学，论伊曼纽尔·列维纳斯的思想》[1] 的文章——该文随后被收录在《书写与差异》中。精细，严谨，严肃，这是对《总体与无限》的首次研究，也是关于这位哲学家的第一篇重要批判性文章。作者仔细研究了所有思想的连接处，丰富地展开论述，并用赞颂性的术语颂扬了其新颖性、勇气和风格。同时，他剖析并指出了"他异性"概念（l'idée d'altérité）的缺陷。在他眼中，"他异性"这个概念是绝对不可还原的，他者是不存在的。如果他者不是另一个自我，如果他者不是一个自我，那么他者就不会是他所是，是邻人，陌生人。这个批评是专业的——德里达用了胡塞尔来反对他的这位门徒——触及了问题的核心，并促使列维纳斯修改他关于主体性的某些观点。会不会恰恰是这种批评导致了随后的演变，从《总体与无限》到了《别于存在》？没有任何书面证据可以表明这一点，而且两个人也从没有明确表示过。但通过阅读，我们能够了解德里达的这篇文章对

1　《形而上学和道德杂志》（*Revue de la métaphysique et de la morale*），1964 年，第 3 期和第 4 期。转引自《暴力与形而上学》（*Violence et métaphysique*），出自雅克·德里达：《书写与差异》（*L'Écriture et la différence*），瑟伊出版社，1967 年，第 117 页。

雅克·德里达，列维纳斯与之互相欣赏，互相尊重。

这两部著作可能产生的影响。无论如何，这篇文章都是决定性的。他以高明的方法将列维纳斯置于哲学辩论中，并给予他的第一本伟大的专著一个恰当的位置。

约　会

因此，我很想见一见雅克·德里达。但他很忙，总是处于一次又一次旅行中。有一天，他以访谈焦虑和录音机恐惧症为借口推脱——就像列维纳斯那样。另一天，他回答说可以，但在他同意披露自己之前，我要先写信给他，信的主题，按照他的要求，是关于他的书的。该如何告诉他我觉得自己做不到，因为他的著作太大部头，包罗万象，吓到我了？后来，我们在伊曼纽尔·列维纳斯的墓前交流过几次，我听到他满含情感的声音，他说，"永——别"。我发现了一个更加文艺的德里达，突然间觉得和他的距离变得近了。德里达的文字零碎不连贯，在其中我们放任自己被音乐性吸引，长长的句子，用法狂野的标点符号，能够切分的节奏，我们发现自己一直处于一种魅力之下，而并不总是需要了解他在说什么。他的文字是一种迷狂，一种让我们必须围着它转圈的舞蹈；当我们在起舞时，需要合着双眼，我们的步伐越跳越快，每次起舞都要调整自己。他的文字碾碎了语言，这种破坏力，是唯一能够恢复词语力量的方式。这种拉读者过来见证的方式，一把抓住了读者的衣领，让人目不转睛。

实际上，还有些更私人的事。顽固又恼人的割礼，就像杰弗里·本宁顿所说的"属于自己的病"[1]。那个故事——母鸡和公鸡在赎罪日前夕被一名拉比宰杀,它们没有头,却继续在奔跑。这些童年时的记忆,它们被原样地分享出来——当我还是个孩子的时候,我经常梦见这些,它们被写作的恩典唤醒,激起了一种近乎感激的情感。

还有其他一些东西也使我走向他。以他自己的名义举办的重要活动和庆典。他的思想总是处于极端和夸张中。随着时间的流逝,他们间的相似性越来越多地被确证,他的一些主题是列维纳斯式的——不能完全重叠——包括踪迹、死亡、好客、宽恕。然后有一个"不忠实的忠诚"(fidélité infidèle)的理论,和列维纳斯如此相近又如此遥远。

偏见慢慢消失了。拜占庭主义[2],自恋主义,雅克·德里达在法国经常被这样指责。但必须到美国,才能发现这个被视为最晦涩的作家,是法国哲学家中被翻译最多、最受赞誉的——法国哲学家还没有完全消失。我现在学会了如何阅读他。

他与我在卢泰西亚旅馆的酒吧里碰头,他从巴黎高师的社会科学院来,刚刚完成周三的授课。他穿着棕色西装,花白的头发,面带蜡色。随着开始回忆一些逸事,热情洋溢的微笑照亮了他的脸。实际上,这次对话的大部分内容都围绕着这些逸事。

1　杰弗里·本宁顿,雅克·德里达:《雅克·德里达》,瑟伊出版社,1991年。(杰弗里·本宁顿 [Geoffrey Bennington, 1956—],美国佐治亚州埃默里大学的法语和比较文学教授。译者注。)
2　通常指一种过于追求精致和繁复,却无用的风格。译者注。

踪迹和交换

顺便说一句，德里达本人几乎没有和伊曼纽尔·列维纳斯有过任何哲学交流。最好这样说，"双方都对彼此怀有深情"。"您知道的，"德里达说，"我见过许多哲学家，但我们彼此都没交谈过。我们彼此不谈哲学。我跟阿尔都塞、拉康都是如此，甚至包括利科，我还担任过他的助手。"仅仅是一种深情。和列维纳斯的碰面倒是有很多次。大概有十五次，每次都在列维纳斯家里。"当书要出版时，我们也会给彼此写很多封信。然后，就像在巴黎经常做的那样，当我们写过很多之后，就停下来了。但是所有的赠书都有题词，题词常常是一个说话的机会。"他们还在其他地方碰过面，那是和其他人一起参加研讨会。有一次在斯特拉斯堡，列维纳斯谈到了上帝，这个词让整个房间的人都笑了："现在，当我们说上帝时，我们应该说：给我来点儿表情！"

他的声音是悲伤的，没有丝毫伪装的成分。"我们在葬礼上见过吧？有多长时间了，已经四年了吗？"一提起这个男人，他的悲痛是真实的，他说这个男人的思想陪伴了他的整个成年阶段。

这样的回忆，德里达还有很多，但他首先想要留住的，是那些源于日常生活的东西，这揭示了存在的方式。一小撮幽默，对世界的品味和鲜明的特征，这些让人动容。有一天，在列维纳斯奥特伊街的家里，他抱怨要被各种堆积在办公室里的文件压垮了，但又没有下定决心摆脱这些。"您如何处理您的文件呢？我不知道该怎么办。我本来能够烧了它们，但我不能辞职，所以不能把它们扔进垃圾箱里。"还有一天，他告诉列维纳斯，自己的儿子正在写作，并已决定使用笔名，而不使用他父亲的姓氏。这在某种程度上让他感到困扰。列维纳斯却说："相反地，我认为这种行为非常高尚，是尊重的标志！""这让我深受感动。"德里达说。他们之间经常互通电话，仅仅只是为了交谈或征求对方的意见。就像有一次，列维纳斯被邀请去巴尔的摩的约翰斯·霍普金斯大学举办讲座，他就打电话给德里达，了解会发生什么，需要提前准备什么，最重要的是，是否可以带米迦勒的钢琴。

二人的关系始于1964年《暴力与形而上学》的发表。这篇文章发表时有两部分。德里达去拜访列维纳斯。"他对我说，"德里达说，"你在第一部分把我麻醉了，然后在第二部分，对我进行了手术。""就这些。此后我们再也没有谈论过这篇文章。除了有一次，他面带微笑，对我说出了以下这番话：'说到底，你是因为我带有希腊的标志而责怪我，但这就像乘公共汽车，上车是为了下车。'"德里达又补充道："这篇文章出版后，过了几年，有另一篇文章被收进了致敬的作品集中，他对此则未置一词。或许是因为这篇文章有一种完全不同的风格，更加玄妙。他可能没有时间阅读它。"

这些文章的作者应该还保留着那场精神分析和犹太教结合的研讨会的记忆。这场研讨会在蒙彼利埃举行，此时德里达作为哲学家已臻大成。那是午休时间，氛围轻松，我们正在谈一本献给列维纳斯的作品集，《献给列维纳斯的文章》[1]，其中有一篇是德里达的。半是因为天真，半是因为不习惯这种风格，我说自己什么也没理解。他补充道，有点像是出于

---

[1] 让-米歇尔·普莱斯（Jean-Michel Place）：《献给列维纳斯的文章》（*Textes pour Emmanuel Lévinas*），1981年；雅克·德里达的文章题目为：《在此刻，在这本书中，我也在这里》（*En ce momentmême, dans cet ouvrage, me voici*），第21页。

203

礼貌——当然是出于礼貌："我也不懂，"然后他迅速回过神来，补充道，"说实话，我刚收到这本书，还没有时间研读它。"

间隙和裂缝

因此，这两个男人之间存在着友情？毫无疑问，甚至更多，里面有尊重，有依恋。雅克·罗兰是朋友中的朋友，说到了这种"极大的钦慕"。是什么使他们聚集在一起？胡塞尔，当然！列维纳斯真的很喜欢《声音与现象》（*la Voix et le phénomène*）。他已经阅读过了德里达所有关于胡塞尔的著作。这里有一种牢固的亲近关系。但是海德格尔呢？德里达不会回答的。

然后，我冒险问他，犹太教是否是他灵感的来源。这位白发男子坦白道，就他而言，他并没有真正了解犹太文化。"但我不知道，"德里达补充道，"我们是否真的意识到了那些使我们写作的东西。"我向他引述了《查宗伊什》[1] 中的一句话，这本书是 18 世纪生活在波兰的一位犹太拉比写的。"或许犹太教所有的秘密都在于了解词语的真实含义。"他僵了一下道："是的，但是任何一种文化，任何一个文明都可以这样说！"我说："这可能有些极端化了，但这就是《查宗伊什》的真正意思。"他激动地说道："所以犹太教比其他的更好咯？"我说："不，但这确实有点极端了。"他说：

1　《查宗伊什》（*Hazone Ich*）是拉比阿夫罗洪·叶舒亚·卡莱里兹（Avrohom Yeshaya Karelitz）于 1911 年出版的代表作。译者注。

"这些犹太人就是爱夸张！"我们两个都笑了。

　　更严肃一点说，使德里达与列维纳斯相互区别的，对于德里达来说成问题的，是列维纳斯和女性的关系。列维纳斯在文章中提到过许多次，《总体与无限》中也有关于女人的段落；还有他在以色列问题上的立场，显示为一个十足的犹太复国主义者，这在德里达看来无疑是要批判的。还有他对法国的态度，德里达认为他过于爱国——尽管列维纳斯解释说感激法国是因为在战争中被法国欢迎并受到保护。"但是我，请允许我对法国保持距离。"德里达说。这唤起了那些针对他的战争。在他因为种族问题被驱逐出学校时，他变得对种族主义的伤害极端敏感，并反叛所有局限在一个社群中的封闭主义。面对驱逐，他奋起反抗，拒绝去莫帕街的那所学校——是迈蒙尼德学校吗？——这里正是他们强行让他入学的地方。这又是一次"不忠实的忠诚"——与列维纳斯所描述的"没有信仰的忠诚"形成了鲜明对比。难道德里达没有在某处写道："总是有多于一位的父亲和母亲？"

　　从这句话开始，再往下进行时，他的谈话总是讲到割礼，它如此清晰地出现在他的作品中。德里达明确表示，从他很小的时候起，他就梦想着写一本关于这个话题的书。他搜集的文字和整理的文档长期围绕在这个主题上。他想以此为中心，创作一种自传体写作形式，完成一种"循环式忏悔"。但随后他意识到永远不会写这本书——但是，可以在《丧钟》（Glas）和《明信片》（Carte postale）的末尾找到片断。最后，我冒险重复了一句米迦勒对他父亲说过的话："你们两个都是关于裂缝、伤口的哲学家吗？""是的。"他承认道。

波弗瑞事件

在 20 世纪下半叶的法国哲学史中，两个哲学家间的关系以各种方式得到了滋养。1967 年，弗朗索瓦·费迪耶想要出一本向让·波弗瑞致敬的作品集。他向雅克·德里达、罗杰·拉波特（Roger Laporte）、米歇尔·德盖[1]、勒内·夏尔和莫里斯·布朗肖等人约稿。午餐时，拉波特警告德里达，波弗瑞有反犹言论。那是关于克莱蒙·费朗大学的某位教授的任命。当时波弗瑞说，如果他必须作出选择，那他不会给一个犹太人投赞成票——当时列维纳斯在场。德里达当即决定不参加这次致敬活动。他撤回了交给费迪耶的文稿，后者则震惊地反驳，称这绝对是一个阴谋，是一个针对波弗瑞的"新伎俩"。莫里斯·布朗肖立刻联系了德里达，两个人都受到震动，决定在列维纳斯家碰面。这位哲学家非常从容地欢迎他们，谈到这些事情的时候云淡风轻，还耸了耸肩。对他来说这一切并不重要。他不想过于戏剧化。必须让这些文章出版。"我很惊讶，"德里达说，"因为波弗瑞反犹，这一点正是他曾强烈批判过的。"

在波弗瑞死后，我们发现他曾支持过罗伯特·弗里森[2]，此人是里昂的历史学家，也是法国历史否定主义学派[3]的领袖。波弗瑞是海德格尔的谄媚者，也是海德格尔的长期鼓吹者、解释者和对话者——海德格尔的《关于人道主义的书信》就是献给他的。这种终极的修正主义表现出一种

1　米歇尔·德盖（Michel Deguy, 1930—　），法国诗人、散文家和翻译家。译者注。

2　罗伯特·弗里森（Robert Faurisson, 1929—2018），英国出生的法国学者，因否认大屠杀而闻名。译者注。

3　此学派否认纳粹德国对犹太人的屠杀与迫害。译者注。

症状性价值。为什么一个年轻的预科班学生，哲学家和德国研究专家，战后高师的大鳄，教育过几代学生的导师，会以一种如此愚蠢的，让他的亲朋和学生都不能理解的方式生活？答案可能在波弗瑞年轻时期对希腊的狂热和对异教的崇拜中找到，这使他无条件地服从于海德格尔，因为他在后者文艺复兴的绝佳表现中，看到了反犹太-基督教，而且 80 年代初，他在刚刚出现的"新权力"中发现了一种政治形式，这种"新权力"也是异教的。但是，除了这些假设外，症状仍然在那里，并且以沉默的形式出现：如果说波弗瑞的基本著作仍然是与马丁·海德格尔的对话，那么那里其实并没有提到犹太人的问题。

这本致敬之书最终出版了，书名是《思想的坚忍，向让·波弗瑞致敬》[1]。莫里斯·布朗肖的文章被保留，他的题词是献给列维纳斯的，他在其中写道："谈到伊曼纽尔·列维纳斯，四十年以来，我一直与他保持着一种友谊，这种友谊甚至比我离我自己更近一些：这与我们和犹太教的不可分割性有关。"

布唐的插曲

布唐事件的插曲则表现得截然不同。1976 年 3 月 19 日，索邦大学理事会任命哲学家皮埃尔·布唐担任形而上学的教职。此人是列维纳斯的继任者。包括德里达在内的一百名左

---

1 《思想的坚忍，向让·波弗瑞致敬》（*L'Endurance de la pensée, pour saluer Jean Beaufret*），巴黎，Plon 出版社，1968 年。

翼研究人员发表了请愿书，抵制这一任命，并以布唐以前的题目为标题：青年时期的毛拉斯主义。"我已经签过了这份请愿书，"德里达说，"然后我去找列维纳斯并告诉他，我不奢望自己没有让他难堪。他对我说：'您这样做肯定有自己的理由，但我是不会签名的。'""然而，"德里达面露震惊，"上帝知道他写了什么恶心的东西，这个布唐！"

这件事情无疑更复杂。年轻的皮埃尔·布唐出生于 1916年，是战前高师的代表人物。让·瓦尔把他比作荷尔德林、乔治·蓬皮杜，并在他的回忆录中谈到布唐那沸腾的天分。莫里斯·克拉维尔（Maurice Clavel）记得，正是他的"贵族长筒靴"让他免于法西斯主义的诱惑。布唐没有走上莫里斯·布朗肖和克劳德·罗伊式的歧路，他希望自己成为一名严格的保皇主义者。正因此，他在 1939 年的夏天就开始写作了，此时他不过 23 岁，还参加了法兰西行动党。在法国战败后，他当上了一名军官，但他拒绝效忠被占领后成立的维希政府，而是迅速前往北非并发了大财。在参加法国解放军之前，他在吉罗将军[1]的内阁工作。

战后他回到法国，从此法国便与皮埃尔·布唐的命运紧紧缠绕在一起。那时候他自愿忠于青年时期的导师夏尔·毛拉斯，猛烈地抨击那场对毛拉斯通敌的审判，这在他看来是非正义的。那些戴高乐主义者，同时也是他在阿尔及尔的对手，把他开除出大学。从 1947 年到 1954 年，布唐与法兰西行动党成员分享了同样的命运，只要毛拉斯一死，这些人就会被依次驱逐出境。正是这一时期，布唐发表了自己最有争

1　亨利·吉罗（Henri Giraud，1879—1949），法国军事家和政治家，1936 年被升为将军，参加了第二次世界大战。译者注。

议和最该被谴责的文章，他本人随后也会以自我批评的方式进行自我谴责。

皮埃尔·布唐于1954年创立《法国国家》[1]杂志，声明他想与所有的右派老恶魔决裂，首先是反犹主义者，然后是维希政府的阴影。在他的支持下，这本杂志得以接触加布里埃尔·马塞尔、罗杰·尼米尔、安托万·布朗丁、菲利普·阿里耶斯和画家马修[2]等文化名人，它将连续完成数个转折。1958年，支持戴高乐将军复权。1962年，接受阿尔及利亚的非殖民化。1967年，讨论以色列事务并承认犹太复国主义者的基本权利。

但是，在曲折的政治轨迹旁，是哲学家、诗人和小说家布唐，他是布莱克的译者，也是《神秘的本体论》的作者，这本书为他赢得了剑桥评论家乔治·斯坦纳的友谊。这位评论家认为，这本著作足以和柏拉图以及普罗提诺的作品媲美。最终，布唐接替了列维纳斯在索邦的职位，也曾在六十多岁的时候教授拉希课程。

对列维纳斯来说，海德格尔是不可原谅的，但布唐是可以原谅的。他原谅了他所做的一切，因为布唐曾在战争中帮助过让·瓦尔，而且，布唐知道该如何实现双重回归，在《圣经》中也在政治中，从他年轻时思想的流浪中。根据如今任教于耶路撒冷的米迦勒·巴尔-兹维（Michaël Bar-Zvi）教

1　《法国国家》（*La Nation française*），支持法国君主制的周刊，深受毛拉斯主义的影响。译者注。
2　罗杰·尼米尔（Roger Nimier，1925—1962），法国小说家。安托万·布朗丁（Antoine Blondin，1922—1991），法国作家。菲利普·阿里耶斯（Philippe Ariès，1914—1984），法国新闻记者、散文学家和历史学家。乔治·马修（Georges Mathieu，1921—2012），法国抽象画家、艺术理论家和法兰西艺术院的成员。译者注。

授的说法——他 1968 年曾在图尔戈特做过布唐的学生，他能发现犹太教和他的至高精神 [1]，应该归功于布唐。列维纳斯有一天也曾对他说："您在那时候有个真正的老师！"

差异与相近

这些就是德里达回忆起来的关于列维纳斯的几幕，标志着他们这几年的友谊，他的作品证明了这一点。不仅仅是因为他最近的作品中越来越多地出现了列维纳斯。列维纳斯的在场已经持续很长时间了。必须要记得，列维纳斯曾参加了德里达的论文答辩主席团。德里达自称自己的思想受惠于三个人：海德格尔、布朗肖、列维纳斯。但的确，列维纳斯在德里达书中的存在从未像在他最近的书中那般明显，更不用提那本《永别》[2]。

列维纳斯本人很少写关于德里达的文章。他曾写过的一篇，最初于 1973 年发表在《拱门》杂志上，标题为《全然别样》（ *Tout autrement* ），最后被收入《专名》的致敬性文章合集中。这篇文章极为含混，在其中作者谈到了一种"新的战栗"（这个词引自维克多·雨果论述波德莱尔诗歌的文字），回击了德里达在 1964 年的著作中提到的"新的，如此之新"（ nouveau, si nouveau ）。在《明天，就是今天》（ *Demain, c'est aujourd'hui* ）的副标题下，有一些非常强硬的段落，在这里

---

1 至高精神（Alya），这个名词在希伯来语中是"至高精神"的意思。译者注。
2 《永别》，德里达于 1997 年出版的著作《永别了，伊曼纽尔·列维纳斯》（ *Adieu à Emmanuel Lévinas* ），伽利玛出版社。译者注。

他把德里达比作一位大溃败时士兵们在巴黎和阿朗松之间遇到的理发师，这位理发师邀请"小伙子们"到他的摊位前，并向所有人大喊："今天我们免费刮胡子！"这是一个严厉的批评，但尽管如此，文章的结尾却是友好的问候："想要'改善'一个真正的哲学家，这不是我们的目的。与他的道路相交叉已经足够好了，这很可能也是哲学上碰面的形式。通过强调德里达提出的问题的重要性，我们想要表达的是一种在交叉的中心地带体会到的接触的愉悦。"[1]

他并没有关注德里达的全部情况。正如他自己所说的，每个哲学家都有他的"东西"。他估摸着德里达已经写了很多东西。或许有点太多了。但这并不能阻止——用雅克·罗兰的话说——"尊重和钦佩"，他可以举出许多例子来证明这些感受。但这并没有排除一些批评。罗兰记得一个短故事。"您还能指望什么呢？"列维纳斯有一天对他说："德里达，就像一位抽象画家，人们都在思考他是否能够搞出点真的来。"

是什么将他们区分开？毫无疑问，一方面是美学，另一方面则是宗教。一个无论如何保持忠诚，另一个则永远怀疑一切。但是，他们发现彼此都处于相同的暴力中，尽管列维纳斯的诽谤者们可能对他的思想中"甜蜜"的一面说尽了所有的话。弗朗索瓦-大卫·塞巴[2]是两人共同的弟子，称他们的作品都有**不可居住**特征。

接着是交汇的时刻。那篇德里达于 1964 年发表的著名

---

1 《专名》，Fata Morgana 出版社，1976 年，第 81 页。
2 弗朗索瓦-大卫·塞巴：《列维纳斯》（*Lévinas*），Les Belles Lettres 出版社，2000 年。（弗朗索瓦-大卫·塞巴［François-David Sebbah，1967— ］，现为南特大学教授。译者注。）

文章。这种"迎头一击"(阿德里安·佩佩扎克语)将对许多东西(但并非是全部)产生决定性的影响。这种影响不仅体现在此文的接受方面,也在此文的形成过程中。

列维纳斯徒劳地宣称从未受过德里达的影响,无论是在公开场合还是私人场合,但德里达的批评给他留下的烙印是显而易见的,至少在形式上。存在着两个列维纳斯,一个在1961年写了《总体与无限》,另一个则在1973年写了《别于存在》。这两本书前后接续,但是以下的主题被遗弃或更少出现:女性气质、母性、爱欲、同一、总体……另一些出现了:邻人、替代、迫害、谜题……

雅克·罗兰表示:"列维纳斯的系列具有连续性,但在写作方式、表达手法以及最后的关键内容中都存在着断裂。而且我敢肯定,在二者之间架起桥梁的,或者能让一个跳到另一个的,是德里达在1964年发表的文章。"

斯蒂芬·摩西是列维纳斯作品最出色的解读者之一,也是一个德国研究专家,执教于耶路撒冷大学。从他的视角来观察,他认为"唯一能够包罗万象的人,很快,非常快,就要是德里达了"。有一天他问列维纳斯:"您在写这两本书的间隙发生了什么事?您生活中出现了什么?"他得到了下述句子作为答案:"趋于完善!"

当然,我们不能把《别于存在》一书全部归功于和德里达的争辩。除此之外,这本著作诞生于他自己的直觉。它深深地根植于列维纳斯的生活、经历和思想中。当他被问到这个问题时,他说他自己也不知道会怎么写。

在这两个人之间,在他们的作品之间,仍然存在着某种甚至是隐性的对话。共同的友谊让他们相辅相成。最终,超越死亡,在说永别的文章中,在葬礼的致辞上,德里达感谢"那个人，他的思想、友谊、信任、仁慈，对于我，就像对于其他许多人来说，一直是一个活生生的源泉，这源泉如此鲜活，如此恒久，以至于我无法思考发生在他身上的，今天也发生在我身上的事，即断裂，在某种回答中的不可回答。只要我活着，这种情况就永远不会结束"[1]。

1　雅克·德里达：《永别了，伊曼纽尔·列维纳斯》，第16页。

可以说

可以说这位浮现于想象中的上帝，只出现在舌尖上，只有当人们呼唤他时，他才会在那儿，才会出现和消失，存在与缺席；只有当人们愿意欢迎他时，他才出现。这就是出现在《圣经》中的上帝，是通过《圣经》向我们讲话的上帝，他使我们对他忠诚。他也是亚伯拉罕、以撒和雅各的上帝，但从今以后却不再应诺。他就像一种无力的善良。

这正是迈蒙尼德的东西，对它们进行认知是不可能的，我们只能追寻其踪迹。

这正是圣歌中的圣歌，带着崇高的形象，敲击到门上，但我们却不知道是谁敲的，甚至不知道它是否真的被听到了。

这正是维尔纳的加翁所说的那句话："没有一个人对上帝是什么一无所知，也没有人对他的存在一无所知。"

这就是他。

我们曾经谈论犹太传统中上帝的名字。他专门开了一节关于这个主题的课，详细讲述了每个名字（Elohim，Hachem，El Shaddai……），并附上了恰当的含义。但他不知道 Kavyakhol，我告诉了他，我父亲有时会用这个词——

这个词在从数学家、《圣经》阐释爱好者哈依姆·布雷齐斯[1]口中被人们学到之前，曾被用于犹太教文学。

从字面上看，这个词的意思是："所有比例都保持不变。"或者这样说更好："可以说。"

可以说（Pour ainsi dire）。就像另外一个在说。或者，除存在之外的另一个。他喜欢这种表达。他重复着，Kavyakhol，Kavyakhol，它就像甜味融化于口中。

---

1 哈依姆·布雷齐斯（Haïm Brézis, 1944— ），出生于里昂，法国数学家，译者注。

四　远与近

　　追溯列维纳斯的旅程，也必须要重建他人的目光，不同线路的交汇，那些在他的存在之旅中烙下印记的，丰富了他的著作的连续不断的会面。其中就有和保罗·利科的会面。利科，哲学家和信徒，信徒和哲学家，十分活跃，如同列维纳斯一样。对话是利科思想的核心，他始终避免被人误解，他是那种我们必须了解的知识分子和人文学者。利科不是列维纳斯在他《专名》中致敬的那些人之一，从各种意义上说，利科也不是围绕在他周围的人。的确，利科很晚才出现在他的生命中。

　　利科 1913 年生于瓦伦西亚，很早就成了孤儿——在他出生的头几个月，失去了母亲；在 1914 年的战争中，他失去了父亲——作为由国家抚养的战争孤儿，利科在书本上找到了家，后来又在写作和教育中找到了家。他在加布里埃尔·马塞尔的"星期五聚会"中接受过训练，并和后者保持着联系。1930 年初他沉浸于胡塞尔的哲学，同时也是伊曼纽尔·穆尼埃尔创立的《精神》杂志的同路人。他思想自由，总是保持警惕。在两次世界大战的间隙，他曾短暂地经历了一段和平时期，但很快被慕尼黑的哨兵所俘虏。他于 1939 年被转移，像列维纳斯一样，被囚禁在波美拉尼亚的一个集中营里。在最初的几年，他屈服于贝当主义的诱惑。他在战后解释道：

"我必须如实说，直到1941年为止，我和其他人，都还被贝当主义的某些方面所吸引——关于它的宣传铺天盖地。可能由于我见证过贝当政府的软弱，所以我反对共和制。"[1]

几年后，他们的轨迹在斯特拉斯堡交织在一起——战争结束后，利科去那里教书。在那里，他与列维纳斯以前的同学、马克思主义哲学家雷米·隆切夫斯基成为朋友，立场靠近《精神》杂志。在那些环绕着他的学生中，有一位名叫亚历克斯·德赞斯基[2]的年轻的博学之人，此人醉心于犹太教和意第绪语。也是在这个时候，这位新教哲学家经常参加被称为"《圣经》讨论会"（carrefour biblique）的交互忏悔会，在那里他遇到了安德烈·内尔。彼时，列维纳斯正准备周六早上在东方以色列师范学校开设他的《圣经》课程。

20世纪60年代初，利科被任命为索邦大学的哲学教授，同时还在巴黎的新教神学院任职。当附属于索邦大学的南特学院建立后，他被要求去掌管新成立的哲学系。1967年，利科被任命为哲学系的系主任，并被要求组建他的教学团队。他邀来了他的朋友，同时也是他被俘时的同伴米克尔·杜夫海纳[3]，此人来自普瓦捷。除此之外，他还征集了两名候选人。其中一位是来自巴黎一所高中的哲学教授西尔万·扎克（Sylvain Zac），他的答辩论文是关于斯宾诺莎的，但由于针对外国人的法律，他在战前不能参加大学教师资格会考。

1　与弗朗索瓦·阿祖维（François Azouvi）和马克·德·劳奈（Marc de Launay）的访谈。《批判与信念》（La Critique et la Conviction），巴黎，Calmann-Lévy出版社，1995年，第31页。
2　雷米·隆切夫斯基（Rémy Rontchevsky，1909—1996），哲学教授。亚历克斯·德赞斯基（Alex Derczanski，1924—2014），法国哲学家、散文家。译者注。
3　米克尔·杜夫海纳（Mikel Dufrenne，1910—1995），法国美学家，现象学美学的主要代表之一。译者注。

另一位则是伊曼纽尔·列维纳斯，他也在普瓦捷任教，博士论文答辩两年后，他在那里取得了任教资格。

围绕着《圣经》

沙特奈马拉布里位于巴黎的郊区。在公园的尽头有一幢建筑物，刷着白墙，玻璃窗洞被阳光掠过，里面容纳着某个"社区"。这个建筑物的整体是一种乡村风格，并保留了某种人格主义的共同体的痕迹，这种痕迹在不久前曾占据着这里。这种活动的创始人穆尼埃尔曾经住的公寓就位于利科现在住的公寓的正上方。在信箱上，仍然刻着让-玛丽·多梅纳赫[1]的名字，此人曾长期担任《精神》杂志的主编。

"围绕在我身边的那些人消失了。"我的对话者说。在我们开始谈话前，来了个电话，宣布了克拉科夫的一位耶稣会神父的死亡，他是教宗约翰·保罗二世[2]的朋友——这位教宗以后将出现在我们的采访中。

"您别指望能听到具体的细节、日期、地名……正如他们所说的那样，我们比年轻人拥有更多的回忆，但我们拥有的记忆力却比年轻人更差些。"

作为一位新教哲学家，也是《圣经》的阐释者，保罗·利科成为伊曼纽尔·列维纳斯的同伴、同事和朋友。他们的第一次见面是间接的。当利科还在斯特拉斯堡的时候就听说过

---

1 让-玛丽·多梅纳赫（Jean-Marie Domenach，1922—1997），法国作家、左翼知识分子、天主教思想家。译者注。
2 约翰·保罗二世（Jean-Paul II，1920—2005），第264任天主教教宗（教皇），本名卡罗尔·约瑟夫·沃伊蒂瓦，出生于波兰，于1978年10月16日被选为教宗。译者注。

保罗·利科，与列维纳斯相见虽
晚，却惺惺相惜。

列维纳斯。那时，年轻的列维纳斯正在着手写作他最初的关
于胡塞尔的著作。让·海灵，斯特拉斯堡神学院讲授《新约》
的教授，同时也是《宗教现象学》（*phénoménologie des
religions*）的作者，对利科说了列维纳斯的很多优点。

　　几年后，利科出席了让·瓦尔在哲学学院举行的关于"时
间与他者"的第一次研讨会，哲学学院位于圣日耳曼德佩广场。

　　"我曾听过萨特关于存在主义和人道主义的著名演讲。
在外面有许多人，但是在里面的人都是比较亲密的。"他还
记得瓦尔那句话："您很有天分，您必须去写作！"听完，
那位演讲者满脸尴尬的笑容。

　　"我目睹了这样的盛况，在那儿，在圣日耳曼德佩广场，
由让·瓦尔赞助。简而言之，在《总体与无限》出版前，在
这本书让他声名鹊起之前，正是瓦尔让我与列维纳斯保持了
联系。"

　　他们之间的私人关系开始得很晚，甚至可以说太晚了。
但正如我们所说的，他们首先保持了一种学术关系。

利科说："能把他引到南特我感到非常自豪。因为他不是通过哲学教师资格会考的毕业生，没有通过常规途径。我也是这样。因此存在着需要克服的偏见，但我用我所拥有的力量，设法做到了。"

从这个时期开始就可以推断他们第一次相遇的时间——"那种配得上他身份的亲密和距离"——讨论，会面和拜访。利科经常去奥特伊街的学校。列维纳斯也在家中接待他。

"我结识了列维纳斯夫人，十分欣赏他们之间的亲密感和依恋感。如果列维纳斯夫人不在，列维纳斯就不做任何演讲。这就是为什么我理解她去世时他的痛苦。我真的欣赏并理解了《总体与无限》中所有关于家庭之伟大的页面，还有那些关于爱抚的美丽页面。在德里达之前，只有列维纳斯以这种方式谈论了这一点。列维纳斯的观点并不总是能被抓住。但是我在当时能真切地感受到这种亲密感。"

从1967年到1973年，两人在南特定期见面。有一段时间，利科打算建一个宗教哲学中心。他想让列维纳斯代表犹太教，亨利·杜美瑞[1]代表天主教，而他自己则代表新教。不幸的是，五月风暴让这个项目搁浅了。给他写传记的作家弗朗索瓦·多塞说这让利科很失望。[2]

因此，继让·瓦尔之后，这位阐释者和新教哲学家，在某种程度上，扮演了列维纳斯与学术界和知识界之间的中介角色，面对学术界列维纳斯本人很容易退缩。

1　亨利·杜美瑞（Henry Duméry，1920—2012），法国哲学家，着重研究宗教和现象学。译者注。
2　弗朗索瓦·多塞：《保罗·利科：一种生活的意义》（*Paul Ricœur, le sens d'une vie*），La Découverte 出版社，2001年，第443页。（弗朗索瓦·多塞［François Dosse，1950— ］，法国历史学家和哲学家，专门研究知识分子史。译者注。）

1973年，弗朗索瓦·瓦尔（François Wahl）邀请利科介入，说服列维纳斯，让他把奈霍夫出版社出版的书带到瑟伊出版社。1978年，他再次提出了这个请求。但是这种转移并没有发生。列维纳斯对他的荷兰出版商保持忠诚，在这里出版哲学著作，就像他一直选择午夜出版社出版所谓的宗教性著作。实际上，这种依恋中，也有谦虚的成分。

围绕着教宗

后来，两个人定期在罗马的"卡斯特利座谈会"（colloques Castelli），以及甘多尔福堡座谈会（colloques de Castel Gandolfo）上见面。每年的一月初，这两位同事都会在罗马的这些座谈会上见面。他们享受着思想上的碰撞——由有些爱幻想的贵族恩里科·卡斯特利[1]主持的自由谈话。

甘多尔福堡，是不同于卡斯特利座谈会的另一回事。最初，教宗约翰·保罗二世想让一群思想家聚集在他的思想家身边，以沉思世界的未来。

"我想，我来回了四趟。"利科说。"教宗一天参加两次讨论，他完全沉默。他在餐桌旁接待我们，我记得其中一次邀请。列维纳斯和我，我们俩都被邀请了。列维纳斯说：'您坐教宗的右边，我坐他的左边。'我说：'不，恰恰相反。'我们在争取这个特权方面有一点小小的对抗，每个人都明白这是什么意思。"

因此，一位犹太哲学家和一位新教哲学家，围绕着教宗！

1　恩里科·卡斯特利（Enrico Castelli, 1900—1977），宗教哲学家。译者注。

利科说："对我来说，约翰·保罗二世的个性是一个谜题。他和教堂之外的世界有一种令人惊讶的联系，但对天主教的态度又很严肃。这就是为什么尽管他可能是地球上最有深度的人之一，但也经常被视为压抑进步的力量。归根结底，他发出了伟大的声音。看看他去以色列的旅行吧，在那趟旅行中他没犯任何错误，总是在适当的时候做出适当的手势，即使是在哭墙……对我来说，这仍然是一个谜。我自己虽然不是天主教徒，但我仍从这种慷慨中受益。而且我认为，列维纳斯比我更受益于此，他非常欢迎这种迹象。"

但是利科坚持认为，教宗对列维纳斯的崇高敬意，并非没有哲学原因。"事实证明，约翰·保罗二世并不是受过系统学术训练的人。他是罗曼·英伽登[1]的学生，这是一个从胡塞尔处汲取营养的波兰人。因此，存在着一条胡塞尔的线索，尽管后面有些模糊不清。但这种深厚的亲和力，无论如何，就是崇高的敬意和钦佩。"

利科参加了甘多尔福堡的最后一次座谈会，那是在1994年的秋天。伊曼纽尔·列维纳斯缺席了。教宗约翰·保罗二世将他的客人放在一边，特意对利科说："我想请您替我向列维纳斯问个好，并告诉他我对他的尊敬和钦佩。"回到巴黎后，利科立即打电话给列维纳斯，并去拜访了他。

"当时他正因为妻子的离世充满悲痛。因此，他讥讽地对我说：'总之，需要一个新教徒，替一个天主教徒给一个犹太人传话。'这是我们之间的一种幽默，永远只需一个眼色，我们就能知道彼此没有说出的部分。"他补充道："您可以

1　罗曼·英伽登（Roman Witold Ingarden，1893—1970），波兰哲学家，从事现象学、本体论和美学研究。译者注。

看到，我们之间有一种同谋性的竞争关系。这就是为什么，许多次有人试图让我们相互对抗，但我们都没有让自己卷入其中。"

善良、名字和忠诚

列维纳斯去世后的第二天，利科给了《改革》杂志一篇文章，他坚持要标出在日期上的奇怪巧合。

"对我来说是圣诞节的那天，正巧是伊曼纽尔·列维纳斯逝世的日期。"[1]

一个月后，在一个由索邦神学院组织的致敬晚会上，利科发言的大部分内容都在讲一种夸张——这种哲学方法仍然在作品中发挥着作用，并通过强调、抬高、过度粉饰来进行："我认为，如今最重要的是列维纳斯身上俄国的一面。当他说'我比其他人更有罪'，我认为这不是来自犹太的，而是陀思妥耶夫斯基的，是卡拉马佐夫兄弟的。你知道他可以熟练背诵普希金，他被其他伟大的俄国作家所滋养。在我看来，我们还没有充分揭示这种影响。我常常和他对如何使用这种夸张有一些小小的辩论。多说是为了少说，这是列维纳斯式的夸张，是陀思妥耶夫斯基式的夸张。"尽管如此，利科还是承认，在列维纳斯那里有一种他从来没有完全理解过的极端态度。

"当他说'我是对方的人质'时，我们必须看到，列维纳斯不是任何人的人质。我们并没有钩住他。当他说'我在

---

1 《改革》，1996年1月6日。

这里，我难道没有占据他人的位置吗？'的时候，我们必须知道，这个人总是平静地占据着他自己的位置。我必须说，对于我来说，存在着一处难以理解的地方。我发现很难在伟大的哲学家——这位哲学家很高兴被选到巴黎四大，然后又被选到索邦大学神学院——和写下那种辛辣文字的作家之间，找到一种过渡。我无法协调二者。"

当然，路线、战争期间被囚禁、《圣经》、现象学、共同的承袭、都被注释所吸引、在各自的宗教传统中关注每一方面、在日常生活中的举重若轻，以及敏锐的幽默感……所有这些都使利科和列维纳斯相互靠近。但是他们两人又都各自遵循着自己的道路。利科受行动主义文化的影响，偏好政治介入，植根于左派，回应了时代的政治问题。列维纳斯则不然，他更多是保守，有些人或许会说，更加谨慎。但是他们始终坚持自己的哲学方法和研究方向，没有误入歧途。列维纳斯式的将他者放在优先性地位上，并没有立即被这位新教哲学家所接受。对此，他解释道："我对人们试图在我们之间建立的那种明显是对抗性的对立，越来越持保留态度。有人告诉我，按照列维纳斯的观点，我们是从他者开始的，而您，您却仍然留恋于主体，还有互惠性。但是我们只能从我们可以开始的地方开始！这是一些进攻的角度，所有的一切都取决于您从哪里开始，我们如何与他人相遇以及在什么地方可以与之相遇。因此，在我看来，我与他者在互惠性上相遇了。我常常想我处在列维纳斯哪本书中。我是那个说'我'（je）的人吗？或者是人们在'他者'（l'autre）名义下谈到的？他，列维纳斯，他在哪里？他会说'我'吗？还是他已经是'第三者'（le tiers）了？因此对我来说，存在着一个问题，那就是我们处在什么地方？"

归根结底，概括来说，利科认为自己与列维纳斯的关系是疏离的。这位斯特拉斯堡大学的学生，利科只是通过他的名气才知道他，列维纳斯的盛名流传在他在巴黎时经常去造访的哲学学院。几十年过去了，列维纳斯在成熟期的很多年里经历了起伏、沉寂，《总体与无限》的问世，以及其他哲学著作的光芒，不要忘了还有哲学上的冲突，利科并没有把这些不同的面孔连在一起。

"这就是我们的会面，实际上，是不连贯的。如果我可以称之为会面的话，它们都是断断续续的。但这是事实。"

是什么使他们聚集在一起？他们在哪里相遇的呢？

"这是双重的。首先是胡塞尔，也就是说，激进主义哲学。这对我和他来说，都被海德格尔不适当地掩盖了。另一方面，是犹太教。对我来说，犹太教就是家庭，是'哥哥们'。我对基督教的理解奠基于希伯来《圣经》上。所以我有两个着力点，但是不连续，我不知道如何把胡塞尔和《妥拉》联系起来。即使是在列维纳斯家里，我也不知道这该如何连接。他并没有引用《圣经》，除了一两次，在《总体与无限》中。他提到了柏拉图和笛卡尔。当他在柏拉图那里读到善的概念已经超越了存在时，他想到了一个不可发音的名字，并让自己陷入了一种从未有过的短路中。那个不可发音的名称和柏拉图的善在某个即使是他自己也不能说出的点上是重叠的，我在那里触碰到了某种被深埋的东西，它被深深地埋藏着，总是被间接地说出。但是，无论如何，我也有一个相似的困惑。我的哲学思想和宗教思想，既是对立的，又是不可分割的。在他的哲学中，他忠于他的犹太教，就像我忠于我的基督教一样。"

但是，列维纳斯不喜欢我们将他划归于宗教哲学家的行列中,不喜欢我们为他贴标签,或者把他放在一个壁龛中。"我也不喜欢。"利科对此表示赞同："我不喜欢被称为新教哲学家。你是一个哲学家,或者不是。而我却被称为'新教的'。我说我有一篇关于基督教的文章,我信仰哲学化的基督教。我敢说列维纳斯信仰哲学化的犹太教。我认为他视之为一种荣誉。他不是犹太哲学家,而是一位信仰哲学化的犹太教的哲学家。他属于一个犹太大家族,但他又带着胡塞尔的视角,还是海德格尔的对手。他带着哲学上的整体性,居住在犹太的巨大空间中。但在我看来,他是一个成熟的哲学家。在《总体与无限》中,他谈到了哲学。有两种范畴,其一是哲学的,其一是无限的。存在和本质,这些都不是《妥拉》中的用词。我也拒绝这种将我们标签化,进而把我们边缘化的方式。"

但是,难道不是他们各自传统的遗产使他们两个人,作为哲学家超出原本的社群,获得广泛的回响吗?

利科的传记作者弗朗索瓦·多塞在谈到这个话题的时候说："正是对伦理的追问把他俩带到了 80 年代法国知识分子生活的中心。他们属于同一代人,存在着真正的血脉传承,同处胡塞尔的教育之下,以现象学和对公共事务保持距离的思想为根基。他们的手段是各不相同的。他们在对各自所属的宗教传统中的文本进行平行研究的同时,有着同样强烈的愿望,即尊重哲学体系的特殊性。" 他补充道,对列维纳斯正如对利科一样,"如果我们切割得太彻底,我们会错过边界两侧的多重混响效果"[1]。

1　弗朗索瓦·多塞:《保罗·利科:一种生活的意义》,第 750 页。

欧 洲

利科说："胡塞尔式的视角和海德格尔的对手。"这段话仍然能让我们联想起列维纳斯与《存在与时间》作者的矛盾关系。根据利科所言，这种关系对列维纳斯的作品起了建构性作用："您是否注意到列维纳斯最后的公开课是关于死亡的？列维纳斯仍在那里面对着海德格尔。因此，他在阐述的时候从未停止与海德格尔一起。因为海德格尔是他最亲密的陌生人。海德格尔持有一种不考虑伦理的存在论。但是对于列维纳斯来说，是要脱离本体论，而将伦理学作为第一哲学。为此，我必须说，他总是处在对海德格尔本体论霸权主义的解构状态中。他和海德格尔并没有以分手而告终。海德格尔的个体道德性不能达到列维纳斯著作的高度，而卡尔·雅斯贝尔斯则完全可以达到本书的高度。雅斯贝尔斯不会在希特勒身上犯错。归根结底，海德格尔代表着一种不可能产生道德的哲学。对于英雄来说，存在着一个空旷的地方。他不可能像雅斯贝尔斯那样，在自己的思想中产生道德的和政治的衡量角度，在他的思想中存在着一个废弃的空间，但仍然是伦理—道德空间。因此，海德格尔说到底是一种基本的非-道德主义。他恰恰是希特勒主义的理想猎物。这是他必须认识到的缺陷，列维纳斯对此有着非常完美的认识。"

只有扬科列维奇提到了要防范德国，这就是利科认为列维纳斯如此"俄国"的根源。在此，我们谈到了欧洲的问题，谈到了列维纳斯在生命的尽头留下的关于这一主题的众多著作。

自相矛盾的是，这个战争结束后一直拒绝前往曾经因禁过他的国家的人，是欧洲一体化的坚定捍卫者。他甚至在欧洲议会中就欧洲一体化发表演讲，而另一篇则是关于和平的演讲。他主张形成一种以文化为基础的欧洲情感，市场不应该是唯一的力量，这种欧洲一体化的情感也受现实和历史传统的滋养。曾经有一本杂志要他提供这个情感的定义，他给出了一篇文章——《欧洲是什么？它在〈圣经〉和希腊中》。"在他撰写的这篇短文中，列维纳斯推演出了这样的框架：通过唤起从一个人到另一个人的'小仁慈'（petite bonté），就可以终结瓦西里·格罗斯曼在《生活和命运》中所提到的东西。按照他的证明，欧洲本质上是一种新旧交织的意识。"[1]

"我想，"利科说，"他一直保持着一种来自立陶宛的生动感觉。他曾跨入德国，这个德国如今他拒绝再次涉足。但是，他必须对其合并保持敏感。这就是他与扬科列维奇截然不同的地方。扬科列维奇和所有德国的东西决裂了，但列维纳斯却能毫不尴尬地谈论胡塞尔和海德格尔。这是两种非常不同的决裂。扬科列维奇的观点是激进且绝不原谅的，而列维纳斯的观点则在欧洲文学中占据主导地位。从某种意义上说，他是一个伟大的欧洲人。"

会面结束了，这次会面把我带回了之前和德里达的对话中。利科，德里达，列维纳斯，——今天，在欧洲，美国及其他地区，这可能是最经常被提起的法国哲学家的名字。这三个人都与神圣的宗教有关。

利科持一种相对主义的态度。战争之后，最普遍的运动思潮是马克思主义、存在主义和人格主义。今天，运动思潮消失了，但什么东西会留下来呢？谁将会被打入炼狱，谁又

1　此文首先发表在《世界主义》（*Cosmopolitiques*）上，1986 年 1 月，第 4 期，后被收入《各国时刻》（*À l'heure des nations*），午夜出版社，1988，第 155 页。

会被赋予光环呢？这让我们想起了萨特事件，他在被疏忽了二十年后重新回到人们的视野。利科对此的回答是称赞他的多才多艺——小说、散文、戏剧、哲学。"要同时写《谴责阿托纳》（*Les Séquestrés d'Altona*）和《词语与处境》（*Les Mots et Situations*），这足够独特了。从这个角度来看，没有人能和他相比。"

"或许，"利科总结补充道，"这三个名字能被放到一起，可能是因为他们首先是教师。"在接受我们采访的一周前，利科在索邦大学举办了一场关于叙事、记忆和历史概念的讲座。大厅里有八百人，街上也有人。"是的，也许就是这样，"利科总结道，"列维纳斯喜欢教书，德里达爱好教书。我也一样。"

五　档案管理员与先驱们

　　鲁汶是一座位于比利时弗拉芒大区的迷人城市，市中心铺着花边状的石头，中世纪风格，有点神秘。这里是一所大学的所在地。这所大学至今仍是神学和形而上学研究的重要中心。从 1972 年开始，作为该校名誉博士的伊曼纽尔·列维纳斯会定期拜访那里。最初，这所大学是既属于弗拉芒又属于瓦隆，但在 1968 年，学生的暴动导致了两个校区的分离。弗拉芒大学仍在那里，并在北面创建了一个全新的城市，名为新鲁汶。奇怪的是，两者都和列维纳斯保持着联系，并继续向他呈上真正的献礼。而今，其中的一位"祭司"是罗杰·伯格戈拉夫，他献上了一部真正细致的书[1]。这本书的参考文献非常完整，包括各种专著、评论、发表在法国哲学杂志上的文章，并不断更新，截止到 2000 年前夕已达到 222 页，大约有 2000 条条目。

　　活泼，热情，永远生动的脸庞。伯格戈拉夫在大学的办公室里接待了我，并向我讲述了他与列维纳斯如何见面以

---

[1]　罗杰·伯格戈拉夫：《伊曼纽尔·列维纳斯：一本关于他生命的第一和第二阶段（1929—1985）的传记》（*Emmanuel Lévinas, une bibliographie primaire et secondaire* [*1929—1985*]），鲁汶，Peeters，1986 年。（罗杰·伯格戈拉夫 [Roger Burggraeve，1942—]，哲学家，列维纳斯研究者。译者注。）

及保持长期友谊的故事。他是慈幼会[1]的神父，从 1963 年到 1966 年，他被送到了罗马。那时候正值梵蒂冈第二届大公会议，教堂内外人声鼎沸。阿尔伯特·唐德因[2]刚刚出版了《信仰与当代思想》一书，有许多主教和主持神父向他请教。他在罗马的短暂居留结束后，唐德因把他推荐为鲁汶神学院的教授，并让他致力于对列维纳斯的阅读。"您买了《总体与无限》，这很好，这恰恰是我们要追随的路！"从那时开始，伯格戈拉夫就开始了永不会离弃的"智力上的痴迷"。"通过他对于他者的立场，以及对他人的他律——这方面好像有人提到过，我发现了一种新方法。通过列维纳斯，作为一个天主教徒，我重新发现了《圣经》。"

他还保留着自己 17 岁时的一段记忆，那是他大学时期的倒数第二年，有一位非常有才华的希腊老师，曾教过他们索福克勒斯，他的这些课程是能"打开思想"的。但是这位老先生也教他们基督教知识，后者真是一场灾难。他为什么就不能以对待安提戈涅的方式对待《圣经》呢？

伯格戈拉夫坦言，借助列维纳斯，他发现人们可以进入一个《圣经》不与哲学对立的宇宙。《圣经》并不因为它是神圣的而没有价值。它之所以是神圣的，正因为它向普遍性敞开。

1972 年，伯格戈拉夫完成了他关于伊曼纽尔·列维纳斯作品的论文。那一年，这位法国哲学家被鲁汶大学授予了名誉博士学位，并被邀请到鲁汶。在仪式结束时，按照传统的

1　慈幼会，全称鲍思高慈幼会，成立于 1857 年，是天主教组织之一。译者注。

2　阿尔伯特·唐德因（Albert Dondeyne，1901—1985），布鲁日教区的天主教神父，鲁汶天主教大学的哲学家、神学家和教授。译者注。

做法，整个学术队伍要花很长一段时间穿过城市。"在街上，"伯格戈拉夫说，"我发现自己靠近了他。他停了下来，离开了队伍，我们的对话以他邀请我在巴黎再见结束。"

因此伯格戈拉夫就开始了一连串的拜访，过程总是不变的。"在米开朗琪罗街，客厅的桌子上铺着白色的桌布。当您成为亲朋小圈子中的一员时，他总会从柜子里拿出一瓶君度酒，给您倒一小杯。"伯格戈拉夫说："总是那样，一杯咖啡和一小杯君度。带着一种放松后产生的幽默感，列维纳斯说：'在哈西德犹太拉比中，存在着一个真正的问题，这个问题来自斯利沃威茨酒，这是一种李子酒，或者说，来自上帝的精神。但有时，斯利沃威茨，真的有帮助！'"

感谢唐德因、赫尔曼·德·迪金[1]、阿德里安·佩佩扎克、伯格戈拉夫，让列维纳斯被鲁汶大学接纳。他在那里做了几次演讲，可能有四到五次。"在这里，我感觉就像在自己家一样。"他有一天这样说。

金钱与王子

最令人惊讶的访问发生在 1986 年，在布鲁塞尔，应储蓄银行的邀请。这个故事值得一讲。恰逢二十五周年纪念日，比利时储蓄银行集团计划组织一系列的庆祝活动。财政部前部长罗伯特·万德普特（Robert Vandeputte）教授，也是比利时银行的名誉行长，醉心于哲学和列维纳斯的文章。他有这样一个想法：通过举办大型会议来纪念这个周年纪念日，

1　赫尔曼·德·迪金（Hermann de Dijn, 1943— ），比利时哲学家。译者注。

特别是要邀请《总体与无限》的作者到布鲁塞尔来，让他谈一谈"金钱的哲学"。

万德普特和伯格戈拉夫前往巴黎，征求哲学家本人的意见。列维纳斯最初感到惊讶，然后被说服了。但是他认为撰写此次的演讲稿有很多困难，做这次旅行则有更多困难。他饱受病痛折磨的妻子不得不留在巴黎。但是，他最终还是答应了储蓄银行的邀请。1986 年 12 月 10 日，在一个花坛前，汇集了众多政治、经济和学术界要人，总理宣布，这次在会展中心（Palais des Congrès）举办的会议开始了。

小组主席在开场白中向列维纳斯致敬，将他誉为"当代最伟大的哲学家之一"，并说道："教授，您参加本次研讨会，证明储蓄银行的作用不仅限于筹集资金，再将资金转化为信贷，而是必须将其置于更大的框架内，看到它可以触及人类生活的各个方面。"[1]

列维纳斯很快就将思考的主题从"金钱在社会现实和经济生活中的作用"转移到"金钱对欧洲人的道德良知的描绘、腐蚀或揭示的维度"。金钱和流通、利润和非营利、社交性和正义，哲学家回到了他自己思考的主题上。因此，他不得不推迟交付会议论文，并在反复修改了许多次后才授权发表。

伯格戈拉夫记得，列维纳斯没打算从这次会议中领到一分钱。他还记得列维纳斯被安排去参观皇宫，他受到了博杜安国王[2]的接见，这位哲学家坚持称国王为"王子先生"。当

1　在比利时储蓄银行集团的讲话收录在该团体的二十五周年内部纪念册中，1987 年，布鲁塞尔。也可参见罗杰·伯格戈拉夫：《伊曼纽尔·列维纳斯和货币的社会性》（*Emmanuel Lévinas et la socialité de l'argent*），彼得斯出版社，1997 年。

2　博杜安（Baudouin，1930—1993），比利时第五任国王。他从 1951 年 7 月 17 日开始在位，直到去世。译者注。

这位君王首先问他妻子怎么样了的时候，列维纳斯脸红了。

在伯格戈拉夫——他的学生有时会戏称他为布吉纳斯（Burginas）——看来，列维纳斯首先是一位敏锐的哲学家。由于他强调伦理和责任，人们把他看作一位严肃的哲学家，但在他的书中，敏锐之处在于主体要向他者敞开。这个男人自身就是敏感的。在他的每一次演讲中，他都用眼睛寻找妻子。"她在哪儿？啊，她在这儿！"他终于开口说话了。他知道自己已经引起了他人的注意。1976年，他到鲁汶办了两场讲座，其中一场是"真理与真实"（vérité et véracité），另一场是"怀疑主义与理性"（scepticisme et raison）。"我当时病了，"伯格戈拉夫说，"我背部有问题，当时正在诊所住院。在他办完第二场讲座后，他还来医院看我。与他相熟的塞缪尔·赫斯林（Samuel Hessling）陪着他。他在这里待了十分钟。他没有表现出过分的热情，但是他像往常一样，保持着一种含蓄但真实的敏感性。赫斯林出去之后，他又回来，紧紧握着我的手，对我说：'愿上帝照看您！'"

声名鹊起的时期

我们或许可以将鲁汶视作列维纳斯主义的阵地。那个地方，可能早于法国——我们可以通过浏览伯格戈拉夫的参考书目了解这一点——让列维纳斯声名鹊起，当然，这种名望还需要在其他地方，借助其他人的帮助才能完成。在这个圈子的中心，作为荷兰本地人，现任芝加哥罗耀拉大学教授的阿德里安·佩佩扎克占据着突出的位置。60年代初，他便在索邦大学完成了关于黑格尔的论文，那时他出席了在鲁汶举行的关于刚刚出版的《总体与无限》的学术会议。

这名年轻人只花了一星期来看这本书。虽然他并没有真正理解它，但他可以肯定，这真的是一本很棒的书，他爱上了这部作品，并经常去巴黎国家图书馆翻找列维纳斯的其他作品，醉心于列维纳斯的哲学文章和他发在犹太期刊上的文章。佩佩扎克开始在刊物上发表评论，并将其寄给列维纳斯，而列维纳斯总是很温柔地回复他。因此，佩佩扎克决定走得更远，他提议出一本选集，并将它翻译成了荷兰语。

"在这本选集中，我选取了十篇犹太的、宗教性的片段，和几篇哲学性文章。这些都是我收集起来的，我一一作了点评。这是一段关系的开始，并逐渐发展成了友情。但是这段友情，在他——一位伟大的大师，和我——大师的接受者之间，情况却已经有了一点点变化。我们一起去卡斯特利座谈会，彼此之间相处得非常愉快，我成为这位伟大哲学家的年轻同事。所以我可以告诉你，从个人的角度来看，他一直是我生命中非常重要的人。这是一个人，以某种存在主义，而不是专制主义的方式，参与哲学实践的人生经历。他作为正统的犹太人的态度，是我的榜样，但在某种程度上，我不得不自己进行改造。"

这本书以《人之面孔的哲学》（*Philosophie du visage hu-main*）为题在荷兰出版，取得了出人意料的巨大成功。这本书连续出了七个版本，其影响超出哲学界，在其他研究者中，如研究社会行为的学者中，引起了巨大关注。

"我不知道将这次成功归功于什么。我怀疑可能是因为该书触及了道德的方面，或者至少触及了恢复道德的方式。荷兰当然是一个非常讲道德的国家，甚至过于道德化了，每个人都对此感到厌倦。本书揭示了一种在当代谈论道德的可能方式。"

实际上，学术会议是连续不断的。卡斯特利座谈会有一次在那不勒斯举行，由律师马洛塔（Marotta）倡导，在费洛菲研究院（l'Instituto filosofico）组织了研讨班。还有一次，在荷兰边境举办，由德国的伯恩哈德·卡斯珀首倡。有一天，佩佩扎克被要求阐述一下"基督徒必须向列维纳斯学什么"这一主题。

佩佩扎克说："我尽力了。我的演讲集中在阐述列维纳斯对神秘主义的批评中，试图证明神秘主义和魔法是完全不同的。神秘主义团体是将仁慈作为前提的，当没有仁慈的时候，神秘主义就误入歧途了。他也在那儿。当我说完之后，他小声对我说：'没错，我们离得不远，但你不觉得你这么说稍微有点异教了吗？'我回答说：'这或许值得冒险一试。只要这能带给您一种友善、融洽、亲切，但又有所差异的氛围。'我们对彼此都非常恭敬。"还有一次，在罗马，佩佩扎克声明他受到黑格尔、圣十字若望[1]和列维纳斯的重大影响，这让列维纳斯涨红了脸，他抬起手臂道："啊，您太抬举我了！"

佩佩扎克最终在美国定居下来。在这里，列维纳斯的名字鲜为人知。阿方索·林吉斯[2]翻译了《总体与无限》和《别于存在》。虽然如此，回声仍然微弱。从70年代开始，情况慢慢发生了变化。

"虽然这一点很难证明，但在我看来，在德里达宣称有

1　圣十字若望（Jean de la Croix，1542—1591），加尔默罗会修士，西班牙神秘主义者。译者注。
2　阿方索·林吉斯（Alphonso Lingis，1933—　），立陶宛裔的美国哲学家、作家和翻译家。译者注。

必要读一读列维纳斯后，列维纳斯才开始在美国成名。当我到达这里时，我以为这里只有德里达。我称他为美国的欧陆哲学教宗。从他写了那篇不仅可以被视为批评，更应该被视为推荐的长文的那一刻起，列维纳斯才成为一个名字。"

"此外，有一种看法将这两个名字联系起来，并将他们视为同一个运动的两个极点，"我的对话者，那位著名的贝纳斯科尼[1]补充道，"但事实并非如此。"

佩佩扎克本人在将列维纳斯的作品介绍进美国大学的过程中也功不可没。自 1975 年起，他就开始在耶鲁大学、波士顿等地演讲，在这里或那里参加学术会议，他曾两次邀请伊曼纽尔·列维纳斯到罗耀拉大学。正是在芝加哥的这所大学中，列维纳斯见到了汉娜·阿伦特。"我觉得这是他们第一次见面，但看起来他们之间没有电流。他们谈到了犹太教和以色列，但没有谈到海德格尔，这个话题有点太过敏感了。"

基督教圈子

佩佩扎克以前是方济各会修士，如今在罗耀拉大学任教。这所大学位于一座耶稣会建筑中。对伊曼纽尔·列维纳斯的兴趣让他接触了天主教的各个分支。列维纳斯带给基督徒的思考是什么？是灵感，参照，深入，而不是一条追随的道路。他会不会接受伯格戈拉夫的那句话，"多亏有了列维纳斯，我成了一个更好的基督徒"？对此，佩佩扎克笑着回答："这

---

1 罗伯特·贝纳斯科尼（Robert L. Bernasconi, 1950— ），哲学家，以对海德格尔和列维纳斯的研究而著称。译者注。

句话可以作为自我辩白。但是我也可以说，如果我变成了一个更糟的基督徒，这肯定也是因为列维纳斯。总之，我在列维纳斯家中学到的基督教神学知识，要多于我在五年的学习中学到的。这么说可能对神学有点不公平，但我确实从列维纳斯那里学到了一种重新思考神学的前提的可能性。所以我不知道自己是否变得更加虔诚了。也许这种变化是间接的，因为列维纳斯不仅是思想上的大师，而且是生活中的模范。他不是一个卫道士，我不喜欢一本正经。这种一本正经，我从未在列维纳斯身上发现过。他有幽默感，会讽刺。我学到的可能是对待哲学事业的严肃性。我在他晚年的著作中更好地认清了自己，我意识到了哲学是关于爱的智慧，而不仅仅是爱智慧。除此之外，他也许还向我指出了魔法和偶像崇拜的危险……我必须承认，当我还是学生的时候，我通过《塔木德》或者现代犹太神学来阅读《圣经》，并没有看到许多可能性。因此，显然是他打开了我的眼睛。他是一个声音，一个以色列的声音，迫使我们回返、自省，以重新调整我们对待以色列历史的态度。"

对于佩佩扎克来说，这种影响力，在基督教世界中越往教会高层中渗透，越难以忽视。尤其是借助教宗约翰·保罗二世的中介。

"教宗读过他，我怀疑教宗可能把他当作最好的犹太思想家。我无法证明这一点，因为教宗可能还接见过其他犹太人。但只要稍微知道教宗写了什么，我们就能发现，毫无疑问，对他来说，列维纳斯是伟大的犹太思想家的典范。""但是，除了那次高端会议外，"佩佩扎克继续说道，"事实上，在荷兰、比利时、美国、意大利，甚至南美，伊曼纽尔·列维纳斯的作品在哲学家和基督教神学家中拥有许多读者，甚至可以说是海量的读者。尽管他的作品扎根于漫长而坚实的犹太传统——即使在其最严格的哲学部分——仍然给众多基督徒留下了深刻的印象，它通过基督徒熟悉的表达方式、方向和要求做到了这一点。"

这个问题没有被提及：作为一个哲学家，又是一个犹太人，列维纳斯同样了解基督教的著作，更精确一点说，是西方的著作。他除了应当被视为博学的标志外，或许也应该被视为一个融合东西方的纽结。在这个纽结中，敌对但有共通性的历史进程既混杂又清晰地结合在一起。要进入所有这些复杂的问题，我们必须回到巴黎，回到60年代，一切都从这里开始。牧师贝尔纳·杜比（Bernard Dupuy）是多米尼加人，数年来一直研究犹太教与法国主教会议的关系。他不是在鲁汶认识列维纳斯的，而是通过雅克·科莱特[1]，此人之前也是多米尼加人，当时在索尔舒尔（Saulchoir）的研究中心给他们上过有关胡塞尔和现象学的课程，课程中很重要的一部分是对列维纳斯的诠释。那时候《总体与无限》才刚刚出版。"我们仍处于存在主义时代，"杜比说，"萨特拖着我们向前，还有让·瓦尔。在这样的时代中，有一个像列维纳斯这样的声音非常重要，在自我学习的过程中，他广受欢迎。这首先是一个来自犹太人的声音，是一个信徒的声音。即使他在自己对胡塞尔的评论中没有这样表达，但就像人们常说的那样，一望即知。人们也是这样来读他的，就像我认为许多犹太读者应该也是这样来接近他的。"

杜比被要求开几节关于诠释学和《圣经》批评的课程，

1　雅克·科莱特（Jacques Colette, 1929—　），出生于比利时，哲学史学家。译者注。

于是他开始研究布伯、罗森茨维格和列维纳斯，他发现了列维纳斯在第二届犹太知识分子座谈会上发表的关于《救赎之星》的文章。在此文中，有一个中心句："犹太教，是一种存在的范畴。"（Le judaïsme, c'est une catégorie de l'être.）它不是众多宗教中的一种，把某种东西叠加在生活上，而是一种范畴。这个词打动了他。"必须说，这个词超出了任何对话、对抗或论战的想法，在基督徒的耳中引发了共鸣。"杜比说："这是因为，首先，基督徒也使用它。为什么？因为在这个时期，他们也在做有些相同的宗教批判，这种活动是出于逃避宗教社会科学化的渴望。因此，这是一个相当经典而细致的主题，因为犹太人通常会说：'我们，我们的宗教才不会和那帮基督徒的一样。'犹太人把宗教扎在基督教对面，基督徒也采取了完全相同的步骤。对于基督徒来说，问题并不在于和犹太教对立，而是基督教与政治、自然、祖国的概念、扎根的概念之对立，以及与巴雷斯[1]式的所有新异教主义，和其他仍活跃的异教之对立……从那个时代起，《圣经》资源要在犹太教与基督教的关系中重新发挥重要作用的观点就不让人感到震惊了。例如，布伯的杂志《犹太人》（Der Jude），就刻意留了一部分给基督徒，其中也确实有此类内容。这本杂志只办了三年。他们没有时间做太多事，但这在当时仍然很流行。"

杜比曾在科尔贝伊-埃松的一个靠近城市的神学院任教，他被任命为真理中心（centre Istina）的主任，这个机构在巴

1　应当是指莫里斯·巴雷斯（Maurice Barrès，1862—1923），法国小说家、散文家。编注。

黎。他报名参加亚夫内学校[1]，这座学校位于克劳德-贝尔纳（Claude-Bernard）街，他在此学习希伯来语，并参加了犹太知识分子座谈会，碰到了列维纳斯。在列维纳斯的许可下，他每周都要去东方以色列师范学校的拉希课程班上课，四年中的每个周末都去。也是在那里，会举办学术会议。列维纳斯经常邀请他去自己家。有一次是和格肖姆·肖勒姆[2]一起。

对肖勒姆的一瞥

杜比说："我记得这件事，因为那让我有点难受。那天是安息日，前一天他问我：'我要请肖勒姆过来吃午饭，如果您愿意过来的话……'我觉得很荣幸！因为我曾是肖勒姆在巴黎的向导，我接待过他。他有自己的习惯，总是住在同一家旅馆里。但我总是拉着他做些让他不太舒服的事情。有一次，他想去南特的市政府查阅文档。我那时候不是很聪明。我下午四点陪他去的，结果我们遇到了交通堵塞。他开始发牢骚：'这不可能，我们永远不会到那里，您指望我现在去那儿做什么呢？'最后，我们没有取到他想要的文件，我们空手而归，又遇到了堵车。他咒骂道：'我从来没见过这么丑陋的小镇，但等等，我还知道特拉维夫……'"

然而，杜比却不能参加这次午餐。他要去做一个关于大屠杀的演讲。"我只能说，"他继续说道，"这是计划好的，

---

1 亚夫内学校（l'école Yavné），位于巴黎，是一所犹太学校，由拉比雅各布·卡普兰创立于 1948 年，至今仍然存在。译者注。
2 格肖姆·肖勒姆（Gershom Scholem, 1897—1982），出生于德国的犹太哲学家和历史学家。译者注。

我不能取消，我有些尴尬。我把这个情况告诉了列维纳斯。他回答我："大屠杀？我们现在不谈这个主题了。'我完全被困住了。我需要委婉地拒绝这次午餐，但我该怎么办呢？列维纳斯坚持要我去。"这时我冒着风险，冒失地说："我认为那是因为列维纳斯不想和肖勒姆单独在一起。"杜比却激动地说："啊，我的话准会让您大吃一惊！是因为列维纳斯尊重肖勒姆，而不是相反。实际上，肖勒姆几乎不知道列维纳斯是谁！"

我们回想起这位犹太学者，他粗鲁的性格、对大屠杀的独特看法、辛辣的批判，那些让人印象深刻却有些被遗忘的著作，还有他的敏锐分析——尤其是对犹太复国主义。在杜比看来："肖勒姆的犹太复国主义理论不太高明。他是犹太复国主义者，但不幸的是，犹太复国主义运动恰恰是由那些从未读过犹太人的书的人领导的。"列维纳斯对此是否有异议呢？

这位犹太神秘主义者住在耶路撒冷的亚伯拉罕街，有一天，他谈到了列维纳斯，这句话我在其他地方报道过："他比他想的更为立陶宛。"[1]这是一句混杂着柔情和残酷的话，但是人们不知道哪种情感在这句话中占主导。杜比赞同道："是的。我花了很长时间才意识到他确实是一个立陶宛人，尤其是在他与哈西德主义的关系中。这太强大了。这是一个传统，维尔纳的加翁，沃罗欣的哈依姆……对他来说，这些传统是一些坚定、清晰的想法。他曾花了很久来谈论《生命的灵魂》[2]，这本书扮演了一个重要角色。他没有读过很多相

1　《阅读列维纳斯》（*Lire Lévinas*），Le Cerf 出版社，1986 年。
2　拉比沃罗欣的哈依姆：《生命的灵魂》（*L'âme de la vie, Nefesh Hahayyim*），Verdier 出版社，1986 年。此版由伊曼纽尔·列维纳斯作序。

关文献，但他生活在像这样的活生生的传统中。在我看来，《生命的灵魂》表现了犹太人对陀思妥耶夫斯基的不信任。我相信，这种犹太人对俄国精神的不信任，发生在陀思妥耶夫斯基诞生前，比他更古老。然而，列维纳斯，他是俄国人。他和妻子都说俄语。他沉迷于俄国文化，他觉得在某些方面，他属于这个宇宙。这种对俄国的狂热，在哈西德主义中也可以用相同的方式发现——我不知道这么说是不是异端——这让他感到灰心丧气。"列维纳斯在某种程度上是双重和矛盾的，他宣称陀思妥耶夫斯基打开了他的哲学眼界，却不赞同小说家在《群魔》中营造出的情感氛围。

无论如何，肖勒姆都是一副冷漠的态度，这在哈西德虔诚派看来，甚至是有点挑衅的意味了。杜比可能会问这样的问题：是哈西德主义中的"正义之士"的形象，影响了俄国修士中的"圣人"，还是恰恰相反？——这个问题绝对会使肖勒姆火冒三丈。而列维纳斯会走得更远。列维纳斯通常对宗教狂热主义、盲目信仰和立陶宛式的表达方式都持怀疑主义态度。杜比说："如果你把他放在哈西德社区五分钟，你会看到他因为愤怒而颤抖。这非常令人惊讶。我知道那些米特那丁主义者[1]，即那些（理性主义者）的存在，但我从未见过到他这种程度的。他不仅在思想上拒绝，而且对他来说，这的的确确是异端，这与犹太人的身份不符。他真的很激进。"

这种拒绝，这种不信任，当他走到生命尽头的时候，不是已经消失了吗？但是杜比，这个比其他人更了解他的犹太方面的人——他的藏书在这方面令人印象深刻——并不这样

---

1 米特那丁（mitnagdims），希伯来语意为"反对者"，指反对哈西德改革的犹太人。译者注。

认为："这种进步可能是随着一个人越来越老，他变得对一切都十分友好了。但在思想领域，他并没有改变分毫。在列维纳斯生命的尽头，我们找不到任何关于他在这一点上有所改变的文本。列维纳斯之所以伟大，就在于他坚定、清晰的思想。他的力量，正在于他一直始终如此，他自己就像一部严谨而清晰的著作。正是这种哲学上的清晰让您印象深刻，因为无论如何，他始终立志要成为一名哲学家。"

一个誓言

巴黎、鲁汶、芝加哥：在追随列维纳斯踪迹的旅程中，自然还有许多其他站点，但是有一个例外，那是他在战后发誓再也不愿踏进其国界的国家——德国。但是，他将自己晚期著作《诸国的时日》（*A l'Heure des Nations*）献给了德国人伯恩哈德·卡斯珀，并说此书献给"一位教授，神学家，哲学家，一个心胸宽广的朋友，一个思想深邃的人"。卡斯珀牧师也是研究罗森茨维格的专家，一位七十多岁的英俊男子，有着蓝色的眼睛和银色的头发。他先是在奥格斯堡，然后又在弗莱堡，创建了一个学习小组来研究法国现象学，主要研究利科和列维纳斯。为了回应卡斯珀邀请他去德国，有一天，列维纳斯对他说："您知道这是一个宗教誓言吗？只有这样，我才有可能保持心理上的镇静。""我自然尊重了他的这个誓言。"如今，卡斯珀这样说。

因此，会议经常在瑞士或荷兰边境召开。有时在巴塞尔或瓦尔威勒，有时在巴黎、斯特拉斯堡或亚琛。1986年5月，在荷兰的一所修道院里，犹太教和基督教的著名辩论发生了，辩论双方是列维纳斯与亚琛主教克劳斯·海默勒[1]。列维纳斯解释了他思想的核心，在一定程度上，他承认罗森茨维格的名字在他的思想演变中从未缺席过。他首先讲述了在立陶宛的童年时代，最早阅读的是一些关于基督教历史的书籍，了解到了宗教裁判所、十字军东征、福音等，他那时候对这些就有一种本能的反感。他继续说道："最糟糕的是，宗教裁判所和十字军东征这些可怕的事情与基督的标记——十字架有关。这令人难以理解，需要一个合理的解释。除此之外，严格说来，世界并没有因基督的牺牲而改变。这一点是核心。基督教，甚至整个欧洲都无法改变事物。世界万物，不因为基督徒作为基督徒所做的事情，也不因为基督教强迫人们去做的事情而改变。这是我要说的第一件事情，它一直植根于我的心中；在我的眼中——或者说在我们眼中，福音的文本总是向历史妥协。"[2] 随后他提到了大屠杀，他发现了世界的冷漠，但也是教会为他的妻子和女儿提供了避难所。他谈到了《救赎之星》，提到了在战前罗森茨维格就向他敞开的一种可能性，即真理可以以犹太人的和基督徒的两种形式被给予，它应该是"没有妥协或背叛"的。最后，他讲了一个关于汉娜·阿伦特的故事，这是她在去世前几年，通过法国广播电台讲述的。小时候，她在家乡柯尼斯堡，被带去见一位负责教导她宗教事务的拉比。她对那位拉比说："您知道的，我失去了信仰！"那位拉比却回答道："但是谁问您信仰了？"列维纳斯总结道："这个回答堪称经典。重要的不

---

1 克劳斯·海默勒（Klaus Hemmerle, 1929—1994），亚琛主教。译者注。
2 伊曼纽尔·列维纳斯：《犹太教"和"基督教》（*Judaïsme "et" christianisme*），德国，Joseph Knecht 出版社，1987 年；后被收入《各国时日》，第 189—195 页。

是信仰，而是要去做。要去做，这当然意味着道德行为，但也是宗教性的。此外，相信和去做，这难道不是两件不同的事情吗？相信是什么意思？信仰是由什么构成的？是话语，还是想法？我们相信什么呢？自己的整个身体？还是所有骨头（《诗篇》35.10）？这位拉比的话其实是这个意思：'做善事就意味着知行合一。'这也是我的结论。"

"对于欧洲的哲学家来说，罗森茨维格现在是众所周知的。他被视为对话性思想运动的一个源头。"卡斯珀从他的藏书中拿出了一本在他的眼中无比珍贵的书，那是罗森茨维格写的关于黑格尔与国家的论文的第二版。它可以追溯到1937年。上面有舍曼·罗森茨维格夫人的题词，写着"1939，巴勒斯坦"，表明这是她当时唯一能够拿走的作品，其他所有样本都被纳粹下令焚毁了。好一个悖论！罗森茨维格并不是犹太复国主义者，他抛下妻子、儿子和女儿，独自前往巴勒斯坦。他的儿子拉斐尔·罗森茨维格在自己生命的最后几年也住在那儿。他甚至在1982年陪同一个德国犹太—基督友好团到以色列访问。列维纳斯和卡斯珀就在其中。

正是在这种会面中，二人之间的关系再次得到了滋养。有一次在卡斯特利座谈会上，卡斯珀发表了一篇题为"海德格尔与列维纳斯"的演讲。列维纳斯立刻举手抗议道："你怎么能将大象与苍蝇相互比较呢？""其实没什么好比较的，"卡斯珀评论道，"他只了解海德格尔的《存在与时间》，对他而言，此书之于海德格尔，正如《巴门尼德篇》之于柏拉图，《纯粹理性批判》之于康德，《精神现象学》之于黑格尔。"

还有一次以色列之行，那是在1978年，去贝尔谢巴（Beersheba），参加马丁·布伯的研讨会。出席的人数不多，列维纳斯有点窘迫，因为他们要求他说法语，但他却很为自己的希伯来语感到自豪。小组成员们去看贝尔谢巴郊区的贝都因人的定居点。在他们下车前，向导告诉他们，贝都因人被要求烧毁他们的帐篷，如果他们想住在石头建造的住所中的话。列维纳斯没有下车，他待在公共汽车上，大骂道："这是殖民主义！"

因此，伯恩哈德·卡斯珀从未在德国见过列维纳斯，但在哲学家位于米开朗琪罗街上的家里，他用德语拍摄和记录了一段与列维纳斯的对话，这段采访是为巴登-巴登电视台录制的。它被播出了两次。自80年代初期以来，列维纳斯的大部分作品都被翻译成了德语。他在基督教世界中被一而再再而三地接受，这非常引人注目。"这恰恰是我们需要的用来解释《圣经》的其他方法，"卡斯珀说道，"通过他自己的思想，列维纳斯可以开辟通往信仰的真理的道路。另一方面，对于20世纪的基督教，大屠杀带来的耻辱是巨大的，我们正在寻找一条新路，让我们在宗教层面上可以比邻犹太人。"

六　贵族与主教

　　卡斯特利的研讨会所邀请的宾客是犹太知识分子，在某种程度上，他们可以说是基督教徒的敌对者。列维纳斯自1969年以来定期参加。他们大概举办了十来次会议，一直持续到1986年。这个座谈会由国际人文研究中心和罗马哲学研究所筹办，一月初在罗马大学举行，每两年举办一次。它是由一位与教宗保罗六世亲近的哲学家发起的，此人就是恩里科·卡斯特利，他也是一部存在主义神学著作的作者。这位意大利贵族原籍都灵，自学成才，他的个人财产不多，只对两件事情感兴趣：诠释学和宗教哲学。他生性好奇，不爱循规蹈矩，说话带有挑衅的味道——在1942—1943年间，他曾对墨索里尼这样说："爵爷，您必须知道，犹太人在我们之前就来到罗马了！"这桩逸事是利科说的，卡斯特利亲口告诉过他——卡斯特利并不缺社会关系，在筹措必要的资金来完成项目方面，没人能比得上他。

　　因此，每隔一个冬天，卡斯特利都会邀请哲学家、神学家和解经者，到同一家酒店住四到五天，他们每天要参加一场六个小时的带午餐休息时间的研讨会。列维纳斯是这些会议的忠实参会者，大部分时候他会带他的妻子一起去，他因受邀而受宠若惊，但他始终保持一种礼貌性的腼腆。所有与会者都住在塞米酒店，靠近米拉菲奥里，举行研讨的哲学系就位于这座小镇。和列维纳斯一起吃过饭的泽维尔·蒂利埃特回忆说："他非常善于观察。有些事情他不做。我们竭尽全力取悦他。他也并不是很苛刻。有一次，在安息日——这很复杂。我记得当时他要我为他填写一封信的地址，因为今天他不被允许写信。他做这事的时候极为严肃。我那时候是个比较迟钝的天主教徒，后来我从布朗德尔那里了解到了这封信的重要性，我不认为这件事令人不快或荒谬。"还有一次，斯坦尼斯拉斯·布雷顿想让他听听自己对犹太教中洁食和不洁食物之间区别的看法，然后他喋喋不休地解释了起来。列维纳斯笑着打断了他："之所以这么做，是为了让我们明白上帝是不可理解的！"在恩里科·卡斯特利于 1977 年 3 月 10 日突然去世后，马克·奥利维蒂（Marco Olivetti）接任了他的工作。他始终谨记他们必须小心翼翼地避免让列维纳斯在周五晚上或周六外出或说话，因为他是个遵守教规的人。但有一次，周五还是周六晚上，有一个好斗的意大利人，挑衅地问哲学家为什么不改变信仰。布雷顿对此补充道："有必要向这个人这样解释，他最终是把耶稣纳入了《圣经》中，而不是把《圣经》纳入了耶稣。"

会议上大家讲法语，卡斯特利本人也用法语发言。那个时候，法国的参与者占主导地位，除了保罗·利科，列维纳斯和泽维尔·蒂利埃特，还有克劳德·格夫瑞（Claude Geffré）和让·格里施等学者。卡斯特利的主持风格是天真且健谈的。他的引言总是有点晦涩和异教的，似乎偏爱悖论。非神秘化，这就是主题——这个主题是由布尔特曼[1]提出的，

---

1 鲁道夫·布尔特曼（Rudolf Bultmann，1884—1976），德国神学家、《新约》学者，自称为"《新约》非神话化"的倡导者。译者注。

他是一位神学家，也是海德格尔的门徒和福音的解构者——这个主题让卡斯特利着迷。"在今天宗教是什么？宗教想说什么？在宗教中存在着什么？"他将宗教科学化的努力可以概括为用现象学的方法处理神圣的经文，并将自己的历史和文化视角，既建立在启示与智慧的元素的基础上，又建立在存在性的经验上。他特别感兴趣的是基督教与其他宗教信仰之间的对话。

凭着作为"发现者"和组织者的天赋，卡斯特利竭尽全力地吸引了来自世界各地的参会者。在研讨会一开始，他就取得了与列维纳斯的联系。正如他在《日记》中指出的那样[1]，1965 年 8 月，他和列维纳斯、扬科列维奇、布鲁尔一起在珍妮·德洛姆[2]家里吃了早饭。在 1965 年 10 月，还是在珍妮·德洛姆的家里，他又与列维纳斯、杜弗瑞、布鲁尔一起吃了午饭。

在同一份日期为 1967 年 11 月 29 日的报纸上，我们可以阅读到以下内容："我们必须在 1969 年的 1 月邀请施盖德古德（Skydgood）、古尔纳（Guelna）、利科、海德格尔、克雷尼[3]、肖勒姆和列维纳斯。"这次座谈会的主题是"神学语言的分析：上帝的名字"，与会者将使这次会议熠熠生辉。但海德格尔一定不会去。实际上，列维纳斯反倒出席了，并在会上发表了一篇题名《根据几篇〈塔木德〉解

---

1 恩里科·卡斯特利：《日记》（*Diari*），由恩里科·卡斯特利研究所出版，1997 年，第 535—536 页。
2 克劳德·布鲁尔（Claude Bruaire，1932—1986），法国天主教哲学家。珍妮·德洛姆（Jeanne Delhomme，1911—1983），法国存在主义哲学家。译者注。
3 卡洛利·克雷尼（Károly Kerényi，1897—1973），匈牙利古典语言学学者，也是希腊神话现代研究的奠基人之一。译者注。

读得到的上帝的名字》（*Le nom de Dieu d'après quelques lectures talmudiques*）的知名文章。据我们所知，这是他在卡斯特利座谈会上发表的第一篇文章。此后，他每两年定期发表一篇，比如《凯撒的国和大卫的国》（*L'État de César et l'État de David*）、《揭示的真理与见证的真理》（*Vérité du dévoilement et vérité du témoignage*）和《诠释学及超逾》（*Herméneutique et au-delà*）。

他最后一次交论文的日期是 1985 年。那时候卡斯特利已经去世，他的工作由自己的弟子奥利维蒂接任。那次会议的主题是"犹太教，希腊化，基督教"，列维纳斯为犹太教中的神性倒悬上了杰出的一课，对拉比沃罗欣的哈依姆《生命的灵魂》一书做了长长的回顾和分析。列维纳斯返回到一个对他来说必不可少的文本，并比较了他所继承的遗产，即犹太教传统中的上帝的谦卑，与保罗书信中的核心观念，即上帝竭尽全力让人性存活。

对于奥利维蒂而言，这些会议含有一种美德：来过一次的人会继续来参加，直至成为常客，让这种会议持续举办下来。在这些"智力竞赛"中，列维纳斯"是一个非常重要的人物"。当开始参加会议的时候，他还是个无名小卒，即使在法国也鲜为人知，更不要提荷兰了。"是卡斯特利将他介绍进了意大利，这点毋庸置疑。"这也以某种方式解释了，为什么意大利对他的接受很特别，更多是宗教上的，如基督教徒和天主教徒，而非哲学上的。无论如何，现任罗马大学宗教哲学教授并接替卡斯特利主持会议工作的奥利维蒂总结道："列维纳斯使这些会议向犹太人开放。斯蒂芬·摩西和保罗·门德斯-弗洛尔随之也参会了。"

一位现象学的主教

"一位现象学的主教",这是伊曼纽尔·列维纳斯在一次由天主教作家协会组织的大会上对教宗约翰·保罗二世的评价。这次会议于1980年2月23日在巴黎召开,主题为"约翰保罗二世的哲学思想"。座谈会在参议院举行,会议向犹太哲学家发出邀请,他们在这里谈到一些话题,比在冈多菲堡座谈会上谈到的更为古老。列维纳斯选择以连续笔记的形式进行,并以这样的话作为序言:"我没有太关注约翰·保罗二世的哲学问题,我在这里只谈谈我对这位原名沃伊蒂瓦的枢机主教的哲学思想的几点印象。"[1]

他首先强调了对哲学话语的"极端忠诚","坚持用一种严肃的语言进行分析,并在一种天性之光的照耀下——如果我们能这样表达的话,对神学性的洞见保持警惕"。他带着一种幽默感补充道:"我承认,在遵守相同标准的前提下,在我自己的那些卑微的文章中,我仍然更多地把他称为诗人和解释学家,而非红衣主教。"

胡塞尔也是此次对话的核心。卡罗尔·沃伊蒂瓦[2]接受过系统的哲学训练,并于1959年,在罗曼·英伽登的指导下,为自己关于马克斯·舍勒的论文答辩。他曾在卢布林大学受教于胡塞尔和舍勒。在于1978年成为教宗前,他就参加过现象学学术会议。值得一提的是,这促成了他与列维纳斯的首

---

1 《关于红衣主教沃伊蒂瓦的哲学思想的笔记》(*Notes sur la pensée philosophique du cardinal Wojtyla*),载于《交流》(*Communio*),1980年7—8月第1期。
2 Karol Wojtyla,即教宗约翰·保罗二世的原名。译者注。

在冈多菲堡的会议，与会者围坐在教宗身边。这是列维纳斯经常被邀请参与的会议之一。

次间接会晤，安娜-特蕾莎·蒂米妮卡是中介人。

安娜-特蕾莎·蒂米妮卡原籍波兰，在弗莱堡完成了学业，现居马萨诸塞州，在那里她创立了"世界高等现象学研习所"。她在弗莱堡结识了列维纳斯，后者在那里的神学院教《塔木德》。当她的研习所计划在欧洲召开第一次学术会议时，她希望列维纳斯担任主席，于是去邀请列维纳斯。会议定在1975年4月在弗莱堡举行。两年后，研习所的第二次会议在巴黎的舍夫勒斯街4号举行。安娜-特蕾莎·蒂米妮卡邀请了她认识的红衣主教沃伊蒂瓦。这位未来的教宗，当时是克拉科夫的大主教，将在会上发表讲话，但由于自身的原因，他最终没有参加会议。当时列维纳斯担任联合主席，他不得不阅读这位红衣主教发送过来的打字稿。他认真地做了这件事，因此他总是以一种混杂着骄傲与狡黠的方式提起。

后来，在1983年6月巴黎的一次国际会议上，恰逢保罗·利科七十诞辰，安妮-特蕾莎·蒂米妮卡回忆了哲学家与教宗的这段插曲。"我在访问巴黎期间，曾与列维纳斯进行过多次讨论。在我看来，他对卡罗尔·沃伊蒂瓦的兴趣非常明显。按照我的理解，在这种兴趣背后，不仅仅是因为他对相邻的宗教和该宗教的权威的尊重，更重要的是，事实上，从沃伊蒂瓦一开始担任教宗，他的那种将人类视为面向上帝敞开的理念，与列维纳斯的'面对面'的邻人道德，很好地形成了共鸣。"她又补充道："事实证明，这种欣赏是相互的。红衣主教沃伊蒂瓦也通过我多次听到过列维纳斯，在他成为教宗的五年前，我们见过面。他读过列维纳斯的一些著作。因此，列维纳斯是最早被邀请参加教宗的哲学会议的哲学家之一。这个哲学会议每两年办一次，在 8 月，地点是冈多菲堡。"[1]

　　在冈多菲堡会议之前，教宗曾在某个周六于巴黎组织了一场早餐会。那是自从约翰·保罗二世当上教宗后，第一次访问法国。1980 年 5 月 31 日，在接见非天主教徒的新教徒代表并前往爱丽舍宫见总统吉斯卡尔·德斯坦[2]前，教宗要会见十五名知识分子。他本人做了份计划名单。《世界报》写道："这次会议未包含在教宗的访问计划中，这表明教宗不必非如此不可。"[3]这份名单上有热尔梅娜·蒂利翁、皮埃尔·肖努、克里斯蒂安·卡巴尼斯（Christian Cabaniss）、让·杜

---

1 安妮-特蕾莎·蒂米妮卡：《回忆伊曼纽尔·列维纳斯：一位伟大的思想家和朋友》（*A Tribute to the Memory of Emmanuel Levinas, A great Thinker and A Friend*），《现象学探询》（*Phenomenological Enquiry*）第 15—17 页。（安妮-特蕾莎·蒂米妮卡［Anna-Teresa Tyminiecka, 1923—2014］，波兰裔美国哲学家，现象学家。译者注。）
2 吉斯卡尔·德斯坦（Giscard d'Estaing, 1926—2020），法国政治人物，1974 年至 1981 年担任法国总统。译者注。
3 《世界报》，1980 年 6 月 1 日—2 日。

切尼斯、让·富拉斯蒂埃、安德烈·弗洛萨、吉纳维芙·安东尼奥-戴高乐、勒内·基拉尔、杰罗姆·勒吉恩、让-吕克·马里翁（Jean-Luc Marion）、科琳·马里翁、约瑟夫·里高（Joseph Rigaud）、阿涅斯·卡里诺夫斯卡[1]和伊曼纽尔·列维纳斯。列维纳斯错过了安息日拉希课程，这是非常罕见的。这是由于他必须步行从东方以色列师范学校赶到教宗的使馆。

　　顺便补充一下，这件事是由贝尔纳·杜比说的，在这次访问期间，教宗还接见了法国犹太人社区代表团。这次会议是由首席拉比卡普兰安排的。当这位大拉比介绍完他的代表团成员时，教宗保罗二世说了第一句话："您在法国很幸运，能有像伊曼纽尔·列维纳斯这样的人。他怎么不在这里？"听他这么说，犹太中央会议主席阿兰·德·罗斯柴尔德、巴黎会议主席埃米尔·图阿蒂和大拉比[2]都傻眼了。

1　热尔梅娜·蒂利翁（Germaine Tillon，1907—2008），法国人类学家。皮埃尔·肖努（Pierre Chaunu，1923—2009），法国历史学家。让·杜切尼斯（Jean Duchesne），巴黎主教。让·富拉斯蒂埃（Jean Fourastié，1907—1990），法国经济学家。安德烈·弗罗萨（André Frossard，1915—1995），法国新闻记者和散文家。吉纳维芙·安东尼奥－戴高乐（Geneviève Antonioz-De Gaulle，1920—2002），法国抵抗运动战士，维护人权以及与贫困作斗争的知识分子。戴高乐总统的侄女。勒内·基拉尔（René Girard，1923—2015），法国历史学家、文学评论家和社会科学哲学家。杰罗姆·勒吉恩（Jérôme Lejeune，1926—1994），法国遗传学家。科琳·马里翁（Corinne Marion），在巴黎教授当代文学。阿涅斯·卡里诺夫斯卡（Agnès Kalinowska，1956—），洛林大学教授，主要教授语言、艺术和文学。译者注。
2　阿兰·德·罗斯柴尔德（Alain de Rothschild，1910—1982），法国银行家和慈善家。埃米尔·亚伯拉罕·图阿蒂（Émile Abraham Touati，1927—1995），法国记者，专门研究市场营销和广告。大拉比指雅各布·卡普兰（Jacob Kaplan，1895—1994），从1955年起担任法国首席拉比，直到1980年退休。译者注。

联　系

在教宗使馆的早餐中，列维纳斯并不孤单。他由自己以前的一名学生陪着，她就是教宗的教女阿涅斯·卡里诺夫斯卡。比起蒂米妮卡，她更多地维系了列维纳斯和保罗二世之间的关系。她是他们碰面的主导者，并在哲学家与教宗间持续的会面中一直发挥着核心角色的作用。

我花了很长时间才找到她的踪迹。毫无疑问，这是由于在她周围，人们都想尊重她的愿望，而她想要低调行事。在我看来，她富有，严谨，是个非常重要的人物。她决定接见我，那是一个美丽的夏日，在位于法国南部的一栋质朴的房子里。在那座房子的壁炉上方，有一座耶稣受难像。她是一位四十多岁的女士，圆圆的脸，清澈的眼睛和一头花白的头发，很讨人喜欢。

阿涅斯·卡里诺夫斯卡的祖籍也是波兰。她的父亲是哲学家耶尔兹·卡里诺夫斯基（Jerzy Kalinowski），曾任卢布林大学哲学系主任。70年代，他邀请"拉比沃伊蒂瓦"——他这样称呼这位教宗——到学校里讲几节道德哲学的课程。他一直坚持授课，直到他赢下了皮埃尔的教席。阿涅斯·卡里诺夫斯卡保留着这样一段有趣的回忆：有位学生的论文指导老师是这位新任的教宗约翰·保罗二世，后者不得不昼夜兼程地从罗马赶来。卡罗尔·沃伊蒂瓦很高兴能来讲授这些课程，他很认真地备课。他因为没有接受过完整的古典哲学训练而受苦。在战争期间，他在工厂里一边工作一边学习。人们经常会看到他手里拿着一本书，一只眼瞄着他负责的锅炉。当他被选举为教宗时，一位在那间工厂工作过的工人在电视上公开抱怨："我们都知道他一无是处！"

沃伊蒂瓦是卢布林大学的寄宿生。他租了卡里诺夫斯卡家的一个房间，花了很多时间与卡里诺夫斯卡一家人相处。他已经变成了家庭的一位朋友，并一直关注着阿涅斯的学习和研究，以及后来她在巴黎的生活。阿涅斯也是哲学系的学生，她完成了人文科学的精英课程，成为高等师范学校一年级的预科生。1975 年，在父亲的建议下，她在索邦大学注册，并参加了列维纳斯的讨论班。她在索邦大学的最后两年里，研讨班研习的重点是米歇尔·亨利[1]的著作。阿涅斯发表了一篇关于《表现的本质》（*L'Essence de la manifestation*）的演讲。"我还没有准备好研读这本又难懂又晦涩的书，但是我接受了挑战。"关于教授的评论，她今天仍时常自问是否只是表扬："这位一年级预科生的演讲真精彩！"

在她眼中，列维纳斯"认真且热情"。1975 年夏天两人开始通信，随后在秋天第一次会面，之后二人定期会面。

"我们在索邦大学相遇，并在附近的咖啡馆喝了一杯。"他们谈天说地，其中有两个话题二人最喜欢：斯拉夫语、俄语和波兰语，还有对《圣经》经文的解释。

在交谈过程中，一些话回到了她的脑海中："你一定不能成为上帝的偶像崇拜者。"还有："我们决不能卖掉人类；从人类身上，我们能很快地过渡到上帝。此外，这就是人们说的神灵凭附。"还有一次，一位多米尼加的神父声称自己感受不到这种神灵凭附，列维纳斯对此感到惊讶，喃喃地解释道："在《圣经》中，上帝使自己成为语言。您知道的！

1　米歇尔·亨利（Michel Henry, 1922—2002），法国哲学家、现象学家和小说家。译者注。

但是语言，他却说是夜壶。"还有一次，他们在索邦散步，列维纳斯说："我将向您展示一条您不知道的路。"或许这句话出自他书中的几段对话，随后，我们还将在他的笔下发现这样的表达，即"哲学不是爱智慧，而是爱的智慧"。

1977年，红衣主教沃伊蒂瓦访问巴黎。他和自己的教女乘车从巴黎前往奥赛，在路上，他谈到了对列维纳斯作品的钦佩。"在宗教哲学领域有两位伟大的哲学家：列维纳斯和利科。"这话让阿涅斯大吃一惊，同时又感到十分欣慰。她对列维纳斯的感觉也是这样的。

一年后，卡罗尔·沃伊蒂瓦成了教宗约翰·保罗二世。1980年他到巴黎访问，进行了那次著名的早餐会，伊曼纽尔·列维纳斯或许是慑于教宗权威，又或许是需要和那些参与早餐会的人保持联系，参加了这次早餐会。在这次早餐会上，毫无疑问，他会见了教宗。应该说，是教宗本人亲自邀请了他，并请来了阿涅斯·卡里诺夫斯卡作陪。但毫无疑问，他与教宗两个人是见过的。"在他看来，这是纯粹的善意，而对我而言，则是非常有益的。"阿涅斯说。她记得，在这种人性的评判席上，每个来这里的人都留下了深刻的印象，没有人敢随便说话，列维纳斯很快就发现自己陷入了压抑与沉闷中。

"教宗通常较少谈论他自己。他喜欢听别人说话。所以他叫了我一声。我大概是在座的人中他唯一认识的。那时候，我让列维纳斯接着说。基拉尔搅了进来，提了个关于牺牲的概念的问题。但在我的印象中，约翰·保罗二世和列维纳斯的对话占据了早餐会中的很大一部分。"

随后，阿涅斯·卡里诺夫斯卡坦言："接下来的事情就没有我了。列维纳斯让这种联系发展了起来。他用友好的语气告诉我他的印象。在私人关系上他很满意，从哲学上来说似乎也很高兴。他是一个积极，或者说大多数情况下积极、豁达的人，总能看到乐观的一面。"

结婚后，这位索邦大学的毕业生被任命为梅斯（Metz）大学的讲师。她离开了希伯来《圣经》的领域，转向了对福音书的阐释。他们之间的交流没那么频繁了，彼此间的联系已经淡漠。她失去了对话者，但很高兴能享受这位对话者这么多年的陪伴。在采访中，阿涅斯带着怀旧的微笑，又一次问道，我们是否在米开朗琪罗街上的房子中看到一张黑白的抽象画，它的名字叫《缺点》（*La faille*）。那是她送给他的礼物。她从画廊里买下了它，并且十分自豪他把这幅画挂到了自己客厅的墙壁上。

无言的祈祷

与教宗的会面还在继续。列维纳斯曾多次受邀前往冈多菲堡，这是教宗的夏季住所，位于罗马郊区。

会议的想法诞生于 80 年代初期，目的是将被铁幕一分为二的欧洲研究人员和哲学家汇聚起来，让他们聚在"人类科学研究所"周围，这个机构设立在维也纳。最初，研究所主要为了促进波兰知识分子的访问。穿越奥地利首都，我们就能看到这个苏联世界与西方世界进行交流的地方。这就是为什么我们会在这里看到米哈尔斯基[1]教授，后来他担任了维

---

1 克尔兹斯托夫·米哈尔斯基（Krzysztof Michalski，1948—2013），波兰哲学家。译者注。

也纳中心主任，还有马克思主义历史学家列兹拉克·科拉科夫斯基（Lezlëk Kolakowski）。随后这个圈子变宽了。研究所科学委员会的法国成员中有保罗·利科，罗伊-拉杜里[1]和伊曼纽尔·列维纳斯。每隔两年，在8月，约翰·保罗二世都会介入并表达对该项目的支持。他会在这里举办研讨会，并请参加者发表他们对已选定的主题的看法。第一次研讨会于1983年举行，主题是："人的形象：从现代科学的角度来看。"约翰·保罗二世，正如利科所说，很高兴地接受了与新教哲学家和犹太哲学家一起用餐。

列维纳斯只有一次拒绝邀请，那是在奥斯维辛集中营事件发生的时候。这件事情是这样的：在一处旧营地，一群加尔默罗会教徒决定竖起十字架，使此处成为基督徒祈祷的地方。这位哲学家抗议该项目，并在《费加罗报》发表了一篇题为《犹太的秘密》（Le mystère d'Israël）的震撼人心的文章。在其中我们能看到哲学家个人的记忆："大屠杀——在苦难与残忍中——六百万犹太人在不同的集中营中遭到了国家社会主义的种族灭绝，还有一些在集中营的铁丝网之外被谋杀，这种大屠杀，有一种巨大的恐惧，不可能作为形象而存在于人类的脑海中，在法语中也找不到相应的词语来描绘其惨烈程度。事件或经验与意识的内容不成比例。作为见证者，我们无法使自己的灵魂处于一无所知的状态。所有发生的一切，都好像化成了一缕青烟逝去，好像这些只有我们记得。这些存在过的东西撕毁了主观的内在性，让我们从外表看又重新死了一次，或者这些事情在一种怜悯中降临到我们身上，这是一种哭泣——正如《创

1　罗伊-拉杜里（Leroy-Ladurie, 1929— ），法国学者和历史学家。译者注。

世记》的一段经文（4.19）所说的那样，'泣血的声音，哭求上帝'。自从奥斯维辛集中营后，尽管犹太人解放了，尽管以色列国建立了，尽管弥赛亚所说的应许之地已经得到了，整个犹太教仍然处在这种哭声中。"想要把这块地作为"无言的祈祷"的地方，他并不确定这块地方是否会讨好这位"现在还沉默着的上帝"。他又补充道："在用其他慈善方式取代这种怜悯和痛苦之前，我们必须仔细考虑。"

列维纳斯将给他的基督徒朋友们的话放到文章的最后："我曾有幸在友爱中遇到许多天主教徒，在法国，也在欧洲的所有国家。他们中有宗教的和世俗的，仅仅只是个人信教的和处在教廷等级制中的——直到相当高的程度——在我看来，这些人完全忠于基督教的希望并对建立在'一切都结束了'的信仰基础上的布施充满信心。我知道犹太历史给他们留下的宗教印象。我认为，即使出于崇高的思想，他们的布施也绝不可能让奥斯维辛集中营里的激情脱离犹太的神秘。这些文字是为他们写的。"[1]

当时，伊曼纽尔·列维纳斯是否直接干预了这件事？芝加哥的阿德里亚·佩佩扎克说："我只知道列维纳斯就加尔默罗会的事给教宗写了信。我不知道教宗是否有回应。但我确信这产生了影响。"

1　《费加罗报》，1986 年 4 月 14 日。

微　光

米开朗琪罗街。他在门口兴奋地向我打招呼。他手里挥舞着《世界报》，并在第 2 页上折了角，这一页刊登了一位法国社会学家关于时代精神的专访。"我还没看过，"他连忙说，"但是从这里可以看出普遍的氛围。"

显然，这篇微不足道的文章他没有读过。他的妻子谈到了苏联和日里诺夫斯基[1]。谈话忽然变得很混乱。这位哲学家混淆了日里诺夫斯基和这位法国社会学家，很多地方让我无法理解。

尽管如此，他仍然很敏锐。他就我的日常生活和阅读两方面提了些问题。

他想起了他在《塔木德》阅读上的导师，这是一个古怪而神秘的人物。在时光流逝中，诞生了许多关于他的传说，这让哲学家的妻子感到很有趣。有人说："我相信他不是信徒。"其他人则说："不，我向您保证，有一次我见过他祈祷。"这种影射大大伤害了家族的朋友，这位《塔木德》大师最虔诚的弟子，内森博士。

"您在说内森博士吗？"哲学家问道。他的脸突然亮了

1　弗拉基米尔·沃尔福维奇·日里诺夫斯基（Vladimir Volfovich Zhirinovsky，1946— ），苏联政治家，自由民主党领导人。译者注。

起来："他是一个闪闪发光的人！"

我们还提到了那位作家，同时也是哲学家的朋友，莫里斯·布朗肖。"我必须告诉他这篇《世界报》上的文章。"他总是反复提到那篇微不足道的文章，好像没有什么比这更重要了。

我知道布朗肖病了，但这两个人仍然定期给对方打电话。

哲学家的妻子说，在战争期间，布朗肖将自己在巴黎的工作室留给她，让她藏在那里，他自己则去和哥哥一起住。"我没住多久，只有两周，我不想连累他。"她向我弯下腰，仿佛对我充满信任："您知道的，他不希望人家看到他的脸！"

我们也谈到了梵蒂冈与以色列之间的关系，还有约翰·保罗二世（罗马教廷刚刚承认了以色列国的法律地位并与之建立了外交关系）。"我从来没有专门研究过，"哲学家说，"但是我们一直有着非常亲切的关系。"

他记得教宗最近再次邀请他去冈多菲堡，但他不能去，"因为那个加尔默罗会的事情"。"这是一件了不起的事情，"当他谈到梵蒂冈与以色列之间达成的协议时这样说道，"整个关系正在改变。教宗去以色列的这个出行计划是重大的。"他的脸又再次亮了起来。我们又一次回到了那位神秘的《塔木德》学者。回到了他伪造的踪迹，他的虚假文件。在这张伪造的出生证明中，他以摩洛哥国民的身份出现。"是的，"哲学家的妻子回忆道，"舒沙尼喜欢假装自己是阿拉伯人。在战争期间，这很常见！"

哲学家补充道："在我看来，他是欧洲人，来自加利西亚或波兰。"

他陪着我走到门口，突然，狂热抓住了他。他说道："反犹主义的最后一滴还没有被喝下。您不这样认为吗？"

七 仪式与世界

　　丈夫，父亲，祖父，列维纳斯一家的亲密关系只能由他们自己讲述，尽管我们可以在他的作品中找到一些段落，比如居住，居所，生育，父性，亲子关系（filialité），这些在他的整个反思和思考中占据着重要地位。这些词语，就像许多其他常用词一样，来自不常见的地方，在他的语言中被重新发明和分配，和他一起进入了哲学话语中。他者并不仅仅是陌生人、同类、邻居，也有可能是熟人、兄弟，或者是儿子、女儿。在与他者的关系中，"自我将从自身中解放出来，因此不断地成为我"[1]。

　　确切地说，这不足为奇，特别是结合西蒙娜和米迦勒的追忆来看，他们两个交替地讲述关于列维纳斯的生活和作品的逸事，就好像这两部分是混在一起的，谈到一个就能立刻唤起另一个。

一个慈爱但总是做蠢事的父亲

　　西蒙娜是列维纳斯两个孩子中的老大，她曾是巴黎一家

1　伊曼纽尔·列维纳斯：《总体与无限》，第 254 页。

诊所的负责人。她出生在战争爆发之前，童年早期处在艰苦的环境中，对此，她仅仅保留着模糊的回忆。她记得战争一开始，自己就被送到了苏珊娜·普里耶（Suzanne Poirier）家里，苏珊娜是伊曼纽尔·列维纳斯在斯特拉斯堡的同学——在她那里我们能看到那张著名的被叫作"五个"（*des cinq*）的照片，在这张照片中列维纳斯坐在汽车上，莫里斯·布朗肖站在他的身边，手指间夹着一根手杖。苏珊娜·普里耶嫁给了鲁昂的一名药剂师，两人都住在乡下。当迫害来临时，他们为年仅5岁的小女孩提供了庇护之处。但是两周之后，她不得不被带回来了，因为她的家人认为这个脱身之计太冒险了。

莫里斯·布朗肖随后接过了重任，他将母女俩安置在他位于巴黎第五区中心的一套公寓里。她们在那里待了差不多有一个月。布朗肖随后又为她们找到了一间修道院，这间修道院位于奥尔良附近的卢瓦河畔。西蒙娜被送到了那里，但是她的母亲和外祖母，却一起住在巴黎的朋友家里。在自己的母亲被驱逐出境之前，列维纳斯夫人一直没有离开首都。当时的情况谁都说不清楚，只留下苦涩与痛苦。

外祖母被传唤去警察局。隐藏这两个女人的家庭坚称，她应当去那里，但是外祖母却不想去。这或许是因为这些好人终于害怕惹麻烦了，家里的这两个女人很少说法语，彼此用俄语交流？西蒙娜觉得可能是这样。无论如何，她的母亲总是很难原谅他们。外祖母去了警察局，就再也没有回来。她在被驱逐出境前，只留下了只字片语，这些话写在了明信片上，从出发前的车站寄出，那是1943年的冬天。瑞萨·列维纳斯最终和她的女儿在卢瓦河边的修道院碰面了，她们住在那里，直到战争结束。

"我感谢布朗肖，"如今西蒙娜这样说，"他是让我们住在他的第五期公寓里的人，也是帮我们找到那个修道院，那所城堡的人，他让我们可以在那里避难。"西蒙娜对圣文森特保罗修道院似乎没有确切的记忆。但瑞萨·列维纳斯，同她的丈夫一样，总是带着感激之情谈论这件事。"我们当时不知道，"西蒙娜说，"我们在战后才知道，这个修道院是英格兰抵抗战士的大型空投基地。我们并不是唯一躲在那儿的人，那里有一个完整的抵抗网络。"

"至于父亲，他那时候被囚禁在德国，我们几乎没有收到任何消息。非常罕见的情况下，能收到只言片语。"

"更不用说留在立陶宛的祖父母，我们更是一无所知。在战后，我们仅仅知道，他们在自己家门口被逮捕。整个家庭，祖父、祖母以及两个叔叔鲍里斯和亚米拿达都被杀害了。"列维纳斯从没说过这件事情，无论是在他的著作中，还是在他与他人的亲密对话中，甚至也不曾对他的家人说过。这是藏在他内心深处的永不愈合的伤口。"他从没说过大屠杀。大屠杀是如此震撼，以至于不能仅仅只用几个词来传达。它蕴涵在他所说的、所做的一切之中。"

总的来说，西蒙娜补充道，她的父亲没有太多地回首过去。但这并不代表过去没有在他身上留下印记，或者说他没有意识到这种印记。过去既不是一个话题，也不是对话，或者冥想。其余方面，他对于法国的热爱、忠诚、奉献，从未因战争而被玷污。西蒙娜说："我妈妈经常说，如果他在巴黎，那毫无疑问会被驱逐出境。但他却对法国的美德充满信心。他相信法国的警察。他认为，警察不会对他做什么。他毫无保留、毫不防范地把自己交付给法国。他还非常尊重机构。比如，学校被置于一切之上。我被任命为住院实习医师的那天，对他来说是很重要的一天。那天他容光焕发。"

他的性格是怎样的呢？他的日常生活方式是怎样的？他既易怒又温柔。他很容易发火，当西蒙娜坚持不学任何数学知识时，他重重地打了她耳光。——数学对他来说是神圣的，值得关注和尊重。同时，他又很开朗，经常大笑，会开玩笑。他知道如何用一个好词、一个场景、一个故事来取乐。就像那天的晚饭，他和让·瓦尔一起在一家餐馆。服务员为客人们上了一个奶油水果馅饼作为甜点。让·瓦尔困惑地抬头，忽然变得很严肃，苦恼地问："这个水果馅饼是用什么做的？"这让他放声大笑。一位杰出的哲学家居然对一个水果馅饼的配料表现出了极大的兴趣，这在他看来是如此滑稽。这让他和他的朋友内森博士开心了一整天。

他也会做各种蠢事。无论如何，他在某些圈子中享有这样的名声。当西蒙娜想要嫁给乔治·汉塞尔[1]时，她未来丈夫的父母——那两个抚养了她丈夫的人——试图了解未来亲家。他们发现大家都说伊曼纽尔·列维纳斯总会做各种各样的蠢事。

"这是真的，"西蒙娜说，"除了他不凑巧做的那些，大多数情况下，他都是故意的。"我告诉了西蒙娜关于威廉·理查森在鲁汶答辩时的插曲，她不知道这个故事，但是，她听完之后似乎并不对她父亲的行为感到惊讶。"这是他典型的行事风格。他不想伤害他，也不想损害他的职业生涯。但当有些话他不得不说时，他就会直率地说出来。"

---

1 乔治·汉塞尔（Georges Hansel，1936— ），法国犹太裔数学家，列维纳斯的女婿。译者注。

家族的遗产

努力，不知疲倦，早起晚睡，这就是他在自己的女儿面前树立起的父亲的形象。伊曼纽尔·列维纳斯每晚只睡六个小时，很早就开始下楼工作。持续性的高强度工作，有时会让他痛苦到发疯。"50年代，"西蒙娜说，"他有一次要为让·瓦尔的哲学学院准备一年一度的讲座。他不停地工作，涂抹、撕扯、修改，直到最后一刻，他仍然认为'还没有准备好'。我记得有一天，当时他处在一种巨大的绝望中——他完成了他的文本，但他觉得这不够好——他快步地在外面走来走去，沿着埃尔朗热街飞快地冲下来。妈妈跟在他后面跑，我跟在妈妈后面。她害怕什么我不知道，可能是怕他会做蠢事，或者是被汽车撞倒。所有这一切只是因为他不满意！"

伊曼纽尔有时昵称瑞萨为"瑞尼卡"。他们彼此亲密，相互帮助。毕竟，在他们还是孩子的时候，就彼此认识了。她总是居于次要地位，但是当人们在生活中看到她时，会觉得她才是那个领导者，无论在家里还是在其他地方。甚至做师范学校的组织工作的人也是她：她出现在一个楼层，然后又在另一层，打理总务处，跟在伊曼纽尔身后。西蒙娜和乔治的孩子们开玩笑，也有可能并不完全是玩笑，他们说她才是这对夫妇间真正的知识分子。她读过很多书。大家见到她时，她要么是扑在书本上，要么是坐在钢琴前。

西蒙娜自然记得舒沙尼先生，那神秘的轮廓标志着她的童年。她记得正是自己亲手给他铺的床，他的房间位于奥特伊街公寓的上面。当她谈起他时，总带着一种激动的、敬仰的笑容，就好像在谈一位有点古怪的伯父，这位伯父深深

列维纳斯和瑞萨在巴黎的寓所。他们一生相亲相爱，彼此忠贞。

迷住了她的父亲。她总能精确地回忆起他的风度，他愤怒时的样子，还有他讲的笑话。然而实际上，这两个男人截然不同。某些东西将他们深深地联系在一起，尽管他们属于不同的宇宙。舒沙尼身上有流浪汉的一面，他令人意外，难以捉摸。我们可以听到他洪亮的笑声从公寓的这头传到那头。他们之间可能并不相互对应。实际上，舒沙尼并不像任何一个人，他自成一派。西蒙娜记得，一旦那个奇怪的人物走远了，家里就会在周日晚上举办大型聚会。有人说他去了乌拉圭的某个地方。在聚会上有几个他的忠实信徒，如特奥·德雷福斯[1]、贝尔纳·皮卡特（Bernard Picard）、丹妮·布洛赫（Dany Bloch），还有那些一起来听每周一次的《塔木德》课程的路人。内森博士主持会议，父亲也参加了。大家试图在此拓展舒沙尼的精神。

伊曼纽尔·列维纳斯同时也邀请乔治·汉塞尔，他的女婿来参加这些会议："我从舒沙尼那里学到了方法。""也许，"乔治·汉塞尔补充道，"他与舒沙尼有相似之处，那就是对平庸的厌恶。包括他的文章、学术讲座在内，都一直在强调这一点。也正因此，他会使其余部分变得崇高起来。但是真正让他们聚集在一起的是方法：从各方面来思考《塔木德》，不仅仅把它视为一种学说，而且将它作为许多敞开的可能性。"

但是家族的遗产，列维纳斯给周围人留下的遗产，首先是他的存在。列维纳斯的外孙，汉塞尔的儿子戴维还记得童年时代在日常生活中对严谨道德的强烈要求。这种严谨体现

---

1 特奥·德雷福斯（Théo Dreyfus，1925—2007），法国犹太裔教育家。译者注。

在最琐碎、最小的事情中。他记得有一次，在布列塔尼的度假别墅中，他被狠狠骂了一通，因为在长途跋涉后，他冲到了冰箱面前，大口大口地灌下了一瓶苹果汁，而没有问问其他人想不想喝——他笑着讲这件往事，他自己的孩子们则一直在餐桌旁互相打闹，每个人都不想成为吃掉最后一块食物的人，当他们中的一个这样做了之后，其余的人都惊呼："啊，他没有遵守曾外祖父的哲学！"还有一次，他要去弗莱堡参加学术会议。这种情况下，我们通常会在早上逛街——列维纳斯绝不会在奥特伊街上购物。外孙陪着外祖父在一家商店买鞋。但是那双鞋子并不适合他。我们该如何离开这家我们在其中试过鞋子但又不买的商店呢？问题是，这双鞋子的尺寸并不适合他。

"这些都是细节，但会永恒回荡。这些是标志着童年时期的东西。"当然，这体现了一种生活道德的传承。但这来自犹太教吗？与内森的友谊和与舒沙尼的会面，如我们所知的那样，这两者联系在一起，对列维纳斯的"回归"研究起了很大的作用。但是，他从小就是彻头彻尾的犹太人，从不间断——西蒙娜回忆道，即使在战争刚结束的时候，一家人宁肯饿着肚子躲在家里："我们碰巧有火腿，在别的地方这是相当好的！"[1]但出于忠诚和纪律，出于对宗教仪式的依恋，出于环境的影响，在日常生活中，伊曼纽尔·列维纳斯无疑也是一名遵守教规的犹太人。

遵守教规的，而不是完全献身宗教的。他的外孙戴维坚持这个区别。

"这也许是我们从外祖父那里上的第一堂课。在他心中

1　犹太教将火腿视为不洁的食物。译者注。

没有宗教/非宗教，信仰/非信仰的二分法。这些范畴不是我们生活于其中的犹太教的范畴。对我的父亲、母亲、兄弟姐妹们来说，这是一切的基础。这可能是非常规的，并且很难解释。我不是说上帝是某种陌生的东西，而是说信仰并不是第一性的概念。第一性的概念是对他人的责任、义务、命令。这些主题是由我的外祖父生发出来的，在我们身上留下了很深的印记。"

遗产中的作品部分呢？西蒙娜四个孩子中的长子戴维是一位受过系统科学教育的物理学家，供职于法国科学研究中心，在巴黎、耶路撒冷和美国之间往返。在耶路撒冷的六年，他一直和自己的妻子乔尔在一起，她曾是高师的学生，现在是一名哲学教授——她也是以色列第一届国际列维纳斯研究会的组织者。他们二人，还有一位律师朋友，每周六下午见面，一起学习戴维外祖父的著作。这个小组从《伦理与无限》(*Ethique et Infini*)开始研究，然后是《总体与无限》，最后是《时间与他者》。这位律师是以色列人，不懂法语，因此他们研读的是列维纳斯著作的希伯来语或英语译本。"基本上是在这种情况下进行的，我阅读了这些众所周知的极端难读的文本。我对外祖父的哲学的兴趣可能会让人惊讶，因为它必须通过中介，借助一些其他文本，尤其是要借助非常出色的犹太神秘主义哲学家，哈西德主义者，拉比耶胡达·哈勒维·阿什拉格的文字。他与拉比库克、拉比施穆埃尔·埃利亚胡并称为20世纪卡巴拉教徒三杰。他发展了艾萨克·卢里亚[1]传统中的二次阅读。当我们从这种卡巴拉式的解释中提取出一种哲学时，我们发现它与我外祖父的哲学在某些方面有着难以置信的趋同性。在这里我必须澄清一下，我当然不是说可以将一个划归到另一个。但是谈到戒律、命令、他者这些犹太教的核心概念时，我们发现了一种惊人的趋同性。"

自由与义务

戴维继续说："我们都忽略了，他关于犹太教的第一篇文章，或者说他关于犹太教的最早的文字，可以追溯到1937年。"这是一篇很短的文章，可以在《倾听以色列》这档关注法国文化和宗教习俗的电台节目中收听到——《宗教仪式是一种忠诚》。此文的宗旨是关心他人：自由是一种义务；要将宗教仪式作为自己自发性的活动。所有这一切其实很早就讲明了。

> 仪式居于我们与现实之间，它无处不在。它暂停了我们仅仅根据物化的生命勾勒提纲的行为。食物不仅是可食用的东西，它还意味着"隐藏"或"边界"。在将他的宗教情感转化为语言之前，犹太人要在他的祈祷书中寻找词语。这有可能是

1　耶胡达·阿什拉格（Yehuda Ashlag，1855—1954），卡巴拉主义者，犹太教拉比。亚伯拉罕·库克（Abraham Kook，1865—1935），曾任首席拉比。施穆埃尔·埃利亚胡（Shmuel Eliyahu，1956—　），正统犹太教首席拉比。艾萨克·卢里亚（Isaac Louria，1534—1572），拉比，被公认为犹太神秘主义中最深刻和最著名的思想家，也是卡巴拉教派的创始人。译者注。

白费劲，并非所有方法都一样有效。第七天并不用像其他几天那样早起，它不受一周的烦劳的影响。在开始基本的饮食活动之前，犹太人要停下来并说一句祝福语。在进入房屋之前，犹太人要停下来亲吻门框经文盒（mezuzah）。他所做的一切标志着他并不是完全踏进了一个已经预先给予他爱的现成世界，一个已经被技术完全扫除了任何阻碍的世界。宗教仪式总是标志着停顿，仿佛它暂时中断了那不断地将我们与事物联系起来的洪流。归根结底，在恪守教规的犹太人看来，世界绝不是一个自然而然的东西。其他人在这样一个世界中立刻会感到熟悉，随即便变得自在。他们居住的氛围对他们是如此习以为常，以至于他们不再注意到它。他们的反应是直觉性的。事物对他们来说总是古老的知识；事物是让人熟悉的，是日复一日的，世俗的。而对于犹太人，则恰恰相反。任何东西都不是完全熟悉的，也不是完全世俗的。事物的存在对他来说是无限的惊奇。它像奇迹一样降临到他的身上。他在一个如此简单又如此非凡的事实面前感受到了所有的令人惊叹的瞬间，而世界则始终在那里。[1]

这段文字并不令人惊讶。它是对所有支持列维纳斯在战

---

[1] 《宗教实践的意义》（*La signification de la pratique religieuse*），首先于 1937 年 4 月 9 日在法国第九频道《倾听以色列》节目播放，随后由以色列大学出版社出版，然后由《犹太教手册》杂志（*Les Cahiers du judaïsme*）收录，1999 年 12 月。

后才"回归"犹太教和犹太习俗的观点的强烈否定——有些人甚至能说出确切的日期。

戴维经常回到那些古老的语句中，在那里他找到了他的外祖父。他阅读著作的努力让我们回想起了本尼·列维[1]的话，本尼以前是萨特的秘书，现居耶路撒冷。他说："当您阅读《总体与无限》时，您应该像读《密西拿》一样！"戴维同意这种说法："是的，实际上，应该在贝斯·哈米德拉什[2]这样的犹太学校中结成小组来阅读。这也是一种对列维纳斯文本研究的发展。要在一种一方面是非学术性的，另一方面又在某种程度上与犹太人的学术性相对应的框架中。"但是，这并不意味着有必要将列维纳斯纳入叶史瓦中，把他放在盒子里，供奉到经典行列。他本人讨厌任何木乃伊。哲学家，犹太人，宗教信徒，世俗之人，难道他没有努力逃避系统给他打上的这些标签吗？"我们可以生活在现代的犹太教中，而不必以所谓的两种先天就自相矛盾的生活方式的综合作为基础，"戴维说，"他不喜欢综合。我现在引述我父亲告诉过我的一句话，这句话是他听到我外祖父亲口说的。那时他谈到了巴黎一个受欢迎的女哲学家：'是的，她处在综合之中。'然后又说：'她停留在综合中。'我们都知道他反对神秘主义。在神秘主义的思想中，有太多关于综合的追寻了。一方面是正义，另一方面是同情，我们处在二者中间，我们做了综合。对于他来说，不能是这样的。"

---

1 本尼·列维（Benny Lévy, 1945—2003），又名皮埃尔·维克多（Pierre Victor），哲学家、政治活动家和作家，曾是五月风暴的主要领导人之一。译者注。
2 Beth Hamidrash,从字面意思上来看,意为注释之家,是犹太研究机构。

回顾他的童年记忆，他的拜访、旅行、度假，戴维一次又一次地回到了两个核心意象。首先，像西蒙娜一样，他意识到了外祖父惊人的工作能力。他总是时刻紧绷，在黎明时惊醒，工作到深夜——"当他写作时，他总是不断站起身来，他坐的时间不超过一刻钟"——一种多动症。他不知疲倦地生产出各种书籍、文章、讲座、课程、研讨会。至于第二个核心意象，要属于瑞萨和她的风采："我的外祖父母，我们无法将他俩分开。外祖母过世的时候，外祖父没有出席葬礼。医生建议他不要在那儿。葬礼结束后，东方以色列师范学校组织了祈祷活动。外祖父出席了这个活动，我就坐在他身边。他那时已经病了。当说完安息（la hachkava）[1]之后，他将头转向我，他的目光是令人震撼的。是的，没错，他有时称她为'瑞尼卡'，这个名字中有无限的柔情。"

---

[1]　给亡者的祷词。

八　蒙田和拉博埃西[1]

列维纳斯喜欢与别人相遇，喜欢与他人的著作共情。他对许多作者，包括那些他已经疏远但滋养了他的人，都表示过感谢。他有许多文本向他同时代的人，那些和他的道路有过交集的人致敬，还有一些文本向那些寂寂无名但给予过他友情的人致敬。他有一种友爱的情感，这种友情将他与亨利·内森博士联系在一起，这听起来十分不同寻常。但他不需要解释，所有人都可以看出来。

从邻居到被题献者

这两个人简直是我们能想到的最不同的人。一位开朗、健谈、爱生气，另一位则冷静、沉默、拘谨。人们经常看到他们在一起，尤其是在学校。总是站着，绝不坐着；冷静、严厉、平凡，这就是紧挨着伊曼纽尔·列维纳斯的内森博士的样子。对于东方以色列师范学校的学生来说，内森博士是学校的一部分，他就像副校长。实际上，他有自己的职业。

1　艾蒂安·德·拉博埃西（Étienne de La Boétie，1530—1563），法国作家，法国政治哲学的奠基人，反暴君论的重要代表人物，也是蒙田最亲密的好友。译者注。

他是斯特拉斯堡的医学博士，是一位妇科医生。两人在 40 年代后期相识，在奥特伊街是邻居。1946 年，列维纳斯夫人在经过一次难产后，失去了一个女儿，这个女儿处在西蒙娜和米迦勒之间——人们从未谈论过这个话题，从来没有，只在第二年出版的《从存在到存在者》一书的神秘题词中，有三个字母"PAE"，触及了这让人痛苦的脓肿。这个有点随机选择的邻居，内森博士，让他的邻居感到很满意，很安心。此外，他是一个正统的犹太人，每个安息日都要去祈祷，一周也会去几次，至少每周一次。他会去学校举办的小型聚会上祈祷，这里离他家很近。

两位知识分子的意气相投，很快就在那位传奇的舒沙尼的支持下再次发酵、加深。1958 年，当《困难的自由》出版时，这本书的题词就是"献给亨利·内森博士，献给一位朋友，为了纪念一种让友谊更加高尚的教谕"。无论这里提到的教谕是来自这位医生，还是来自那位流浪的《塔木德》学者，内森博士在列维纳斯的生活中都占有一席之地。他们的友谊在同一位老师的影响下日渐加深。如此坚固、深刻、亲密的友谊——让学校里的学生想起了拉博埃西和蒙田——但这份友情从未流露过。这两个人彼此都不称呼对方的名字，相互之间也不称"你"。他们几乎没有过真情流露的时刻。但这只凸显了二者之间的亲密感。

伊芙琳·梅隆（Evelyne Méron），一个高大的金发女人，优雅而热情。她是内森博士的女儿。舒沙尼对她来说是个永不枯竭的主题，她保持着对这个人的记忆。

"我认为是我父亲把舒沙尼先生介绍给了列维纳斯。那时候战争刚刚结束，我还很小。舒沙尼和列维纳斯，这两个绝顶聪明的男人，无疑在交往中对彼此产生了浓厚的兴趣。

我的父亲有一天谈到了列维纳斯——他说这话时没有一丝的酸味儿：'舒沙尼一定是遭受了极大的孤独之苦，孤独极大地提高了他的精神境界。而列维纳斯，他只能理解舒沙尼的少许教诲。'我父亲的意思是说他自己比较聪明，远超过一般人吗？不能否认的是，他对于列维纳斯，甚至对于舒沙尼，都是非常特别的存在。舒沙尼只要在法国，就寄居在列维纳斯家巨大的寓所里，列维纳斯夫人能容忍这种事，但我的母亲可做不到！因此，我的父亲经常去列维纳斯那里拜见大师，他也在列维纳斯家里上课。后来，舒沙尼去了乌拉圭。我父亲和列维纳斯在说到其他主题的时候，还是很高兴地谈论他。我父亲不止一次地支持列维纳斯始终走在道德的路上。那时候道德还不是学界流行的东西，列维纳斯在普瓦捷的第一批学生在他关注的如此孱弱的东西面前皱起了鼻子。我的父亲则提醒列维纳斯，做道德哲学，这很好。"

伊芙琳·梅隆尤其记得，处在讨论和冲突中心的舒沙尼是个自相矛盾的人物。有一次，她的父亲——这件事完全出自她父亲之口——跟她提到了这位神秘的大师对他的称赞。"令我有点失望的是，这赞美是间接的，但这已足够让我受宠若惊。"在她看来，这两个参加同一位大师的学习班的男人在精神面貌上有些相似：他们都是理性主义者，都渴望让自己"超越可悲的境地"，都坚信一个人应该"爱《妥拉》更甚于爱上帝"，并且都对世界上并不平凡的万物保持开放精神。但是，在他们之间，有两个重要区别，使他们能够彼此互补，相辅相成：列维纳斯对发展最空灵的抽象如鱼得水，而内森则更脚踏实地，学习和赞赏宗教仪式和道德实践。列维纳斯聪慧，喋喋不休，喜欢大笑，而内森则听得多，说得少，喜欢讲冷笑话。

喜爱社交

这两个家庭彼此见过很多次。在节日期间，比如逾越节或住棚节，他们大量时间都在一起，甚至反复去了两三次同一个度假胜地。"如此密切的交往，"伊芙琳说，"让我的父亲发挥了相当大的影响力。小米迦勒（伊曼纽尔·列维纳斯和瑞萨的儿子）对我父亲有种近乎恐惧的敬意。比如，我父亲花了相当大的力气来阻止他吮吸拇指。在四年里，每次见面我父亲都让他为这个不值得养成的习惯脸红。列维纳斯家的父母并不十分高兴，他们一直觉得这种巨大的意志力在一个小孩身上是多余的，甚至是创伤性的。"她补充说："无论如何，列维纳斯每天都告诉我父亲他脑袋里的所有事情，包括他渐渐成形的哲学思想。更重要的是，他试图知道我父亲的想法，他在等他做出第一条评论。我认为我父亲的认可对他至关重要。但是，存在着一些分歧。我父亲发现伟大的列维纳斯主义太过分强调原则了，'他者只有权利，而我只有义务'。我父亲只喜欢那些可以应用的哲学。"

孩子们一起长大，以相同的方法养育。伊芙琳的朋友弗朗辛·列维，现在是法语教授——伊芙琳自己也是这个职业——任教于巴伊兰大学，她在东方以色列师范学校度过了几年，记得这些很优秀的兄弟姐妹。"我也在内森家生活过，内森家的生活围绕着伊芙琳。她不是一个天才，反正不如米迦勒，但是她很懂得如何捍卫自己的观点。'她太聪明了'，大家常常会窃窃私语，自然而然，认为她日后在学术上大有作为。她很聪明，是个模范女生，属于'巴黎犹太知识分子'

列维纳斯一家人在荷兰度假

行列。她不矮，如果她的发型不是那么严肃的话，那头红色的秀发本来会很漂亮的。她总是竖着耳朵，不肯漏掉一丝一毫。她总是聪明地跟随着父亲和他的朋友在学校花园里的大栗树下走来走去，听这两个博学的男人闲聊。在他们周围，学生们大笑着，逗乐，互相追逐，调情。伊芙琳总是无视这些，她正忙着储存知识，就像蜜蜂储存蜂蜜一样。"[1]

哈　瓦

伊芙琳丝毫没有改变。在位于耶路撒冷的漂亮公寓里，

───────────

1　弗朗辛·列维（Francine Lévy）：《钥匙圈或回忆》（*Le porte-clés ou la réminiscence*），Harmattan 出版社，1997 年，第 95 页。

她被一群胖猫包围着，将心中的隐秘一吐为快。列维纳斯对她来说是一种类似于父亲的存在，他一半是叔叔，一半是老师。"他是极端的精英主义者，他甚至把这个世界划分为天才……和其他人。那些或多或少可以称得上聪明的人，根本不在他的语言中。他承认自己理解不了，一个年轻的女子，我的一个表姐，在数学上获得了很高的学位，居然移民到了以色列，融入了基布兹，并担任……幼儿园老师！他对自己的儿子要求很高，从小就强迫他每天花很多时间在钢琴上。他对陌生人严厉批评，乐于讽刺，不惜让自己与亲戚，比如我交恶。"

她想起了过去的两件事："我六七岁时，和父母一起被邀请在逾越节前夜到列维纳斯家用餐，这是一顿在家里的私人聚餐，不是在学校。我对上一年的食物记忆深刻，以至于当我看到甜点上来的时候，我有点失望。然后，我有气无力地小声说：'这里没有很多东西。'这句话让列维纳斯先生大为光火，此后，每一年的同一天，同一小时，列维纳斯先生都对我重复我的这句话：'那么伊芙琳，今天这里没有很多东西吗？'我16岁或17岁时，很乐意把他扔出窗外。……在大约23岁时，我却觉得那是一段动人的回忆。还有第二次误会，不那么戏剧性，却让我很不舒服。那时我16岁，中学一年级，从列维纳斯家收到了一份精美的礼物，《伏尔泰短篇故事集》。这本书我曾在上课的时候听到过，是我梦寐以求的。我很高兴，带着最大的诚意说：'这正是我想要的那本书。'然后列维纳斯先生回了一个拙劣的客套语。以后，在这种类似的场合，他每次都对我重复说：'不是吗，伊芙琳？这正是您想要的书吗？'这句话的意思是：'你是一个乖巧、举止端庄的小女孩，伊芙琳。'"

路 标

她仍然记得他不喜欢精神分析，他更喜欢压抑而不是松懈——毫无疑问，是在内森和舒沙尼的双重影响下。他知道如何倾听，去看，并对一切都怀有热烈的兴趣。他的著作是一个关于教谕的宝库。他不允许自己被时尚奴役。在日常生活中，他是个很难相处的人，似乎一切只存在于他的脑海中，他不能忍受现实世界中的奴役。

"'哲学家是一个路标。'有一天，他开玩笑似的说，自己指出了一个自己也到不了的地方。"这种说法让她遵从道德主义的父亲挑起了眉毛。

还有一次，在关于上帝的对话中，他转向她，让她这个不信教的人，给他解释一下这句拉丁语的确切含义：*Credo quia absurdum*。这是基督教神父德尔图良的著名理论，这句话难道不是说"因为荒谬，我才相信"？而不是"尽管很荒谬，但我还是相信"？伊芙琳认同前一种解释，quia 在拉丁语中的意思肯定是"因为"。但在哲学家眼里，这种看法很奇怪。

伊芙琳·梅隆的童年时期与列维纳斯家族息息相关。她保留的所有图像记忆都将她带回到哲学家身边。"尽管他对我说过一些带刺的话，没有很好地把握分寸，但我小时候，他对我非常友善，以至于我不得不去爱戴他。他是唯一一个用我的犹太名字哈瓦（Hava）称呼我的人，他让这些音节成了一个亲密、感动、只属于我们两个人的名字。他让我想象一个幻想生物，这样我就有了一个妹妹，可以稍稍安慰我作为独生子女，父母又年纪很大的孤独，他会和我谈到'佩尔内尔'（Pernelle）"。列维纳斯先生给伊芙琳带来了一段短暂的"真实经历"。"有一天，他和我在客厅里打槌球。我即将输掉比赛，这对我来说将是不可弥补的，我会觉得自己一直是个糟糕的球员，我马上就要痛苦地哭出来了。他停止了比赛，给了我一杯好茶，哄了我一下，跟我谈了一些其他事情，并主动提出结束这一局。'我们永远要记得，风水轮流转……'我同意了。奇怪的是，我赢了。我重新露出微笑，对生活充满了信心。多年以后，当我回看这件事的时候，突然意识到列维纳斯先生故意让我赢了。我发现这巧妙的心思令人赞叹。很多年后，我确信是他和他的妻子救了我的命。我当时住在巴黎，已经有四个孩子，我生病了，但我绝没意识到这是极度危险的腹膜炎。列维纳斯夫妇整天'骚扰'我，让我换医生。我最终屈服于没完没了的'战争'。在那些困难的日子里，我常常因为身体难受而颤抖，列维纳斯先生提出要给我钱，以免我没有钱去看好的医生。我不需要钱，但是这个提议让我非常感动。当这个非凡的人把我的父亲作为他的经历和思想的不懈倾听者，作为他新生的道德哲学的试金石时，我就在那里听着。无论我 10 岁、15 岁还是 20 岁，都在听。那曾是一段美好时光。我真的很喜欢列维纳斯。没有他，情况会更糟。"

在她位于耶路撒冷的家里，伊芙琳在桌子上摆了一张母亲的照片，她是纪德的表妹——"近年来我又重新发现了纪德家族"。她坦言道——还有一张是她的两个"父亲"。其中一个是巴黎人，瘦削的脸，明亮温柔的蓝眼睛在厚厚的眼镜后面，就像昔日所有的东方以色列师范学校的学生那样。另一个完全不同，留着长胡子，头上戴着一项巨大的黑帽子，横在两人中间。这种生命的痕迹是关于陪伴和友谊的，这种陪伴与友谊，是哲学家生活和作品的一部分。

在晚年，内森博士移居以色列，但他们两个人仍然相互写信并互相拜访。内森去世后，列维纳斯在一个犹太新闻杂志上对他极尽溢美之词："他严格遵守犹太教教规，对犹太教非常忠诚，而且这完全出于自由信仰。"[1] 在接受弗朗索瓦丝·波里埃的采访时，列维纳斯说："这是人类取得的令人钦佩的成功。在他身上，最伟大的成就和最朴素的道德，因渊博的学识、明晰的判断力、高尚的精神，得以共存，协调一致。"[2]

1　《社区杂志》（*Le Journal des communautés*），1980 年 5 月。
2　弗朗索瓦丝·波里埃：《伊曼纽尔·列维纳斯，您是谁？》，第163—165 页。

九　果戈理的《鼻子》

　　"父性是一种与陌生者的关系，这个陌生者是一个完全作为他人的我，是一种我与自身的关系，这一自身却又不是我。"[1]《总体与无限》的最后几页注定要描绘这个符合人性但又自相矛盾的冒险，在这场冒险中，奇迹隐藏在平庸背后：成为一位父亲。突然出现了一个我们可以传授给他知识的存在，我们可以教他如何存在，他同时还提供了重新开始的机会，向多种可能性敞开。"生育延续了历史而又没有产生衰老：无限的时间不会给衰老的主体带来永生。'更好的选择'是世代间的非连续性，孩子们取之不尽的青春强调了这种非连续性。"[2]当您知道这几页是在与迈出人生第一步的儿子仅仅相距几肘远处写成的，这几页的内容才更值得玩味。

　　所有我认识的人，所有我碰过面的人，无论是他的同事还是弟子，都没有提过伊曼纽尔·列维纳斯和他的儿子米迦勒之间的事情。

　　音乐家自童年阶段起，就从他母亲那里接受了关于钢琴的良好训练，他的人生轨迹一眼望得到尽头。巴黎音乐学院，比赛，与大师们会面——奥利维耶·梅西安、斯托克豪森、

1　伊曼纽尔·列维纳斯：《总体与无限》，第 255 页。
2　同前，第 246 页。

米迦勒·列维纳斯，生于
1949年，指挥家、钢琴家。

塞纳基斯、弗拉多·佩尔默特、伊冯·勒费布雷[1]——他曾住过美第奇家的美第奇别墅，这些是米迦勒作为一个一流表演者和作曲家的职业生涯的主要阶段。但无论如何，他出生在列维纳斯家庭中，并处在父亲的注视下。

"我父亲以一种非常特别的方式在场，"米迦勒说，"首先是因为他接受了一种风险，这种风险是他估量过的。我必须说，如今我也一样在估量风险。他在我音乐学习的初始阶段就支持我。我那时候处在这样一个时期——人们很早，也就是10岁，就穿上短裤，去上音乐学院，这在今天看来难

1　奥利维耶·梅西安（Olivier Messiaen，1908—1992），法国作曲家、钢琴家和鸟类学家，是20世纪的重要作曲家之一。伊恩尼斯·塞纳基斯（Iannis Xenakis，1922—2001），法国希腊裔作曲家、音乐理论家、建筑师、表演总监和工程师。弗拉多·佩尔默特（Vlado Perlemuter，1904—2002），出生于立陶宛的法国钢琴家和教师。伊冯·勒费布雷（Yvonne Lefébure，1898—1986），法国钢琴家和教师。译者注。

以想象。当您在 10 岁进入音乐学院时，您必须预见到，您的家长会潜伏在大厅里，等你结束比赛甚至下课。因此，我出生在一个特别照顾我的家庭里，不仅在文化方面，还在音乐上。我的父亲和母亲挨个儿去拜访了每位老师，每回都问相同的问题：我们应该让他从事音乐吗？我的父亲曾是那些在音乐学院大厅里的父母中的一员，他经历的这种痛苦，一个 10 岁的孩子对此很敏锐。今天，上音乐学院的平均年龄大约为 20 岁。您瞧，这是一段已经一去不复返的时光。"

作为一个音乐爱好者，伊曼纽尔·列维纳斯在这个领域里没有名气。他说他对音乐一无所知——"但除了我儿子的那些！"他赶紧补充道——他没有音乐细胞，品鉴不了任何音乐。

"是的，"米迦勒说，"他不是音乐家，但他对自己的要求很高。我认为他没有音乐爱好者这个概念。不要成为一个业余爱好者——这个观念无疑来自他的全部文化、艺术环境和美学追求。在和莫里斯·布朗肖一起完成学业后，他也分享了布朗肖的敏感，这让他在美学领域非常谨慎。对于他不精通的艺术，他一直保持着极端的谦虚。但尽管如此，我还是想不到，他这个不是知名音乐家的人，影响了我整个童年时期，一直到我 12 岁或者 13 岁，就在我准备比赛的那间房间里——《总体与无限》是在距我钢琴一米远的地方写成的，尽管这仍然很让人相信。另一方面，当我正式接触到作曲，也就是说超越我自 5 岁起就有的对作曲的本能的灵感——我幼年时期就可以即兴创作并在钢琴上重现风格，这一点对我父亲的决定起了至关重要的作用——当我在成熟期第一次在奥利维尔·梅西安的班级中接触到作曲时，我父亲，作为一种审美上的苛求，一种与写作的关系，一种与写作中的愤怒相联系的关系，他的在场，有着非常深厚的意蕴。在他身上，我意识到了在音乐生活中，写作和创造的焦虑一直在，从我很小的时候就在了。和这样一位作家、哲学家在同一个房间里，在同一个客厅里，那个客厅曾用来进行音乐创作，撕碎的纸片，黄昏时对陷入死胡同的恐惧，显然所有这些都是一种值得注意的音乐风格。而且，从孩提时代起，他就教给了我这个形容词——'非凡的'（extraordinaire），与我创作的东西形成了鲜明的对比。也就是说，有非凡的人，有非凡的创造者。这种天才般浪漫的形象，我的父亲把它传递给了我。"

米迦勒仅比我大几个月。我记得当我在东方以色列师范学校上学时他的样子。他有着卷曲的金发。他总是像刚刚从床上掉下来一样。他的红围巾已经褪色了。他有一种笨拙的少年神气，和女孩们在一起的时候总是大笑。他气喘吁吁地把头从一个同学转向另一个同学，四处散布俏皮话。那天，我们听到他的父亲以前所未有的自豪给儒勒·布伦什维格打电话，为了告诉他一个好消息。"米迦勒在音乐学院获得了一等奖……不，不是在枢机主教会议，而是在音乐学院！"这件在学校中发生的小事，很快便因为口耳相传而变得尽人皆知，再配合上对列维纳斯口音的惟妙惟肖的模仿，让大家都笑疯了。

散乱的纸张

"我住在东方以色列师范学校，这个地方，可以说能修复很多在家庭中遭受到的痛苦。我出生在一个幸存者家庭，与我们家相比，许多德国犹太人失去了家。而我还有姐姐，有母亲，这就足够了。幸运的是，东方以色列师范学校搭建了一个框架，它允许我父亲，我不知道这么说是否合适，自我修复。在这方面它的确起了相当大的作用。在这个社区中，回想起来，我父亲让我遭受过很多东西，很多焦虑，巨大的写作上的困难，一种让我恐惧的痛苦，这种痛苦真的很恐怖，但也同样让我发现了一些东西。我学会了如何建造、解构文本，有时可以以一种非常平行的方式感受出发点。没有一个哲学计划的想法从诞生起就形成了文本。总是存在着一种空白、眩晕、分散的元素，草稿和一些写在名片后面或婚礼请柬背面的概念。这是一种与纸张非常特殊的关系。实际上，让人眩晕的空白纸并不存在，根本就没有空白纸，有的只是各种纸张的背面。如果有人拿到了父亲的草稿，他将会看到，那张纸上不仅仅有胶带、斜杠，他还可以重建20世纪50年代的社交生活。婚礼邀请、生日邀请、犹太教成人礼的邀请，这些纸的背面变成了草稿。事实上，无论是在《总体与无限》还是在《别于存在》中，我看到了一些今天已经变得普遍的概念，但我看到了它们如何在痛苦，有时是在惊讶和启示中被创造出来的。我也没有幸免。"

关于伊曼纽尔·列维纳斯写作上的困难，他在写作前的焦虑，这样的证词比比皆是。

我们甚少知道的是多年来一直潜藏在他身上的孤独的感觉，米迦勒证明了这一点："在我父亲的生命中有一种非常特别的孤独，别人只能站在远处看。这种孤独是一个从立陶宛来的人的孤独，我直到今天才意识到这一点，他显然到了一个文化环境异常出色的地方，但是你知道，在日常生活中，事情没有向这边走。我的父亲并不是在机构的保护下开展他的写作工作的。当然，作为一个犹太学校的校长，他会经常去参加一些出色的学术会议，时不时地有人来访，还有访谈。但我谈的不是他当大学教授的岁月，而是他在写《总体与无限》时的事情，整个 50 年代。那时候他还不属于大学。他是被让·瓦尔邀请到哲学学院做讲座的某人，这场讲座他是在极端痛苦中完成的——尽管今天这些文本传播久远——但是那时候，总是处在被取消的边缘，他是一个没有被收编的人员。因此，日常生活里，周末、周一、周二，所有这些日子里，我被迫和这些文本共存。他是一个男人，一个家庭的父亲，以陌生的力量掌控着这个家庭，但他始终是孤身一人。一个来自机构的电话，我会说，就是一种让他重拾信心的药物。而且，我经常想到这些事，因为我们总是谈论写作的绝望，但我们有时可以把作品视为一个完全不知名的东西，说这玩意儿不为任何东西服务，让它成为无名氏的日常之作。好吧，我父亲的生命中有一种沦为平庸的悲伤。"

　　写作——我坚持要回到这上面来——该如何写呢？是不是在作品的核心中有一种直觉，让作品自身绽放出来？或者是按照他曾对雅克·罗兰吐露的想法，他喜欢"短片"甚于"长片"，因此有一系列的直觉又加入了进来？"不，雅克·罗兰说的是真正的作家的共性。"这句话是什么意思？我在音乐家那里说到了这一点，当我要离开的时候，我对他说了对不起，因为我说的其实是我自己的经验。"像您说的那种伟大的形式的概念，发展的概念，'长片'的概念，要想说清楚，需要写一篇宏大的论文，或者两百页的小说，或者一部长达两个小时的交响乐，或四个小时的歌剧。这些东西，本身已经遵循无法预测的秩序了。也就是说，人们并不是为了再次使哲学回归秩序，而预先设定了一个体系，而是由于一连串知识上的偶然发现，最后使人们构建出了一个体系。在音乐中，这很明显。我不这么认为，除了瓦格纳的最后一部歌剧或斯托克豪森的大型歌剧外，在这些作品中，创作者用自己的意志将本来不能相互结合的形式与时间，完美地贴合在了一起。这些作品是许多片段组成的结果。我认为，事实上，《总体与无限》和《别于存在》是'长片'，这是为了更好地表达。它们是几次会议、几部作品、几次意外修订在一起的结果。我想我记得当我父亲完成《别于存在》时，他说他已经或多或少地完成了自己的工作。他一定这么说了，当时我亲耳听到的，或者就在现场。无论如何，这个能让整个体系诞生的工作一口气已经完成了，它是由许多片段组成的。但我认为这不是我父亲的特质，这是书写那些伟大的作品或长篇大作时必须要面对的拷问之一。"

子与父

　　米迦勒直到很晚才阅读父亲的著作。他与哲学的最初接触要追溯到 17 岁。父亲让他阅读的第一本书是格兰尼尔[1]的《尼采》。随后，他才读了关于《塔木德》课程的读本和《困难的自由》。至于《总体与无限》，他相当晚才开始接触。相反的是，米迦勒曾旅行过许多次。他不在学校的框架中，随后也不再局限于传统的大学学习中，他得以陪着父亲去世界各地参加会议，荷兰、意大利、美国、摩洛哥。

1　让·格兰尼尔（Jean Granier，1933—2019），专门研究尼采的法国哲学家。译者注。

"我参加了各种聚会，但在每段经历中都遇到困难。我和我的父亲一起去了约翰斯·霍普金斯大学。正是由于他的缘故，我才第一次到罗马。还有一次是去陌生的伊朗旅行，这个世界给他带来了困扰。这是一个人们可以叫巴列维国王'法西斯'的世界，人们都想知道他是否住在这家被萨瓦克[1]重重包围的豪华酒店中。我父亲没有去向王后致敬。许多学者显然比他更开放，都去向王后致敬了。然后我们去马什哈德省中心的清真寺拜访，在这里我们看到了宗教激进主义，这是一种狂热的信仰，我父亲完全反对这种信仰，以及它可能造成的一切暴力。我那时候就和他在一起。我们两个一个接一个病倒了，我们患上了一种可怕的高烧，我们的犹太新年就是在高烧中度过的，我认为发烧的原因是马什哈德清真寺所带来的震撼。"

当他被邀请去某个地方时，哲学家经常会问是否能为他的儿子提供钢琴。那趟摩洛哥之旅就是这种情况。"我当时8岁，记得当时的王子穆莱·哈桑[2]所做的面向公众的演讲。他假装不明白为什么不同的宗教要彼此斗争。我说过一句幼稚的话：'但是他在撒谎，他就像拿破仑一样！'您知道，我的父亲接管了我的音乐生涯，所以他在去那里之前，问对方是否可以提供钢琴。但摩洛哥不提供钢琴。鉴于他的儿子比他自己重要，他想取消旅行。他当时不知疲倦地反复询问我的教授拉扎尔·列维先生，问我是否有权在十天之内不弹钢琴。他获得了授权。我父亲拿到这份授权后才去摩洛哥的。

---

1 萨瓦克（Savak），全称为情报与国家安全组织，是伊朗巴列维王朝治下的秘密警察机构。译者注。
2 穆莱·哈桑（Moulay Hassan，1929—1999），当时的摩洛哥王储，1961年继位。译者注。

列维纳斯在摩洛哥提欧里尼（Tioumlinine）参加研讨会

我们又回到了那种围绕着我的音乐生涯的焦虑中，或者说犯罪感中。他一直固执地认为，在哲学领域，正如在艺术领域那样，只有那些非凡的人才能证明自己足以献身于这种职业。我不知道我是否够格。但是他一直特别坚持地问我的老师，让他们告诉他，他让我从事音乐工作的想法是否合理。这种行为持续了很久，这使我的父母常常显得像一对古怪的父母。"

还有些时候要去德国旅行，只有米迦勒顶着他父亲的名字去了，列维纳斯本人则没去。1983 年，列维纳斯获得了海德堡大学颁发的卡尔·雅思贝尔斯奖。让娜·赫施[1]不得不想法把奖章给他寄过去，但米迦勒就坐在新人席上。他在参加会议的所有大学师生面前朗读了他父亲准备的讲话，他坐在黑格尔坐过的椅子上，在一间大教室中。伊曼纽尔·列维纳

1 让娜·赫施（Jeanne Hersch，1910—2000），波兰犹太裔的瑞士哲学家。译者注。

斯发过誓，永远也不回德国，在战争期间，他在那里被囚禁了五年，这句誓言并不需要评论，即使是他的孩子们的评论："我真的对一些情况很了解，他很乐意跟我谈这个话题。他认为是法国军队救了他。我父亲当时是一名伐木工，这种经历给他留下了一些东西，我认为这些东西给了他极大的力量来度过一生。这么说很可怕，但事实如此。他被囚禁在这里的五年，处于犹太人的友爱中。他立刻宣布自己是犹太人。他在其中一个营地遇到了埃里克·韦尔[1]，他不敢承认自己是犹太人，而是管自己叫杜布瓦（Dubois）。我父亲认为撒谎是不可想象的，他告诉我，即使是在他被囚禁的那些年里，他仍然充满着良知。实际上，他们待的地方正是集中营的前厅。他们每天早上五点起床，他们要砍伐树木，那位首席伐木工，也是看管他们的人，似乎每天都在说：'您知道当您落到党卫军手里的时候是什么下场。'顺便说一下，我对那件给他的生命留下糟糕印记的事很了解，实际上是他和他的朋友经常收到来信，他们通过书信就能知道家庭成员被捕或被驱逐出境了，信中通常用以下这句暗语：'我们去参加婚礼了。'因此，他知道实际上我的外祖母被驱逐出境了。更可怕的事情是，他的父母和兄弟实际上已经被杀害了。我认为他是在战后才知道的。但我认为他能接受这些，从他之后告诉我的话中，我知道他当时怀揣着一种宿命般的情感，在他的内心深处他认为自己也已经死了。实际上，犹太人试图逃离集中营的举动是完全没用的。也就是说，他们最终的归宿都是被开枪打死。"

"我必须要说，"米迦勒补充道，"在我父亲的一生中，

---

1 埃里克·韦尔（Eric Weil，1904—1977），法裔德国哲学家。译者注。

在他的书信中，我能看到他对法国怀有深沉的爱，这是一种真正的爱国主义，今天可能不再存在于欧洲人的精神中。另一方面则是一些伟大的法国人表现出的博爱。我想起了那几位默默无闻的人，那些救过我母亲的朋友们，其中有一位名叫苏珊娜·普里耶，她的丈夫，还有莫里斯·布朗肖。当然！相比于纳粹的恐怖，法国确实存在一种独特性，我不会说这是过时的。我说的这种独特性，是某种非凡的东西，它让我的父亲一度成为一个戴高乐主义者。他对戴高乐将军怀着一种亲近之情，因为后者可能使法国回到了拿破仑时代的形象，特别是在经历了德国对法国的犹太人进行的大屠杀之后。我觉得除了我的音乐职业生涯外，他对于自己要一直留在法国的决定，直到去世前反复权衡过多次。"

列维纳斯对这段被囚禁时期有深刻的印象，但从未在著作中提及，只对他最亲密的人说过：他被拘留其中的营地非常靠近布伦什维格的营地。有一天，他看到了囚徒们的影子。在森林里，当他遇到了一队囚犯时，他有了恐惧的意识，因为所有这些都暗示着一种肉身的悲剧。

世俗的裂痕

我提醒米迦勒，有一天他告诉过我这个词，根据这个词，他可以说自己的父亲是有裂缝（fêlure）的哲学家。这个词表达的意思，我在内心深处思考了很久，而且必须长时间思考，但我还是没有权利说出它究竟代表了什么。

"我认为这个词在我们说到写作活动的脆弱性、他的作品的非体制性、他一直在犹太知识形式和纯粹的哲学形式之间的追问时，就已经加入进来了——我不知道他是否会接受'纯粹哲学'一词，我还记得他急促的呼吸声——如果你去听他的录音，你会发现那大多是些未完成的短语。'难道不是'这个固定的表达，只有外国人说法语的时候才会用——在这个概念的形成中有一种不稳定性，极度的移动性，有时候它类似于《塔木德》的概念，在运用的时候往往能体现这个概念真正的裂缝。这远远超出了辩证的性质，这是破碎的秩序。该概念正在诞生的路上，刚一产生，就遭到了质疑。它是一种雄辩的风格的结果，为我的音乐提供了灵感。它允许我以近乎不雅的方式靠近，我仍保持着呼吸，却满怀恐惧地靠近这个声音，它是一种近乎摩擦翅膀的声音，在音色中流露出焦虑。这个声音来源于我父亲著作中的美学和雄辩维度。而且我认为，斜杠在作品中所扮演的角色不是偶然的。它非常让人好奇，因为它表现了我父亲身上的某个我们有时会谈论但又不能深入的方面，因为我父亲基本上不被视为美学哲学家。但父亲曾经这样告诉过我，在作曲的过程中，当我走入死胡同或者无法再写下去的时候，必须接受这种未完成性。我在 20 岁的时候慢慢学会接受了，仿佛是得到了父亲的许可，可以在某些东西上失败。但是我不能接受仅仅止步于此。他告诉我：'有时候，事物保持着未完成的状态就足够了。'他又让我去看看画家夏尔·拉皮克[1]的作品，他在让·瓦尔的哲学院碰到了这位画家，他的画作展现了一幅画的许多个未完成的阶段。父亲生命的最后一年，我在阅读他的作品时对其中的斜杠产生了困惑，尽管有米歇尔·勒西斯，

1　夏尔·拉皮克（Charles Lapicque，1898—1988），法国画家，以色彩鲜艳的风景和人物画像闻名。译者注。

还有米歇尔·莱里斯[1]的问题，实际上，我父亲通过间接的、非常巧妙的方式，将我的困惑引向时间性问题。被叫作'战后'的这个时间段，在这一时期，艺术作品或著作，不会被封住，也不会通过体制化的方式来形成。但是，关于这些仍然存在着一处不明确的地方，或者说关于未完成性仍然存在一个巨大的混乱。事实上，这个问题不是在莱里斯那里被看到的，而是在贾科梅蒂[2]身上被发现的。我把我父亲关于裂缝的思考和贾科梅蒂的剪影作了对照，后者归根结底是当代的，是一种俗套，发展缓慢。我们不能通过说这些剪影能唤起我们刚刚谈到的某些侧面，就说这是表现主义的。但表现主义归根结底还是人性的，是关于人的身体，或身体的耻辱。我父亲管它叫它面孔，裂缝就是面孔。"

那他如何安排时间呢？他什么时候致力于哲学问题，什么时候研究犹太教呢？还是说在他的思想、研究与著作中，这一切都混在一起了？"我对此从没有一个精确的意识，"米迦勒说，"我只对您说一件事，那是在1947—1952年，他停下了所有的哲学工作，只为了在家接待舒沙尼。这，他说，是一件显而易见的事。他说他要推迟写论文，因为他要接受舒沙尼的教导。剩下的部分，他花在写作上的时间，我不知道该告诉您什么。他早上五点开始工作，直到午夜才结束。在我小时候，他总会跑到学校一楼的办公室中，一待就是一整天。您要当心那些这么对您说的人：我既没有时间教书也没有时间写作。那段时间我父亲忙得很，却并没有荒废

1　米歇尔·莱里斯（Michel Leiris，1901—1990），法国超现实主义作家和民族志作家。译者注。

2　阿尔贝托·贾科梅蒂（Alberto Giacometti，1901—1966），瑞士雕塑家、画家。译者注。

工作和写作的时间。人们谈到过他当时那种寂寂无名的状态，那种寂寞。其实在这个整天坐在办公室的男人身上，我还发现了他对于命运的完全顺从。必须要记得，在战前，我父亲也还只是联盟的一个小职员。他不是在写论文或参加会考，而是在周日上午仍要去拉布吕耶尔街寄信给摩洛哥的犹太大学联盟中的学校。他从来没有认为这是低等的工作。我同样也认为这很重要，这种对日常生活的接受。还有早晨的祈祷。还没有闹铃的时候，他会砰砰地敲击地板，来叫醒那些应该在七点三十分到犹太教堂的寄宿生。一直到他去世，他都坚持在七点半祈祷。然后他会一直写作，直到午夜。结束课程，放学后，他开始工作了。所以，你看，这很平常。同时他还会在周六早上准备拉希课程。他每天与内森博士保持联系，并与之交流。他周二晚上和东方以色列师范学校的学生一起上课，周日晚上则在家里给来自不同犹太社区的人上课。自从舒沙尼离开后，周日来上《塔木德》课程的，只剩下内森和其他几个人。他们长期和这些文本接触，对它们非常熟悉。就是这么回事。我真的认为在东方以色列师范学校教导这些年轻人是他本来的生活方式的非常重要的延伸，无论如何，这是一个东欧犹太人聚集的小型社群，而且始终超脱于世俗之外。我认为这一直延续到他生命的尽头。他始终对机构和世俗生活感到陌生。"

当然，教育始终是他关注的领域。但他又是一个沉浸于冥思本质和专注著书的思想者，他该付出什么样的代价来保持教育家和学者之间的平衡？"我相信我的父亲真正把教学作为职业，他对学生怀有一种爱，他经常在东方以色列师范学校的学生身上发现方向，包括那些研讨班的学生，甚至是将论文给他看过的人。因此，从1976年开始，他一直向我提帕斯卡尔·奎格纳[1]这个名字，认为他必成大器。在雅克·德里达还未曾达到今日之盛名时，他就坚信此人必然属于重要的哲学家之列。随后，还有雅克·罗兰和其他一些人。在这里我想说一件逸事。有一次，他的桌子上放了一张关于音乐学和美学的匿名打印稿，他对我说：'这篇文章体现了一种真正的创作才华和一种异常的诗意。'这张打印稿的主人后来成了他的儿媳妇，她就是丹妮尔·科恩-列维纳斯[2]。他实际上那时候就与她有了紧密的联系。"

撕毁的手稿

另一幕非常令人震惊的场景，是我从米迦勒嘴里得知的，勾勒出了他的生命和著作中的重要时刻，同时也是《总体与无限》出版时的重要时刻。正是这本书使他声名远播，开启了任教于大学的职业生涯。这本书差点被毁于一旦。"1955年，他开始在依云的一座小房子里构思《总体与无限》。我仍有那段时期的照片。但手稿确实几乎都被撕毁了。它们几乎被损坏殆尽，因为我记得几个场景。手稿被伽利玛出版社的一位重要人物布莱斯·帕拉因拒绝了，有一天他亲自打电话来说，'坏消息'。我们从想把它撕成碎片的我父亲手里抢救下了这本书。因此这本书险些不能来到世上。然后范布雷达神父来了，接过了这本书，并出版了它。那是一个美好的早

1　帕斯卡尔·奎格纳（Pascal Quignard，1948— ），法国小说家，著作丰富多样，对于哲学、历史、音乐各方面都有研究。译者注。

2　丹妮尔·科恩-列维纳斯（Danielle Cohen-Lévinas，1959— ），法国哲学家、音乐学家和犹太哲学专家。译者注。

晨，让·瓦尔打电话说："立即停止编辑，您必须参加论文答辩。'我当时才 10 岁，正好在会议厅里，布朗肖也在那里。一个著名的主席团，包括扬科列维奇、加布里埃尔·马塞尔、瓦尔和比兰。这标志着我父亲最终被大学接受了。但就像他自己说的那样，他此时进入大学不同于年轻气盛时期。1961 年，我父亲 55 岁，这并不是真正的职业生涯早期。"

因此，这本书为列维纳斯带来了荣耀。在他流血流汗地写完这本书后，他居然想撕掉它。这以另一种方式阐明了他与这本书的关系。一方面是崇高化。他所写出的一切也曾启发过其他伟大的书籍，他对这些书怀有信心，书是比意识更深刻、更内在的。同时，他所做的一切，都是为了让一代又一代的犹太人打开书本。但是书是有故事、有生命的。只有我们在书中注入故事和生命，书才是有价值的。另一方面则是理想化，令人生畏的对书的揭秘过程。这个决定会摧毁一本书。就像在 1947—1952 年他停止写作的那段时间，他揭示了一种对书的可能是虚荣的意识。他引用了罗森茨维格在《新思想》中的话："书并不是一个已经实现了的目标，也没有临时的确定性。它必须自己证明自己，并为自己提供证据，而不是自我满足，或者是用同一种类中的其他书来支持自己。这种证明每天都在发生。"[1]

书必须为生命辩护，同时生命又必须为书辩护。写完一本书并不意味着要对它说再见。恰恰相反，真正的工作从此处开始了。必须为它辩护，必须在它的后面，必须证明它。

---

[1] 弗朗茨·罗森茨维格：《新思想：对〈救赎之星〉的补充》（*La pensée nouvelle, remarques additionnelles à l'Étoile de la Rédemption*），转引自《信仰与知识：围绕着〈救赎之星〉》（*Foi et savoir, autour de l'Étoile de la Rédemption*），Vrin 出版社，2001 年，第 169 页。

列维纳斯的手稿

三年后，他被任命了普瓦捷的教职，然后去了南特和索邦。

"在我父亲那里，"米迦勒说，"存在着某种我以前从不知道的东西，一种哲学上的狂喜，就像我们在政治上说的那样，走出沙漠。我们可以在《别于存在》中看到这一点。可以肯定的是，他在写《别于存在》时，一直活在要不断释义的苦恼中，并且还需要深入一些在《总体与无限》中仅仅是触及的内容。但是，在我看来，在《别于存在》中有一种构造系统的勇气，他在本书中还完善了自己的面孔理论。这一理论首先出现在《总体与无限》中，那时候，由于担心这个想法不成熟，出于谨慎，列维纳斯并未做完整论述。这一理论可能最终掩盖了他的思想的直接来源——犹太传统，或者说《塔木德》传统。这种遮蔽在别的地方以某种特别的方式大白于天下，即加布里埃尔·马塞尔在答辩时对我父亲可怕的问话：'您为什么要一直说他者呢，既然您知道归根结底这个术语是来自《圣经》传统的邻人的概念？'这个元素，我们不能说它是一种限制，这种作品所处的复杂的地理位置，处于《困难的自由》和从这一传统中解放出来的哲学之间，在《别于存在》中有深入的揭示。"

哲学家。犹太人。哲学家和犹太人。犹太哲学家？众所周知，这种表达方式并不能取悦伊曼纽尔·列维纳斯。他拒绝这样的定义。他曾说过许多次。这一点也得到了米迦勒的确认："让我们同时将个人传记性的面貌和我父亲与犹太机构那种非常重要和复杂的关系放在一边，这是日常生活中的故事，并且他谈到这些的时候，对象并不是我。我们应该用起源来解释一个人的身份吗？我认为我父亲在他的作品中以一种非常丰富、原发性的方式展示了这种紧张感。基本上，我认为这就是问题所在，通过说犹太哲学家，使紧张感得到了缓解，并在那一刻，可以解释一个想法。问题不在于解释，而在于减少它。我们不会以愚蠢的方式反对犹太教和普世主义。我们不会像某些人一样，反对希腊传统和《圣经》。在我看来，它们中的内容可以有多种不同的阐释方法。我认为我们在那里犯了一个错误。归根结底，我看到了一些关于我父亲和他的作品的奇怪的事情，真的是非常奇怪又令人焦虑。我说的是我看到一个人，每天起床，祈祷，戴经文护符匣，叫醒东方以色列师范学校的学生，大骂他们，鼓励他们，写作，吃饭，撕书；但我看到的那件作品，却是完全逃避了这一切的。这也就是说这本书毫无疑问是一本犹太著作，从头到尾都是犹太的生活。我还记得他生前最后一年对犹太教士帽的依恋。这种依恋一直持续到他咽下最后一口气。他是在光明节的第八天去世的。那是一个早晨，他感觉非常不好。十一点的时候，我点燃了最后一支光明节蜡烛，他拿着一本书，亲了一下那本书，然后他吻了吻我的手，我们就去医院了。几个小时后他离世了。他从没摘下过那顶帽子，这不是由于无意识，那简直是不可想象的。他从未将这顶帽子拿在手中，在人生的最后一年里，他一直戴着它。这个元素是无可争辩的，正如他对以色列的依恋。我们可以引用雷蒙·阿隆的话：如果有一天这个国家不见了，那他将不再有活下去的力量。"

"但同时，"米迦勒继续说道，"哲学著作逃脱了所有这些。严格来说，我不知道它是否会变得很好，它拥有自己的生命。但归根结底，我看到了某些非常果戈理式的东西。我父亲一直将果戈理的《鼻子》的故事解释为身体的自我反抗。但我不认为我父亲的作品是我的鼻子，它们也不是任何人的鼻子。简而言之，这些作品一旦离开它自身所处的地方，就不愿再返回此处了。它有自己的制服，并坐在四轮马车上漫步。因此，你必须接受，接受作品有其自身的独特性。显然，这很令人焦虑，因为在那一点上，无论是谁写的它，——我们可以追溯到裂缝的故事——他真的知道自己写了什么吗？知道自己写了什么，有用吗？他写了这本书，但只要没有被曲解，这部作品就可以属于任何想要它的人。这种经验，当我看到父亲的作品属于某个我素昧平生的人的时候，我实际上就会明白。这是某种我无法真正向你解释清楚的东西，我父亲自己也无法向你解释清楚。"

一杯茶

列维纳斯和他的妻子。他们招待我喝茶。他们经常给客人提供茶。阿兰·大卫（Alain David）关于这个话题有一个有趣的故事。我们敲门的时候，他正好在客厅里。他是列维纳斯夫人的物理治疗师。他向大家致意。哲学家邀请他喝杯茶。"如果您也来一杯的话，我就来一杯！"这位哲学家带着宽容的笑容回答道："不，我已经喝过了，我是一神论者。"

我重新发现了与他交谈的乐趣。他们两个都老了，他们都变了，但是幽默的特点却始终在那儿，它总是在每个词的转折处。

音乐响过一遍又一遍，就像叠音一样。"你从不喜欢音乐，你从来没有试图去弄清楚音乐，你知道，你不是没有欣赏音乐的耳朵，而是你很固执。"当谈到当代音乐时，她补充说："我不喜欢它，但我试图理解它！"

电话响了。有人告诉他们密特朗出现在电视上。我们三个都放声大笑，他们打开了电视机。弗朗索瓦·密特朗正在讲经济学。"他确实知道点东西，这是确定的。"哲学家热情地说。但我偶然发现他并不总是喜欢密特朗，有一段时间他以为他是骗人的。

我请了假来这里，很高兴能分享这一刻，我和他们一起看电视。我一回到家，就接到了他的电话："和您一起度过这一刻，我感到很高兴！"

我回答："我也是。"我想不会再有任何人能像他们一样，无论是观点还是私下里的谈话，都能使人感到魅力的滋养——魅力，这个词是正确的吗？——这种魅力能在他的课程和书籍中找到。所有有幸在会面时被奉上一杯茶或一杯君度酒的人都拥有同样的回忆。一位来自遥远的日本的笔友告诉我，每年的 12 月 25 日，他都邀请朋友们聚集在京都，请他们一起喝一杯哲学家最喜欢的酒。

十 承认

伊曼纽尔·列维纳斯作品的传播进展缓慢。它花了很多时间，才超出了亲戚和学生的圈子，被同时代人所知。是因为它艰涩的语言吗？还是因为作品的独特性，以及在这个过程中，词语剔除了它的常见用法，转而具有了其他意义？他笔下词语的颠覆性力量，在散发让人着迷的魅力的同时，是否也让人觉得不能把握住它？或者也是由于它的新颖性？

将面孔理论放在他的哲学的中心，将伦理的闯入视为一种烦扰、破坏或激情，在哲学中心复兴宗教，在犹太教的最深处探寻一条新道路……在许多方面，这种思想令人不安。由此产生了许多与之有关的滑稽模仿，招致了许多追随者，但理论仍然是最常被忽略的，或者说仅仅保留在信徒心中。

翻 转

因此，对他的承认来得晚了。直到他生命中的最后几年，实际上是他退休后，即他离开索邦之后，法国才真正开始对伊曼纽尔·列维纳斯的著作发生兴趣。在 70 年代开端，《文学杂志》评选出了二十位最伟大的法国哲学家，列维纳斯没有名列其中。[1]在同一个十年的末期，文森特·德贡布发表了一篇题为《同一与他者》的文章——小标题有亚里士多德主义、认识论、精神分析，但是也应该有列维纳斯主义——通过这篇文章，文森特将1933—1978年四十五年间的法国哲学做了全景式的梳理。[2]他认为我们经历了从三个"H"（黑格尔、胡塞尔和海德格尔）到三个"怀疑大师"（马克思、尼采和弗洛伊德）的转变。没有一处提到列维纳斯，哪怕仅仅是将列维纳斯看作三H的继承者，或者仅把他视为三个"怀疑大师"的拙劣模仿者。

列维纳斯远离五月风暴，对战斗一无所知。据他在南特的一名学生说，他把课程写在传单的空白背面，时不时地，翻过宣传册来问："这是什么，这些钩心斗角？"——有人猜测，他这是在影射大学生之间互相检举的行为。凯瑟琳·查里尔（Catherine Chalier），在成为他的朋友和最忠实的弟子之一前，曾是他的学生，证明他情愿在此期间暂停课程，每当他看到"共和国保安队等于纳粹党卫队！"[3]（CRS-SS!）的海报时，都会发火。就像让-路易斯·施莱格尔[4]所说的那样，那个时候，如果你想让人们发笑，就和他们谈宗教；如果你想引起他们的兴趣，就和他们谈政治。二十年后，情况在某种程度上反过来了，这种翻转从列维纳斯成名开始。

1　《文学杂志》（*Le Magazine littéraire*），《二十年来的法国哲学家》（*20 ans de philosophie en France*），1977年9月，第127—128期。
2　文森特·德贡布：《同一与他者：四十五年来的法国哲学家（1933—1978）》，（*Le même et l'autre, quarante-cinq ans de philosophie française*［*1933—1978*］），午夜出版社，1979年。（文森特·德贡布［Vincent Descombes，1943— ］，法国哲学家。译者注。）
3　该口号诞生于1947年，法国北部煤矿工人为了抗议共和国警察的暴力执法所提出的。后在五月风暴时期流行于法国。译者注。
4　让-路易·施莱格尔（Jean-Louis Schlegel，1946— ），法国哲学家、出版商、社会学家和翻译。译者注。

列维纳斯（左）在一次研讨会上，他旁边是贝尔纳-亨利·列维。

1980 年，出版了一本题为《献给列维纳斯的文章》[1] 的作品集，其中包括莫里斯·布朗肖、珍妮·德洛姆、雅克·德里达、米克尔·杜夫海纳、让·哈尔佩林（Jean Halperin）、埃德蒙·雅贝斯、弗朗索瓦·拉鲁埃勒、让·弗朗索瓦·利奥塔、安德烈·内尔、阿德里安·佩佩扎克、保罗·利科和伊迪丝·威斯格勒。菲利普·尼莫[2]播出了一系列他在法国文化栏目中的专访，并由此撰写了一本书[3]。贝尔纳-亨利·列维发表了一篇题为《上帝的圣约书》的文章，明确提到了这位哲学家。[4] 阿兰·芬基尔克劳在列维纳斯离世后写下了真挚的悼词，《世界报》将其放在了文学增刊的

1 让-米歇尔·普莱斯：《献给列维纳斯的文章》，1980 年。
2 弗朗索瓦·拉鲁埃勒（François Laruelle, 1937—? ），法国哲学家。伊迪丝·威斯格勒（Edith Wyschograd, 1930—2009），美国哲学家。菲利普·尼莫（Philippe Nemo, 1949— ），法国哲学家。译者注。
3 《伦理与无限：与菲利普·尼莫的对话》（*Éthique et Infini, entretiens avec Philippe Némo*），法亚尔与法国-文化联合出版，1982 年。
4 贝尔纳-亨利·列维：《上帝的圣约书》（*Le Testament de Dieu*），Grasset 出版社，1979 年。（贝尔纳-亨利·列维［Bernard-Henri Lévy, 1948— ］，法国哲学家，电影制片人。译者注。）

首页上，并附有夏尔·斯拉克曼绘制的一幅图，用一个句子概括了一切："列维纳斯将人类的定义置于世界上的任何政治之外。"1982 年，还是同一家报纸，为其夏季系列征集了十二名法国哲学家，上榜者都独占一页。有雅克·德里达、文森特·德贡布、米歇尔·塞尔、让-图桑·德桑蒂、克莱蒙·罗塞特、伊丽莎白·德·丰特奈[1]，这是第一次，伊曼纽尔·列维纳斯占了第一页[2]。

在此期间发生了什么呢？在让-吕克·马里翁看来，列维纳斯开启他的大学生涯太晚了，在 60 年代后期，那时候他已经六十多岁了。"我不认为我们对列维纳斯心怀抵触，无论是他的为人还是他作为哲学家。仅仅因为一件简单得多，但某种程度上更为严重的事情，那就是我们不了解他在说什么。他的哲学被公认是非常困难的，因为它是一种纯粹现象学，由一个从一开始就对现象学了如指掌的人构想出的。他是一个关于他者的思想家，但他实际上却是孤独的，在某种意义上，他没有任何弟子，他也不试图寻找弟子。他不关心他的思想如何传播，使人很难从思想上接近他。但是您必须清楚一点，您怎么能指望原创性的哲学很早就能得到承认呢？"

对于马里翁而言，这一原创性的哲学理论改变了并且将

---

1 阿兰·芬基尔克劳（Alain Finkielkrauta, 1949— ），法国哲学家、作家和广播制作人。夏尔·斯拉克曼（Charles Szlakman, 1946— ），法国作家。米歇尔·塞尔（Michel Serres, 1930—2019），法国哲学家、理论家和作家。让-图桑·德桑蒂（Jean-Toussaint Desanti, 1914—2002），法国教育家、哲学家，以数学和现象学方面的研究著称。克莱蒙·罗塞特（Clement Rosset, 1939—2018），法国哲学家、作家。伊丽莎白·德·丰特奈（Élisabeth de Fontenay, 1934—? ），法国哲学家、散文作家。译者注。
2 《宗教与无限的观念》（*Religion et idée de l'infini*），《世界报》，1982 年 9 月 6 日。

继续改变整个格局。"我们必须注意列维纳斯的地位。在这里，我总结一下我在他的葬礼上说的话，他和柏格森并列为本世纪最伟大的法国哲学家。我认为一个人要称得上一位伟大的哲学家，必须要引进新的分析方法，发明新立场，改变基本的概念，也就是说，在他之后，哲学的词汇不再是相同的，专业名词变了。这种行为，柏格森做过一次，列维纳斯做了第二次。其他一些人，尽管也很重要，可能也写出了很棒的东西，但他们绝对没有深入到如此境地。哲学体系的整个进程无疑会逐渐变得贫乏，但这个体系本身不会改变，它的方向将保持不变。在法国，只有两个人达到了这个标准。一个是柏格森，他明显具有一种灵活性；另一个则是列维纳斯，在他的风格中我们会发现严酷和野蛮。这条河的路线已被改道了。当人们说伦理是哲学的终极视域时，实际上就扭转了潮流。"

这就是为什么在马里翁看来，这种思想仍然保持着鲜活。更妙的是，它的潜力并没有完全发挥出来。"我认为列维纳斯没有被充分理解，我们只是处在认真地对待这一思想的初始阶段。我们之所以处于起步阶段，是因为只有当我们更好地理解胡塞尔之后，我们才能够真正衡量出列维纳斯的重要性——并非胡塞尔所有的东西都被出版、被吸收了，特别是胡塞尔在他者问题和主体间性问题上所做的一切——一旦海德格尔也被消化，那么我们将能更好地理解列维纳斯的著作。列维纳斯的思想足够密集，足够坚固，并且像原子反应堆一样，一旦开始工作，就会源源不断地释放出能量。能量的释放远远没有停止。"

矛　盾

迪迪埃·弗兰克[1]在南特任教。他保留着有关列维纳斯的一段辛辣的回忆。那是 1989 年。凯瑟琳·查里尔和米格尔·阿本索[2]刚刚在赫内尔出版社出版了一本专为哲学家撰写的特刊。期刊方在里昂组织了一场杂志发布晚会。他们想找一个没有参与期刊编纂的人。迪迪埃·弗兰克接受了他们的邀请。四百个人挤入了大学的阶梯教室。

这是一个令人难忘的夜晚，会议由大卫·凯斯勒（David Kessler）主持。出人意料的是，列维纳斯在场。这位哲学家已经很老了，他很难站在原地。弗兰克讲话的时间是一个小时。他选择讲他对《从存在到存在者》的感受。他刚刚开始讲话，这位刚刚被热烈欢迎的哲学家忽然发作了，将听众吓得目瞪口呆，他大声喊着，称自己"从未被如此少地了解过"，然后突然离开了房间。

出席会议的凯瑟琳·查里尔表示，哲学家是由于健康问题而退出的。但迪迪埃·弗兰克却认为，他愤怒的爆发是完全自觉和自愿的。"几天后，他让凯瑟琳·查里尔向我转达了他的歉意，但我并没有被欺骗。他有一种难以捉摸的想法。我很少说到这一点，但他知道批评家们会乐意跟进。"

据他说，列维纳斯可能是暴力的，他有些失态的时刻近乎是心理上的，当他想要表现粗鲁时，他知道怎么办。而这种暴力，已经出现在他的作品中了："说存在是恶的；说您的存在是有罪的，这很骇人听闻。这既不是《圣经》中的，

1　迪迪埃·弗兰克（Didier Franck，1947—　），法国当代哲学家。译者注。
2　米格尔·阿本索（Miguel Abensour，1939—2017），法国哲学家，专门研究政治哲学。译者注。

也不来自别的地方，因为创世是善的。我不知道人们怎样肯定这一主张。但同时，我又看到这一主张在他那里支撑着一切。"

但是，弗兰克却着迷似的追随着这个人的路线。1974年，他在南特为关于胡塞尔的论文辩护。列维纳斯通过雅克·科莱特邀请他谈一谈索邦大学，并邀请他去自己家。

"他很长时间都未受关注，我发现这倒是件好事。刚开始时，他的确只身一人，没有人了解他，他的周围也看不到任何人，在相当长的一段时间里，他的确领先于其他人。"弗兰克注意到，在80年代初，出现了新的时代趋势。人们要求有与众不同的权利，反对种族歧视，要求人权，要求建立犹太社区。直到这时候，他的思想才被重新发现并勉强接纳。接着，在天主教徒的圈子里，人们试图寻找一种返本归源或者重新复兴的方式。他们在列维纳斯身上看到了一个不仅可以完美符合这一要求，更能被当成象征的典型，所以，他被树立为典型人物，成为时代现象的结晶。但弗兰克立刻补充说："虽然宗教性的文章使列维纳斯获得了荣光，但实际上，他最终的成就应该是哲学上的。"

社会学方面的解释确实需要，但还不够。列维纳斯是反意识形态的哲学家，他致力于对意识形态崩溃的原因的反思。他也是一位伦理哲学家，在20世纪的废墟中回返伦理。但是，环境的认可并不能真正穷尽他的思想。另一个问题仍然存在。宗教性文本？哲学性文本？可以肯定的是，列维纳斯为了所有人，多次移动他内在的路线。当我们试图给他贴上"犹太哲学家"的标签时，他僵住了。但哲学和犹太教在他的生活中纠缠在一起，至今仍然存在于他的作品中。他的大部分教学生涯处在犹太人中间，他的作品最重要的部分都涉及犹太主题。所以，我们必须毫不偷懒地仔细考虑这种交叉，也就是说，不能将其曲解为必须将两者截然分开，或相反地将它们混为一谈。我们必须拒绝将它们完全重叠或将其截然分开。我们必须意识到，即使要反对他自己，即使是在他的"宗教性"文本中，他一直都是"哲学家"；同时，他一直是一个"犹太人"，即使在他的"哲学性"著作中。正是哲学与犹太教之间无休止的对话造就了列维纳斯的作品，并赋予了它普遍性的力量。他的个人立场使他的哲学具有鲜明的基调，因为它浸润在犹太教中，同时也让他的犹太教具有独特的内容，因为它扎根于哲学。两个宇宙相互接触，相互滋润，却不能互相重叠。

"我没有在任何一间犹太的小屋中看到自己。"有一天，他震惊地对伯格戈拉夫说。[1]在让·哈珀林看来，伊曼纽尔·列维纳斯在犹太世界中没有得到应有的地位。"我认为他已经被听到、被阅读了。在我看来，《困难的自由》和他的《塔木德》读本已经引起了相当重要的回响。但这位思想家尚未被认真对待，也没有得到他应得的关注。矛盾的是，要我说，有时我们更关心列维纳斯在非犹太世界中的思想，胜过他在犹太世界中的思想……今天，列维纳斯使那些最能思考的人——无论他是犹太人还是非犹太人，了解责任是由什么构成的以及对每个人的自由意味着什么。这些都是常见的词，但实际上却承载着沉重的思想，可阐释的空间非常大。它们不应该像陈词滥调一样被对待。我认为，责任和自由是挑战，对那些配得上称为人的，希望自己能在世界上说一些话，做一些事，完成一些东西的人，是一种质问。这就是为什么这

1　罗杰·伯格戈拉夫:《伊曼纽尔·列维纳斯和货币的社会性》，第96页。

本书让我印象深刻，虽然它像某些哲学那样，给人留下过于抽象的印象，但实际上它总是导向什么东西，或者说它总是希望导向某个行动。思想永远都不是无根据的。列维纳斯警告我们要警惕 berakha levatala，即空洞或虚妄的祝福。"我们说的祈祷和我们所教的课必须有意义，它们必须导向行动。否则，就是对语言的滥用。"

直系先祖和子孙后裔

从这个角度来看，我们可以将列维纳斯与亚历山大的斐洛相对照，斐洛的野心是用柏拉图来解释《圣经》，将启示用理念化的语言转译出来，这样做并非没有风险，他是为了确认其普遍性。列维纳斯与科恩，尤其是与罗森茨维格的联系是明显的。但是，他的命运与所罗门·伊本·盖比鲁勒更接近，此人既是诗人又是哲学家，他的著作滋养了并将继续滋养犹太的礼拜仪式。他的著作《生命之源》（*La Source de vie*），通过被翻译为拉丁语而留下了宝贵的财产，此书的拉丁语译名为 Fons Vitae，盖比鲁勒在此化名为阿维布朗（Avicebron），在所罗门·蒙克[1]发现真相前，人们一直认为这本书的作者是基督徒或穆斯林。邓斯·司各特和其他许多经院神学家受到了他的启发。但奇怪的是，关于这位在很多方面都与他相似的新柏拉图主义者，列维纳斯从未写过任

1　所罗门·蒙克（Salomon Munk，1803—1867），生于德国，法国犹太东方学家。译者注。

何文章[1]——虽然他写了很多关于迈蒙尼德的文章——这可能是源于他想将哲学著作与犹太著作分开的愿望。一方面，对信仰和宗教理想的反思，与传统没有任何联系，目标是世俗性的；另一方面，又在诗歌作品中歌颂这一传统，这些诗歌都是植根于犹太之源的。

伊本·盖比鲁勒的主要作品《生命之源》（*Mekor Haïm*），最初是用阿拉伯语写成的，但只有拉丁语版本被保存下来了，在19世纪被重新发现。这本书取得了惊人的成就，经院思想中处处可见它的影子，但是对犹太思想却没有产生任何影响，或者说只有微不足道的影响，即使同一位作者的犹太著作取得了瞩目的荣光！同为犹太后裔的列维纳斯会遭受同样的命运吗？《困难的自由》和《塔木德》读本无人问津，但是《别于存在》却深入天主教大学和后现代哲学家心中？

斯特拉斯堡首席拉比勒内·古特曼并不打算回避这个问题，他通过自己的父亲接触到了列维纳斯，他的父亲曾是这位哲学家在集中营的同伴。"我对他的哲学和他的人文主义教诲非常着迷。我试图使自己熟悉他的作品，它们一直是我的灵感来源，并且极大地影响了我的生活和我作为拉比的经验。"

但他承认，列维纳斯和宗教世界间一直存在着误解。双方都有误会。当谈到犹太机构的时候，哲学家总是乐于讽刺几句。而在犹太教那边，则无法理解他的作品。"犹太教很难在接受列维纳斯早已经走向了的他者的同时，认同对于自身的身份的消解。接受需要精神和智慧上的胆量，但这样的

---

1 伊本·盖比鲁勒有一句诗，"人在上帝的庇护中躲避上帝"（l'homme 's'abrite de Dieu en Dieu'），此句转引自《论莫里斯·布朗肖》（*Sur Maurice Blanchot*），Fata Morgana 出版社，1975年，第13页。

人很少。人质或替代的概念很难被人理解。对于一个自认为接受传统犹太规则的犹太人，自身的身份很明显，那种认为一个人可以自己摆脱自己，被他者贯注的想法，即一个人不能再自由自在、不受拘束的想法，是一种大胆的哲学观点，不习惯这种阐释的犹太人对这套话语可能充耳不闻。构成了'我'的他者之脸，以及对他者立场的设置，是列维纳斯的核心观点。"

显然，今天没有几位拉比会引用列维纳斯。在他的一生中，他从未被邀请在拉比代表大会上发言，法国的犹太神学院不教他的作品，犹太学校也没有他的著作选集，对这些，他会感到震惊吗？

然而，对列维纳斯的作品充满热情的热内·古特曼认为，这种思想实际上是植根于犹太传统的，毫无疑问是可以接受的。"《妥拉》中人类这个概念先于差异。人与人之间的关系在某种程度上先于十诫。在他者对我有义务之前，我对他者有义务。列维纳斯的思想可以追溯到《创世记》，它记载道：'因此，我们开始呼唤上帝的名字。'[1]这发生在该隐去世后。该隐生了塞特，塞特又生了以诺。这段经文紧随着以诺的降生，以诺在希伯来语中的意思是'人类'。在《创世记》中，人类起源于此。"古特曼总结说："我一遍又一遍地阅读《他人的人道主义》。这本书被放在我的床头。它一直和我在一起，总是激励着我。即使我没有引用它，即使它过于艰涩，它仍然是我的参考文献，它和犹太—基督教处于同一级别。我的学术眼光颇受罗森茨维格的启发，但他们两者是相关的。两人都以类似的方式抓住了这种关系。"

1　《创世记》4.26。

没有穷尽的文本

我们该如何对待他生命中不断累积的文章呢？所有这些"东西"会变成什么呢？这些是列维纳斯所说的，我们为之付出了很多努力，但是仍然无法被称为作品的东西，这些东西仍然停留在草稿或提纲阶段，这些"悔恨"或失败。这个问题让他着迷。他喜欢，并经常在课上回到拉希中关于刻着十诫的石碑碎片的这段文字。十诫石碑被交给摩西，供奉在圣殿中，第一块石碑的碎片紧挨着第二块，仿佛第一块石碑的碎片成为第二块石碑的一部分，仿佛如果没有"失手"将第一块石碑打碎，第二块石碑就缺少了什么东西。

列维纳斯所写的东西大部分都出版了。关键部分都可以在他的书中找到。他参加的演讲、会议、座谈会的记录随处可见，经常是他自己把它们收集了起来。他不想说的话，他没说出的话，以及他有所保留的部分，无疑都是由于自愿保留而没被出版。

著作具有连贯性。生命也一样。这一个和那一个，本身就是自足的。我们还能发现些什么，能从根本上改变这种景象？除非我们能找到"瑕疵"？阿基米德的支点？一个时刻，从那一点上我们可以看到整体。

列维纳斯去世后留下了许多文件。课堂笔记、草稿、带注解的文本、手稿、阅读笔记，不同的哲学发展规划，研讨班的计划，与作家、思想家、哲学家、神学家、译者、编辑的往来书信[1]……这些档案的唯一启发很明显，那就是我们能从中发现他的作品的共有线索，常用的标记，熟悉的参考文献，以及所有那些标志着这位哲学家、犹太思想家、教育家的存在的东西。

未发表的东西？有惊喜吗？那些未知的文字？我们在许多文章中找到了关于迈蒙尼德的段落。一些关于哈西德主义和阿格农的课堂注释，几篇关于战俘经历的旧文章，七个笔记本上记录了囚禁时候的事情，关于犹大·哈勒维[2]和迈蒙尼德的课堂注释，与马丁·布伯的往来书信，关于海德格尔手稿的课堂注释，在《雅歌》的文本和翻译后面跟着一篇手写的文章，一部写爱欲的小说，在欧洲议会上就欧洲、和平、欧洲人问题的多篇演讲。为创立于 1951 年的犹太人社会联合基金会（Fonds social juif unifié）创建一个期刊的计划，该期刊的名称拟定为《新桥梁》（*Pont Neuf*）。与德里达的往来书信，附有一篇文章，和对他的论文答辩的意见。与葡萄牙总统马里奥·苏亚雷斯[3]的书信，计划在 1990 年举办一场会议——这场会议最终没有召开。

1956 年，在莫扎特诞辰 200 周年的那天，海德格尔给他的学生们读了一封莫扎特的信，在信中，这位作曲家解释了他的创作方式。[4] 在散步的时候、旅行的时候或者是夜里失眠的时候，那些碎片在他的脑海中形成；然后有一个时刻——

---

1 这些档案目前无法访问。

2 犹大·哈勒维（Judah Halévi，1075—1141），犹太医生、西班牙诗人和哲学家。译者注。

3 马里奥·苏亚雷斯（Mário Soares，1924—2017），葡萄牙政治家，曾担任葡萄牙总理，于 1986—1996 年担任葡萄牙第 17 任总统。译者注。

4 苏菲·福尔茨（Sophie Foltz）：《海德格尔与传记性的好奇心》（*Heidegger et la curiosité biographique*），发表在《文学杂志》关于马丁·海德格尔的特刊上，1986 年 10 月。

"美味的时刻"（moment délicieux）——在那个时刻他"一眼看穿所有"，"同时听到所有"。

哲学作品不是交响曲，列维纳斯也不是莫扎特。但他的作品没有结晶的时刻吗？没有某个片刻，列维纳斯一眼就能注视着他的整个作品？在德文版的前言中，难道他没有提到他的三部主要作品——《总体与无限》《别于存在》《论来到观念中的上帝》（De Dieu qui vient à l'idée）——说它们像一场"二十五年前就开始了的演讲，而且是一个整体"？他难道没有对波里埃说过，关于他最早的作品之一，写于1935年的《论逃离》（De l'évasion），"我可能有种被某些独特的东西折磨的感觉，这些东西仍然在折磨着我"[1]？

作品的关键点在哪里？在哪一刻我们能够同时听到并看到整个作品？1933年纳粹主义的兴起？1935年与罗森茨维格的相遇？1940年的囚禁？1974年，当《别于存在》完成后，他有一种已经将所有的都说尽了的感觉？

这是他的作品深藏的秘密。也许是唯一保持它们开放的方法。

弗朗索瓦-大卫·塞巴是列维纳斯之后最年轻的思想家之一，任教于贡比涅大学，是国际哲学学院的课程主任。他写了一篇关于列维纳斯、德里达和米歇尔·亨利的论文。在列维纳斯生前，塞巴对他了解甚少，只听过他的一两堂课，自认为不是他的弟子。然而，在《阅读列维纳斯并全然别样地思想》一文中，他引用了自己之后某本作品的许多核心观点，并质疑对列维纳斯作品的继承接受，质疑那些"甜的"或"虔诚的"文本——这些文本，哲学家本人就持谨慎态度：

---

1 弗朗索瓦丝·波里埃：《伊曼纽尔·列维纳斯，您是谁？》，第89页。

"道德永远在愚蠢的旁边。"[1]——质疑那些我们试图否认的令人不安的想法，他将之定义为：

> 从严格意义上讲，这是一套站不住脚的话语，已无法再自我支撑，由于这个原因，它不断地回返自身，永远不会让我们在一个地方安定下来，它没有既定的话语……没有思想家能在这里找到一个坚实的基底，或为他的思想找到一个安逸的居所。严格来说，他的文本是无法居住的。[2]

让·格里施可以作证，列维纳斯本人对于他的作品，非常好斗。他生怕任何人抓住他的思想或主题并将其变为口号。

事实上，他的思想的确是不适合居住的。他的思想中没有结语，任何东西都是不定的，没有任何东西是僵死的，因此就不会留下任何寂静。是否他的著作仅仅能证明诠释的无穷性？还是仅能证明诠释有推翻大山的能力？

————————

1 伊曼纽尔·列维纳斯：《别于存在或超越本质》，第 201 页。
2 弗朗索瓦-大卫·塞巴：《阅读列维纳斯并全然别样地思想》（*Lire Lévinas et penser tout autrement*），《精神》杂志 1997 年 7 月。后被收入《列维纳斯：伦理的歧义》（*Lévinas, ambiguïtés de l'éthique*），Les Belles Lettres 出版社，2000 年。

十一　列维纳斯在耶路撒冷

　　2002年5月，耶路撒冷希伯来大学举办了首届国际伊曼纽尔·列维纳斯大会，会议主题是"哲学诠释和宗教视角"。这次会议在法兰西之家的礼堂进行，汇报的语言有英语、法语、希伯来语。与会者有专家、翻译和来自世界各地的传记作家。其中包括法国人泽维尔·蒂利埃特、让-弗朗索瓦·雷（Jean-François Rey）、罗伯特·雷德克、多米尼克·布尔、大卫·巴农（David Banon）、玛丽-安妮·莱斯古雷、杰弗瑞·巴拉什（Jeffrey Barash）、乔治·汉塞尔、恩佐·内皮；美国人理查德·科恩（Richard Cohen）、安妮特·阿罗诺维奇（Annette Aronovitch）、彼得·阿特顿（Petter Atterton）、伊迪丝·威斯科格（Edith Wyschograd）；英国人西蒙·克里奇利；比利时人弗朗索瓦丝·密斯、弗朗索瓦·科彭斯（François Coppens）；荷兰人西奥多·德·波尔（Theodor de Boer）；巴尔特地区的人伊戈尔·杜汗；以色列人丹尼尔·爱泼斯坦（Daniel Epstein）、以夫兰·梅尔、阿维泽·拉维茨基、摩西·哈尔贝塔、舒穆尔·维格达、加布里埃尔·莫茨

金 [1]……

与会人员也是各式各样的：宗教人士和世俗之人，年轻人和老年人，学生和学者，或者只是旁听者。法国移民或以色列本土人。有一些留着长胡子的正统信仰者，来自布奈阿基瓦（Bné Akiva）团体，这是一个犹太宗教复国主义团体，他们都戴着无檐帽。还有一些来自遥远的基布兹的游客，甚至还有定居点的居民，更不用说一些教育界的从业者。

人群中也呈现出万花筒般的现象——将近一千人——他们涌入斯科普斯山礼堂参加一场向公众开放的晚会，这场晚会旨在唤起"列维纳斯，那个人"（Lévinas l'homme）。法国大使赞美他是"一个不可能被封闭在任何一个范畴内的思想家，无论这范畴有多大，他都能够将一种遗产浓缩并使它向另一个维度打开"。工党议员科莱特·阿维塔尔 [2] 女士热情地向这位思想家致敬，称他已成为"以色列文化中的重要人物"。

列维纳斯在耶路撒冷发生了什么？这突然且迟到的迷恋，来自哪里呢？正是这股迷恋使《国土报》——在以色列知识界非常受欢迎的左翼报刊——在每周增刊上用了整整四

---

1 罗伯特·雷德克（Robert Redeker），法国作家、哲学教师。玛丽-安妮·莱斯古雷（Marie-Anne Lescouret, 1951— ），法国记者、哲学家、翻译家、音乐学家和传记作家。恩佐·内皮（Enzo Neppi），哲学家、文学家，专门研究18世纪和20世纪的意大利文学。西蒙·克里奇利（Simon Critchley, 1960— ），英国哲学家。伊戈尔·杜汗（Igor Dukhan），任教于白俄罗斯国立大学艺术系。以夫兰·梅尔（Ephraïm Méir），巴伊兰大学现代犹太哲学名誉教授。阿维泽·拉维茨基（Aviezer Ravitsky, 1945— ），以色列哲学教授。摩西·哈尔贝塔（Moshé Halberthal, 1958— ），以色列哲学家、教授和作家，迈蒙尼德专家。加布里埃尔·莫茨金（Gabriel Motzkin, 1945— ），犹太教授，主要研究现象学、历史哲学。译者注。
2 科莱特·阿维塔尔（Colette Avital, 1940— ），罗马尼亚裔以色列外交官和政治家。译者注。

页的篇幅介绍这位法国哲学家，题为"列维纳斯是一种时尚？"令人惊讶的逆转！这个他珍视却总是与他赌气的国家，这种情况持续了他的一生，甚至一直到他死后，现在却突然为他举办庆典。这些大学，有时只用嘴角向他致意，有时邀请他对着空空如也的座位发言，现在却在颂扬他。

书　柜

任何一个了解以色列文化中盎格鲁-撒克逊倾向的人，都能意识到它对"散居"的思想家的天然的不信任——除非他们像布伯或肖勒姆那样，选择将他们的命运与这个希伯来国家紧紧相连，甘愿为之冒风险，而列维纳斯的情况并非如此——对那些转瞬即逝的荣光来说，他的品味有些土里土气。演化的过程是显著的。

很长一段时间里，列维纳斯的名字在圣地的海岸上只引起一种分散的，或多或少只是出于礼貌的兴趣。在 80 年代初期，当他作为明星开始在欧洲升起时，他在以色列学术界的读者数量却十分有限。理查德·科恩是他作品的美国译者和一些相关哲学论文的作者，他说在那个时代，他的作品在伦敦出现，封底附有编辑的一句话——"法国和以色列之后，列维纳斯出现在英国"，科恩不得不出面解释。他认为，在以色列，列维纳斯既没有被翻译，也没有被人知道。也是在当时，担任希伯来大学哲学系主任的马塞尔·杜博瓦[1]神父提

1　马塞尔·杜博瓦（Marcel Dubois，1920—2007），哲学家，神学家。译者注。

出要邀请这位法国哲学家来，但却从他的同事那里得到了这样的回应："我们这里不需要意识形态！"杜博瓦评论道："凡是能被认为是宗教的东西，都被列入了意识形态领域。"

尽管如此，列维纳斯还是会被邀请去希伯来大学开一些夏季研讨班，但听众寥寥。那里的一些信教的犹太人出于好奇会到那儿去，起初他们会待在那里，这时演讲者会试图说些带有异国情调的立陶宛式的希伯来语。然后客人改用法语，这些小团体就消失了。这样的一个时期，我们用同一所大学的掌管犹太思想部门的一位专家的话可以概括（在此出于好意，我们将隐去他的名字）："列维纳斯？他就是个笑话！"

1995年，《伦理与无限》经过以夫兰·梅尔的翻译，出版了希伯来语版本，此书是与菲利普·尼莫的对话集。这位法国哲学家第一次出现在以色列的书店中。他所珍视的主题——犹太教中的人文主义，它的普遍适用，它的道德要求——处于集体性的测试中。伊扎克·拉宾[1]总理刚刚被一名反对奥斯陆协议的年轻宗教激进分子暗杀。这本书没有引起注意。没有人注意到它。两年后，哲学教授泽夫·列维，发表了关于列维纳斯的第一篇传记性文章，但仍然没什么效果。那时候，泽夫·列维住在海法的一个基布兹中，这个营地由青年卫士这个团体管理，这是一个左翼犹太复国主义团体。

然而在大学里——毫无疑问，美式浪潮对此并不陌生——列维纳斯的名字开始流传。在耶路撒冷，他的作品被沙洛姆·罗森伯格所教授；在海法被泽夫教授；在巴伊兰大学是以夫兰·梅尔。与此同时，萨特的前秘书本尼·列维已经"重返"

1　伊扎克·拉宾（Yitzhak Rabin，1922—1995），以色列政治家和将军。译者注。

犹太之源，首先在斯特拉斯堡的一所叶史瓦，也就是一所《塔木德》学校传播，然后在他所定居的耶路撒冷，在阿兰·芬基尔克劳和贝尔纳-亨利·列维的帮助下，他曾在此地创建了一个"列维纳斯研究中心"，组织了研讨会并出版了一部文集。

我们必须回溯很久才能找到以色列社会这种变化的根源。也许是在 1973 年的赎罪日战争中，以及那些祈祷的人在战争中所受到的创伤中，他们突然发现自己犯了错误，不再在左倾或右倾中寻找方向，而是试图回溯到根源性的地方，试图在以色列人和犹太人之间建立联系。伊扎克·拉宾被暗杀后，各种问题更加突出。在那个时候，研究团体在该国各地诞生并发展。贝丝-米德拉什（baté-midrash）学校混合了世俗之人和宗教人士，在共同的追求中他们被召集起来，聚集在被叫作"书柜"时代的时代中。对整整一代人来说，这个时代要求助于在那些拓荒性的年代中被忽视甚至有点被嘲笑的父亲或祖父的书柜。我们回到了那里，不是为了仅仅在那里找到些怀旧的呓语或昔日的芳香，而是要换个角度，去尝试在那里发现几条新路径。犹太复国主义想要改变犹太人，在某种程度上，他们获得了成功。也许，在这样一个运动中，还有必要改变犹太教。部分创始人意识到了这一点，但他们不知道、不愿意或不能这么做。他们的能量在别处。在这里犹太教已经被历史所弥补了。全国各地的年轻人和老年人都试图恢复他们与《圣经》失掉的联系，他们在学校中经常被教导《圣经》是一本历史书，或者是可移动的古迹。他们重新投注到那早已失掉所有祷词和正统宗教祈祷仪式的传统中。因此，这有什么让人惊讶的呢，当这种"没有信仰的忠诚"与一部写在塞纳河畔、诞生于战争中、倚靠着战争的作品相遇，这部作品被熟悉的气息穿过，承载着一个古老而又崭新的渴望，那就是与普通人分享犹太教的真理。尤其是这位法国哲学家出生于立陶宛，他从未想过"回归"，回归到以色列，但在他的一生中，他从未停止宣称自己对这个犹太国家，对它的重生、存在的资格、自我捍卫，有着发自内心的、骨肉相连的联系。

犹太复国主义

"我认为科夫诺死了，我知道科夫诺是永恒的。"人们认为这句话是他说的——亚历克斯·德赞斯基在 1952 年第一次访问以色列期间，引用了这句话。

以色列建国一年后，在一篇题为《当词语从流放中归来》（*Quand les mots reviennent de l'exil*）的充满情感的文章中，列维纳斯写道："我不知道以色列国的建立是否意味着散居的结束。但是，这一定标志着词语的流放的结束。并不是希伯来语的复苏让我异常感动。用密西拿的书面形式来订购三明治，在市场上用以赛亚的语言发誓，在旧词中寻找新风俗——这是习俗和字典的事情，是语言学家的事。但那些偏离了它们所指之物的古老的词汇，释放出了它们所指的所有古老之物，突然淹没了人们的思想和力量——这真是奇迹。"[1]这篇文章出现在《犹太大学联盟手册》上。在那里他谈到了"复活"，来说明他对先驱性著作的钦佩，并提到了先知们

1　《犹太大学联盟手册》（*Les Cahiers de l'Alliance Israélite Universelle*），第 32 期，1949 年 4 月，第 4 页。

的教导，开始使用犹太复国主义这个词。至此，这位哲学家似乎已经接受了联盟最初犹豫着是否要接受的犹太复国主义运动。有必要重新阅读这篇文章，并将它与战前他在该机构的同一份公报中所写的一篇文章进行比较，《侨居作为对命运的顺从》[1]，以此来衡量他的思想所走过的道路。

战后，早在 1945 年，犹太大学联盟就发表过一份声明，标志着转折点。[2]埃德蒙·弗莱格撰写了这篇文章。这份宣言想要回应创始人的号召，强调："联盟决心在联合国和巴勒斯坦地区的犹太事务机构的支持下，为所有这样渴望的犹太人提一个要求，即让他们拥有进入巴勒斯坦的权力。在这里他们能找到的不仅仅是一个避难所，一个温暖的家，这里也是唯一一个他们热切渴望的地方。也许有一天，在此地，以色列的真理将再次闪耀在世界上。"伊曼纽尔·列维纳斯在为东方以色列师范学校揭幕时称："东方的一切都变了，犹太教的一切都变了，世界的一切也都变了。"[3]

当他第一次从以色列回来后，他写道："当一个犹太人加入了一个现代西方的伟大国家，或者当他在祖先的土地上建立了一个正义的国家时，他重新进入了真正的思想传统。"[4]而在 1965 年，在一次犹太知识分子研讨会中，主题是"应许之地，许可之地"（Terre promise，terre permise），他

---

1 《侨居作为对命运的顺从》（L'inspiration religieuse de l'Alliance），发表在《和平与权力报》（Paix et Droit）上，第 8 期，1935 年 10 月，第 4 页。
2 安德烈·丘拉基（André Chouraqui）：《百年的历史：犹太大学联盟与当代犹太文艺复兴（1860—1960）》（Cent ans d'histoire，l'Alliance Israélite Universelle et la renaissance juive contemporaine［1860—1960］），法国大学出版社，1965 年，第 493 页。
3 《重新发现师范学校》（La réouverture de l'École Normale），发表在联盟手册上，1946 年 11 月—1947 年 1 月，第 23 页。
4 《证据》（Évidences），第 28 期，1952 年 11 月，第 36 页。

提到了自己以探险家为主题的《塔木德》课程，这些人由摩西派去穿越迦南地区，这些地区是承诺给以色列族裔的，并提到了在这趟旅途中存在的一个社会形式，"正如基布兹的第一批创始人所希望建立的那样——因为他们也制造了梯子，来攀登到天空，尽管他们中的大多数人对天堂感到厌恶"[1]。

1967年，对他和许多犹太知识分子来说，六日战争[2]使他们生活在恐惧和沮丧中。阿拉伯军队包围了以色列。戴高乐将军颁布了对希伯来国家的武器禁运令。在法国的犹太人纷纷走上巴黎街头表达他们的不满。他们第一次感到不适。在媒体上，有几篇文章宣布放弃"双重国籍"。列维纳斯拿起笔，在《精神》杂志上写下了一段激动人心的文字，他赞美道，"犹太复国主义的梦想，源于最令人难以置信的怀乡，可以追溯到创世这个源头，是对上帝这个至高者对犹太人的期望的回应"，并用自己那有感染力的声音为任何此类的断言辩护。"作为一个被局限在欧几里德空间观中的法国人，难道不是注定只能从一个单一的视角看问题？"他如此写道。[3]

1973年的赎罪日战争让他感觉到了类似的恐慌不安。埃及军队越过苏伊士运河的那天，是犹太历法中最神圣的一天，是"令人生畏"的一天。年长的以色列公民在犹太教堂中应征入伍，不得不脱下祈祷用的披巾，换上军装，奔赴前线。第二年，在法国的犹太知识分子将他们的传统座谈会主题确立为"以色列的孤独"。在圆桌分享会议中，列维纳斯肯定

1　伊曼纽尔·列维纳斯：《〈塔木德〉四讲》，第111—148页。
2　六日战争，又称第三次以阿战争、第三次中东战争，阿拉伯国家方面称六月战争，发生在1967年6月初。译者注。
3　《精神》，1968年4月，该文本后被收入《困难的自由》，第332—339页。

地说："因此我们又回到了起点。但是这种失去所有认同的方式却是来自外部的，在我们的思想中，我们反而愈加亲密了——我们的真理是永远年轻的，但同时也是最古老的，在最可靠、最可控的原则中被最好证明过了的。这种突然失去了外界对它的肯定，也许是我们从来没有经历过的——这种世界对我们抱有的消极态度。"[1]

五年后，埃及总统穆罕默德·安瓦尔·萨达特[2]将飞机降落在本－古里安机场的地面上，震惊了世界。他亲自去以色列议会发言，与以色列总理梅纳赫姆·贝京[3]握了手，并向以色列人民郑重承诺：不再有战争。伊曼纽尔·列维纳斯被感动了。这一次，他选择了让－保罗·萨特的杂志《现代》来表达他的感情。本尼·列维向这位哲学家请教，试图寻找将列维纳斯与萨特这两个只见过几次面的人聚集在一起的场合。战前，他们在加布里埃尔·马塞尔家里会过一次面；周五他们一起在图农街开会；一天早晨，在以色列驻巴黎大使馆举行的仪式上，萨特被授予耶路撒冷大学荣誉博士学位；60年代，在萨特获诺贝尔奖的时候，列维纳斯给他写过一封信。列维纳斯从不掩饰他对萨特的写作方式——非常法国式的"清醒"的方式的钦佩。他写信给这位诺奖获得者，告诉他，他对荣誉的"拒绝"，无论因为什么，现在给了他发言权。

1　《以色列的孤独》（Solitude d'Israël），这是法国犹太知识分子座谈会会议记录，法国大学出版社，1975年，第9—11页。
2　安瓦尔·萨达特（Anouar El Sadat，1918—1981），埃及政治家，前任埃及总统。译者注。
3　梅纳赫姆·贝京（Menahem Begin，1913—1992），波兰裔的犹太人，以色列政治家，第六任以色列总理。译者注。

他随后请求萨特去埃及见见纳赛尔[1]："您是唯一一个他可能会听您说话的人！"看到这句话,萨特向他周围的人问道:"但这个列维纳斯是谁？"

因此,列维纳斯题为《政治之后》的文章,发表在了专门讨论巴勒斯坦问题的《现代》杂志上。这位哲学家在那里致敬了萨特这次"非凡的旅行,一生中不会再有第二次的旅行",致敬了那种和平,"来自一条比政治道路更高、更远的道路,无论这些政治道路在这条和平道路上占据了什么部分"[2]。

萨布拉和夏蒂拉

1982 年 9 月 14 日,在黎巴嫩战争中,贝鲁特东部的一座建筑发生了爆炸,巴希尔·杰马耶勒[3]正好在这座建筑中。这位黎巴嫩总统和他的三十六名亲属当场被炸死。第二天,基督教长枪队的民兵闯入了巴勒斯坦难民营地萨布拉和夏蒂拉进行屠杀,共计有数百名受害者。此时以色列军队占领了贝鲁特西部地区,没有干预这次行动。舆论震惊,要求成立调查委员会。十万以色列人走上街头,表示抗议。

两周后,伊曼纽尔·列维纳斯受邀在巴黎的犹太电台演

1 贾迈勒·阿卜杜拉·纳赛尔(Gamal Abdel Nasser, 1918—1970),阿拉伯埃及共和国的第二任总统,1952 年至 1970 年之间埃及实际上的最高领导人。译者注。
2 《政治之后》(*Politique après*),《现代》,第 398 期,1979 年 9 月,第 521—528 页。后被重新收入《超越经文》,第 221—228 页。
3 巴希尔·杰马耶勒(Bashir Gemayel, 1947—1982),黎巴嫩政治家,曾任黎巴嫩总统。译者注。

讲，在他身边坐着一位年轻的法国知识分子阿兰·芬基尔克劳，他刚刚在犹太烈士纪念馆就他所谓的"无辜的诱惑"（la tentation de l'innocence）发表了演讲。我们录下了两人在夏日午后进行的这段对话，地点是列维纳斯在奥特伊街的家中。这两位哲学家，年长的那位，非常紧张，他总是在磁带录音机面前显得惊慌失措，尽管这个物体放在桌子上，显得非常手工化；而第二位，那位年轻人，很激动，掰了掰手指。伊曼纽尔·列维纳斯称这位年轻人为"芬基尔克劳先生"，他像往常一样，全神贯注。他坚持责任，即使在我们是无罪的情况下，并迅速转移了焦点："也许现在以色列发生的事情，形成了一块伦理与政治相互冲突对抗的地带，在此处它们不断探索各自的极限。那些悖论，比如在道德和政治之间的，不幸的是，只有在哲学性的反思中才能找到它们的解决方案。"[1]但他并没有回避"无辜"的问题："提到'大屠杀'，并用来证明上帝在任何情况下都与我们同在，这和出现在刽子手腰带上的那句'主与我们同在'（Gott Mit Uns）一样令人作呕。"芬基尔克劳所说的那种片刻，"美丽的灵魂反射，一种脱离历史泥淖的纯粹良知之光"，最终引出了列维纳斯如下的话："由于害怕成为美丽的灵魂，人们变成了丑陋的灵魂。"

这是他极少数就时事问题发表意见的文章，而且，在文中他还持激烈的批判态度。这次，他没有像往常人们让他谈谈对时事的看法时那样，只回答只言片语。他没有回避巴以

---

1 伊曼纽尔·列维纳斯的讲话通过团体电台（Radio Communauté）在1982年9月28日播出，后被整理成文，题为《以色列：伦理与政治》（*Israël: éthique et politique*）发表在《新手册》（*Les Nouveaux Cahiers*）上，第71期，1982—1983冬季卷，第1—8页。

冲突，甚至没有回避直接向他提出的问题："他者，对以色列人来说，难道首先不是巴勒斯坦人吗？""他者，"他说，"是邻人，不需要一定是亲近之人，而是可以是亲近之人。从这个意义上说，为他者，就是为邻居。但是如果你的邻居攻击另一个邻居，或对后者行不义之事，你能做什么？在那里，他者具有另一重特征。在那里，在他者中，可能会出现一个敌人，或者至少提出了一个问题，即要知道谁是对的谁是错的，谁是正义的谁是非正义的。总有人是错的一方。"他没有再进一步说下去了。

在辩论中，每个人都会在文本中找到理由将哲学家放在这个或那个宗派中，人们不会改变自己的看法。同样，在以色列，列维纳斯被接受的过程非常缓慢，且伴随着很多争议，但人们对他的兴趣却是惊人的。

旧的和新的

九篇《塔木德》读本，由拉比丹尼尔·爱泼斯坦收集和翻译——为读者提供了美国版本，此书中的内容来自作者的各种作品——于2002年初由 Shoken 出版社出版。此书立刻引起了震动，连续四个月蝉联畅销书排行榜榜首，并四次加印。"对于这样的作品来说，这是非常特殊的，"编辑雷切莉·埃德尔曼（Racheli Edelman）说，"近年来，世俗掀起了一阵对犹太教的好奇的浪潮，而且由于外行读者通常读不懂《塔木德》，列维纳斯的书提供了一个普适性的方向来理解它。另一方面，对公开的、宗教性的集体的兴趣也是显而易见的。"

然而，该出版物立刻在《国土报》的专栏中引起了相当的争议。有评论家用"豆腐"来讽刺，这是一种由大豆粉制成的方形糊状物，由素食餐厅供应，可以变换各种外形，也可以变成几乎任何口味：牛排、肉排、奶酪……换句话说，列维纳斯的释经虽然令人兴奋且炫目，但他只是揭示了文本中事先已经包含了的所有内容。有些评论家还提到了那些将较浅显的读物放在艰涩的对开本封面下的青年学生[1]，这也是一个讽刺[2]。

另一种批评是认为作者将犹太教过分基督教化了，这激起了沙洛姆·罗森伯格的反驳："认为列维纳斯持基督教立场的想法是愚蠢的。基督教认为它代表了恩典和爱，而犹太教则象征正义。但谁能说这是真的？"[3]

除了这几个有争议的特点，这九篇《塔木德》读本在巴勒斯坦起义战争期间出版，此时，这个国家正陷入"谁—活"（qui-vive）中，引起了根本性的质询。以夫兰·梅尔没有看错："这个国家的宗教，在读完列维纳斯的这些挑战我们现代世界的'读本'后，是否有可能摆脱其狭隘和封闭，并自我转化？……在犹太思想中，或许有被哲学所忽视的深奥元素，通过使用古老的犹太民族在哲学和宇宙性思考中诞生的术语，或许也能丰富犹太教！"他继续写道："哲学与犹太教之间的碰撞是否会使叶史瓦中的那些不了解柏拉图、胡塞尔、海德格尔、斯宾诺莎、弗洛伊德和马克思的青年学生感兴趣？

---

1 这里指以色列内部有些拉比对列维纳斯持批判态度，认为他的文章是对犹太教的粗浅注释，就像青年学生把浅显的读物放在艰涩的文本下面，把深奥的东西浅薄化了。译者注。

2 亚伊尔·奥伦（Yaïr Oron），2002年3月22日在《国土报》上发表的评论。

3 《列维纳斯风尚》（*La mode Lévinas*），《国土报》，2002年5月16日增刊。

而另一方面，那些不知道阿巴耶和拉贝[1]的哲学家会对此感兴趣吗？《塔木德》的历史学家和语言学家会在这本书中发现一种不同立场的挑战，是否诠释学立场要比'犹太教科学'更丰富？这些来自叶史瓦的学生们会找到让他们摆脱单一的护教论的材料吗？列维纳斯是一位视野开阔的犹太人。对他和他的著作的接受很大程度上与读者的开放性有关。"[2]

对于拉比丹尼尔·爱泼斯坦来说，他在一所叫作贝斯·哈米德拉什的学校内教授列维纳斯，这种学校对应的女校叫作马丹（Matan）。哲学家的贡献是革命性的，这种贡献需要时间才能显现出来。他的所有作品都可以顺畅且流利地解读出来的那天，指日可待。"犹太教可以说任何一种语言，但不会放弃最深层次的要求。普适性思想并不一定意味着对来自上帝之山[3]的声音充耳不闻。犹太思想与普适性思想相遇的地方，正是将我们从任何可以标明自身的地方扯开的地方：他者的面孔，其自身带有造物主的印记。"[4]

---

1 阿巴耶（Abayé，约 3 世纪末—337），是巴比伦《塔木德》学派中第四代最著名的博士之一。拉贝·纳赫曼（Rabbah bar Nachmani，？—320），巴比伦《塔木德》学派中第三代最著名的博士之一。译者注。
2 参见以夫兰·梅尔，2002 年 3 月 22 日在《国土报》上发表的评论。
3 希伯来《圣经·申命记》中，耶和华在山上向摩西发出了十诫，这座山因此被称为"上帝之山"。译者注。
4 拉比丹尼尔·爱泼斯坦：《追寻下一个被遗忘的踪迹：关于伊曼纽尔·列维纳斯思想的思考》（Sur les traces du prochain oublié, réflexions sur la pensée d'Emmanuel Lévinas），被收进希伯来语作品集《他者》（Haacher）中，此作品集由哈依姆·多伊奇（Haïm Deutsch），梅纳赫姆·班－沙森（Menachem Ben-Sasson）汇编而成，《新消息》报出版集团，2001 年。

赎罪日

学校中的赎罪日。这个地方不是犹太教堂，这里没有拉比。这是一个用作犹太教堂的大厅。

在重大节假日，尤其是赎罪日，有两项活动，其中一项在楼上，在图书馆大厅；另一项在楼下，在地下室。信徒们根据自己的亲密程度或社会习俗自行分开。哲学家通常在楼下祈祷。这是一个古老的传统。很自然地，周六课程的常客就会发现自己围绕在他的身边。

他每年都在那里，在前排，他的儿子在他的身边。大部分时间他都是站着的，不像许多信徒那样来回摇晃身子。他以西班牙系犹太人的方式哼着礼拜仪式的曲调。从那时起，他就习惯了当地的旋律，尽管他本人在一个与之相距甚远的传统中长大。在那个传统中，主祭大约只教会了他全祷（le Kol Nidré）——这是赎罪日的核心祈祷方式，还教会了他用德系犹太人的方式吟唱，这几乎是用一种忧郁而动人的方式背诵。

大多数情况下，他都埋首于自己的书中。人们可以感觉到他在细细品味诗人伊本·盖比鲁勒和哈勒维的作品，这些来自安达卢西亚时期的诗文装点了赎罪日的祈祷。

那年，他的妻子缺席了。他自己的停留也没有超过一个小时。儿子陪着他，直到上午结束。人们看到他展开了他的塔利特[1]，将它歪歪斜斜地披在自己的肩膀上。所有人都在找寻他的目光。但他已经不在了。

没有人敢坐他的位置。那个位置一直空着，只放着祈祷时披着的披肩，卷成一团，书放在上面。

关于约拿的预言的段落跟在《妥拉》文本的后面，他非常喜欢此段落，喜欢到无以复加。在最后的祷告时刻，这个仪式被称为"尼海拉"（Nehila），一种颤抖总是贯穿整个集会，仿佛在"结束"之前的最后时刻，每个人都想投入灵魂中的额外部分，在最终审判来临之前展现双倍的狂热。

然后羊角号的声音响起，每年都由忠实的埃德蒙·西库雷尔（Edmond Cicurel）吹奏，他气息沉稳，在高低音之间来回往复，持续很长时间，既有韵律又有断奏。

他的位置一直空着，从第一次直到现在。

1　塔利特（tallit）是男性犹太教徒在礼拜时穿着的一种披肩。除了在礼拜时，一些犹太男性也会在赎罪日和犹太教成人礼时穿着塔利特。译者注。

致 谢

我要感谢让-弗朗索瓦·科洛西莫（Jean-François Colosimo）对本书的支持，即使是在我被沮丧压垮的至暗时刻。他的合作和帮助对我来说至关重要。我要感谢米迦勒·列维纳斯、西蒙娜、乔治和大卫·汉塞尔（David Hansel）提供的宝贵且持续的帮助。欧泽拉·帕泽雷特在我滞留考纳斯时对我的支持，以及埃琳娜·博沃（Elena Bovo）帮我收集研究资料。维克多·马尔卡（Victor Malka）关于家庭方面的建议，以及所有曾参加过周六课程的"老生"们的合作。感谢毛里齐奥·罗西神父（Le père Maurizio Rossi）的友谊和鼓励。许多XIB集中营的前囚犯向我发来了他们的故事（我只能使用其中的一些）。感谢巴黎国家档案馆、考纳斯地区的档案馆、维尔纽斯法国文化中心、维尔纽斯的犹太人群体、犹太大学联盟图书馆、塞夫尔中心图书馆、索邦大学图书馆、安德烈·内尔图书馆、比利时鲁汶大学、芝加哥的罗耀拉大学以及耶路撒冷的希伯来大学。以下是我能碰面并给我带来了他们的叙述或帮助的人：埃米尔·阿玛赞拉格、保罗·阿特顿（Paul Atterton）、大卫·巴农、阿涅斯·巴斯蒂特-卡里诺夫斯卡、拉菲·本西蒙、维维亚娜·本西蒙、泽夫·伯杰、克里斯托夫·比登、丽赛特·布洛蒂埃（Lisette Blottière）、阿米·布加尼姆（Ami Bouganim）、多米尼克·布尔、斯坦尼斯拉斯·布雷顿、亨利·布拉夫科（Henry Bulawko）、罗杰·伯格戈拉夫、门迪·卡汉（Mendy Cahan）、伯恩哈德·卡斯珀（Bernhard Casper）、凯瑟琳·查里尔、法比奥·恰拉梅利(Fabio Ciaramelli)、伊拉娜·西库雷尔(Ilana Cicurel)、加布里埃尔·科恩、哈依姆·科恩、理查德·科恩、罗杰·科恩、西蒙·科恩（Shimon Cohen）、弗朗索瓦丝·科林（Françoise Collin）、阿兰·大卫、雅克·德里达、亚历克斯·德赞斯基、帕特里克·德斯博伊斯（Patrick Desbois）、艾米克·多伊奇（Emeric Deutsch）、帕特里克·多纳贝迪安（Patrick Donabedian）、贝尔纳·杜比、法比安·迪朗、埃德蒙·埃拉洛夫、西蒙·埃尔巴兹、普罗斯佩·埃尔库比、拉斐尔·艾尔马莱（Rafaël Elmaleh）、丹尼尔·爱泼斯坦、迪迪埃·弗兰克、莫里斯·德·甘迪亚克、何塞·加松、克劳德·格夫瑞、罗兰·戈切尔、特蕾莎·戈德斯坦、让·格里施、米歇尔·古根海姆、热内·古特曼、让·哈尔佩林、丹尼尔·哈鲁斯（Daniel Harrus）、埃利亚斯·哈鲁斯（Elias Harrus）、瓦茨拉夫·哈维尔、西蒙·哈赞、安德烈·雅各布、莱昂·雅库波维兹、理查德·卡尔尼、罗杰·拉波特、雅克·洛朗、多米尼克·劳里、埃尔维·罗格朗（Hervé Legrand）、本尼·列维、泽夫·列维、安妮·利夫希茨-克拉姆斯（Anne Lifshitz-Krams）、法布里斯·曼德斯（Fabrice Maindron）、拉菲·马西亚诺(Rafy Marciano)、让-吕克·马里翁、以夫兰·梅尔、保罗·门德斯-弗洛尔、吉尔伯特·马尔卡、伊芙琳·梅隆、芭芭拉·迈耶（Barbara Meyer）、亨利·曼兹德雷、斯蒂芬·摩西、马克·奥利维蒂、阿德里安·佩佩扎克、马克·佩蒂特（Marc Petit）、盖·佩蒂德曼格、弗莱迪·拉斐尔（Freddy Rafaël）、威廉·理查森（William Richardson）、保罗·利科、克劳德·里夫林、雅克·罗兰、沙洛姆·罗森伯格、弗朗索瓦-大卫·塞巴、大卫·塞尔法蒂、梅尔·舒巴斯（Méir Shubas）、迈耶·西索、西蒙·西索、塞尔日·斯穆列维奇（Serge Smulevic）、阿迪·斯特格、克劳德·苏丹、泽维尔·蒂利埃特、安娜-特蕾莎·蒂米妮卡、弗雷德里克·德·托瓦尼基（Frederic de Towarnicki）、克劳德·维吉（Claude Vigée）、让-雅克·瓦尔（Jean-Jacques Wahl）、芒内克·温特劳布（Manek Weintraub）、萨缪尔·魏格达。

参考文献

本参考文献收录了列维纳斯最重要的哲学著作、列维纳斯本人的一些文章和研究列维纳斯的著名文章，以及罗杰·伯格戈拉夫的几篇充满激情的传记性文章。其余部分的文献只在正文中略有提及，并未专门收录。

列维纳斯的著作

Théorie de l'intuition dans la phénoménologie de Husserl, Paris, Alcan, 1930.

De l'évasion, introduit et annoté par Jacques Rolland, Montpellier, Fata Morgana, 1982 (publié initialement en article en 1935).

Le Temps et l'Autre, Montpellier, Fata Morgana, 1979 (Arthaud, 1947).

De l'Existence à l'Existant, Paris, Vrin, 1986 (La revue Fontaine, 1947).

En découvrant l'existence avec Husserl et Heidegger, Paris，Vrin, 1949.

Totalité et Infini. Essai sur l'Extériorité, La Haye, Martinus Nijhoff, 1961.

Difficile Liberté. Essai sur le judaïsme, Paris, Albin Michel, 1963.

Quatre lectures talmudiques, Paris, Minuit, 1968.

Humanisme de l'Autre Homme, Montpellier, Fata Morgana, 1972.

Autrement qu'être ou au-delà de l'essence, La Haye, Martinus Nijhoff, 1974.

Noms propres, Montpellier, Fata Morgana, 1975.

Sur Maurice Blanchot, Montpellier, Fata Morgana, 1976.

Du sacré au saint. Cinq nouvelles lectures talmudiques, Paris, Minuit 1977.

Entre nous. Essai sur le penser-à-l'autre, Montpellier, Fata Morgana, 1979.

L'Au-delà du verset. Lectures et discours talmudiques, Paris, Minuit, 1982.

De Dieu qui vient à l'idée, Paris, Vrin, 1982.

Éthique et Infini, Paris, Fayard, 1982.

Transcendance et intelligibilité, Genève, Labor et Fides, 1984.

Hors sujet, Montpellier, Fata Morgana, 1987.

À l'heure des nations, Paris, Minuit, 1988.

其他著作

Georgio Agamben, *Ce qui reste d'Auschwitz*, Paris, Rivages, 1999.

Pierre Aubenque, *Ernst Cassirer/Martin Heidegger, débat sur la philosophie et le kantisme*, Paris, Beauchesne, 1972.

David Banon, *La lecture infinie, les voies de l'interprétation midrachique*. Avec une préface d'Emmanuel Lévinas, Paris, Le Seuil, 1987.

Maurice Blanchot, *L'Entretien infini*, Paris, Gallimard, 1969.

L'Amitié, Paris, Gallimard, 1971.

L'Écriture du désastre, Paris, Gallimard, 1980.

La Communauté inavouable, Paris, Minuit, 1983.

« Paix au lointain et au proche », paru dans *De la Bible à nos jours*, catalogue d'une exposition au Grand Palais, organisée par la Société des artistes indépendants, Paris, juin-juillet 1989.

Geoffrey Bennington et Jacques Derrida, *Jacques Derrida*, Paris, Le Seuil, 1991.

Robert Bernasconi et Simon Critchley, *Re-reading Levinas*, Londres, Athlone Press, 1991.

Christophe Bident, *Maurice Blanchot, partenaire invisible*, Seyssel, Champ Vallon, 1998.

Zev Birger, *Survivant de l'holocauste*, Paris, Odile Jacob,1997.

Charles Blondel, *La Psychanalyse.* Paris, Félix Alcan, 1924.

Martin Buber, *Judaïsme.* Lagrasse, Verdier, 1982.

Deux types de foi, Paris, Le Cerf, 1991.

Roger Burggraeve, *Emmanuel Lévinas, une bibliographie sommaire et secondaire (1929-1985),* Louvain, Peeters, 1986.

Emmanuel Lévinas et la socialité de l'argent, Louvain, Peeters, 1997.

Enrico Castelli, *Le Temps invertébré,* Paris, Aubier, 1970.

Catherine Chalier, *Figures du féminin, Lecture d'Emmanuel Lévinas,* Paris, Le Cerf, 1982.

Judaïsme et altérité, Lagrasse, Verdier, 1982.

L'Utopie de l'humain, Paris, Albin Michel, 1993.

Haïm Cohen, *L'Enfance des grands,* Paris, Plon, 1995.

Richard Cohen, *Elevations, The Heights Of The Good In Rosenzweig And Levinas.*The University of Chicago Press, 1994.

Françoise Collin, *Maurice Blanchot et la question de l'écriture,* Paris, Gallimard, 1971.

Colin Davis, *Levinas, an introduction,* Cambridge, Polity Press, 1988.

Jacques Derrida, *L'Écriture et la Différence,* Paris, Le Seuil, 1967.

Adieu à Emmanuel Lévinas, Paris, Galilée, 1999.

Vincent Descombes, *Le Même et l'autre,* Paris, Minuit, 1979.

Haïm Deutsh et Menahem Ben-sasson, *Haacher,* Jérusalem, Yedioth Aharonoth, 2001.

François Dosse, *Paul Ricœur, le sens d'une vie,* Paris, La Découverte, 2001.

Yves Durand, *La captivité, histoire des prisonniers de guerre français 1939-1945* édité par la Fédération Nationale des combattants prisonniers de guerre, 1981.

Immanuel Etkes, *Rabbi Israel Salanter and the mussar movement, Seeking the Torah of truth,* Philadelphie, The Jewish Publication Society, 1993.

Victor Farias, *Heidegger et le nazisme,* Lagrasse, Verdier, 1987.

Alain Finkielkraut, *La Sagesse de l'amour,* Paris, Gallimard, 1984.

La Défaite de la pensée, Paris, Gallimard, 1987.

Bernard Forthomme, *Une philosophie de la transcendance : la métaphysique d'Emmanuel Lévinas,* Paris, La Découverte, 1984.

Nathalie Frogneux et Françoise Mies, *Emmanuel Lévinas et*

l'histoire. Paris, Le Cerf, 1998.

Maurice de Gandillac, *Le Siècle traversé*, Paris, Albin Michel, 1998.

Claude Geffre, *Profession théologien*, Paris, Albin Michel, 1999.

Robert Gibbs, « Correlations in Rosenzweig and Levinas », New Jersey, Princeton University Press, 1992.

Hillel Goldberg, « Israel Salanter, Text, Structure, Idea. The Ethics and Theology of an Early Psychologist of the Unconception», Ktav, 1982.

Irving Greenberg, *La Nuée et le feu,* Paris, Le Cerf, 2000.

Vassili Grossman, « Vie et Destin », l'Âge d'Homme, 1980.

Vaclav Havel, « Lettres à Olga », Éditions de l'Aube, 1990.

Jeanne Hersch, Xavier Tilliette, Emmanuel Lévinas, «Jean Wahl et Gabriel Marcel », Paris, Beauchesne, 1976.

Dominique Janicaud, *Le tournant théologique de la phénoménologie française*, Combas, Édition de l'Éclat, 1990.

Heidegger en France (en deux tomes), Paris, Albin Michel, 2001.

Dov Katz, *Tenouat Hamoussar*, Jérusalem, Édition Weiss, 1969.

Richard Kearney et Stephen O'leary, *Heidegger et la question de Dieu*, Paris, Grasset, 1980.

Roger Laporte, *Maurice Blanchot. L'ancien, l'effroyablement ancien*, Montpellier, Fata Morgana, 1987.

Marguerite Lena, *Honneur aux maîtres*, Paris, Criterion, 1991.

Marie-Anne Lescourret, *Emmanuel Lévinas*, Paris, Flammarion, 1994.

Dov Levin, *Lita, Pinkas Hakehilot*, Jérusalem, Yad Vashem, 1996.

Benny Levy, *Le logos et la lettre*, Lagrasse, Verdier, 1988.

Bernard-Henri Levy, *Le Testament de Dieu*, Paris, Grasset, 1980.

Le Siècle de Sartre. Paris, Grasset, 2000.

Francine Levy, *Le porte-clés ou la réminiscence*, L'Harmattan, 1997.

Zeev Levy, *Haacher vehaachrayout, hiyounim bapilosophia shel Emmanuel Lévinas*, Jérusalem, Magnes Press, 1997.

Jean-Luc Marion, «Positivité et transcendance », Paris, PUF, 2000.

Ephraïm Meir, *Kochav Miyaacov*, Jérusalem, Magnès Press, 1994.

Moses Mendelssohn, *Jérusalem*. Traduit par Dominique Bourel et préfacé par Emmanuel Lévinas, Paris, Les Presses d'Aujourd'hui, 1982.

Henri Minczeles, *Vilna, Wilno, Vilnius, la Jérusalem de Lituanie*, La Découverte, 1993.

Histoire générale du Bund, Austral, 1995.

Olivier Mongin, *Paul Ricœur*, Paris, Le Seuil, 1994.

Stephane Moses, *Système et révélation*, Paris, Le Seuil, 1982.

Adriaan Peperzak, *Ethics As First Philosophy*, Nex York et Londres, Routledge, 1995.

François Poirié, *Emmanuel Lévinas, qui êtes-vous ?*, Lyon, La Manufacture, 1987.

Maurice Pradines, *Le Beau Voyage, Itinéraire de Paris aux frontières de Jérusalem*, Paris, Le Cerf, 1982.

Jean-François Rey, *La mesure de l'homme, l'idée d'humanité dans la philosophie d'Emmanuel Lévinas*, Paris, Michalon, 2001.

Paul Ricœur, *Temps et Récit* (tomes 1 et 2), Paris, Le Seuil, 1989.

Lectures I. Paris, Le Seuil, 1991.

Lectures III. Paris, Le Seuil, 1992.

Jill Robins, *Altered Reading*, The University of Chicago Press, 1999.

Franz Rosenzweig, *L'Étoile de la Rédemption*, traduit par Jean-Louis Schlegel et Alex Derczanski, Paris, Le Seuil, 1982.

Foi et Savoir, autour de l'Étoile de la Rédemption, Paris, Vrin, 2001.

Rüdiger Safranski, *Heidegger et son temps*, Paris, Grasset, 1966.

Jean-Michel Salanski, *Heidegger*, Paris, Les Belles Lettres, 1997.

François-David Sebbah, *Emmanuel Lévinas, ambiguités de l'éthique*, Paris, Les Belles Lettres, 2000.

L'Épreuve de la limite, Paris, PUF, 2001.

Jean Seidengart, *Ernst Cassirer, de Marbourg à New York*, Paris, Le Cerf, 1990.

Ira F. Stone, *Reading Levinas/ Reading Talmud*, Philadelphie, The Jewish Publication Society, 1998.

Frederic de Towarnicki, *Martin Heidegger. Souvenirs et chroniques*, Paris, Payot-Rivages, 1999.

Rabbi Hayyim de Volozhin, *L'Âme de la vie*, traduit et annoté par Benjamin Gross, avec une préface d'Emmanuel Lévinas, Lagrasse, Verdier, 1986.

Thomas Carl Wall, *Levinas, Blanchot and Agamben*, State University Press, 1999.

Marlène Zarader, *La Dette impensée. Heidegger et l'héritage hébraïque*, Paris, Le Seuil, 1990.

我思，我读，我在

Cogito, Lego, Sum